**Wudy/Drummen**

Gebührentabelle für Notare

Arbeitshilfen Notariat

# Gebührentabelle für Notare
## mit Gebühren- und Geschäftswert-ABC

## 9. Auflage 2016

Von

Wissenschaftlicher Leiter Prüfungsabteilung,
Ländernotarkasse A.d.ö.R.
**Harald Wudy**, Leipzig

und

Rechtsanwalt und Fachanwalt für Familienrecht
**Helmut Drummen**, Aachen,

unter der Mitarbeit von **Robert Ossig**,
Ländernotarkasse A.d.ö.R., Leipzig

DeutscherNotarVerlag

Die Ausführungen in diesem Werk wurden mit Sorgfalt und nach bestem Wissen erstellt. Sie stellen jedoch lediglich Arbeitshilfen und Anregungen für die Lösung typischer Fallgestaltungen dar. Die Eigenverantwortung für die Formulierung von Verträgen, Verfügungen und Schriftsätzen trägt der Benutzer. Herausgeber, Autoren und Verlag übernehmen keinerlei Haftung für die Richtigkeit und Vollständigkeit der in diesem Buch enthaltenen Ausführungen.

Copyright 2016 by Deutscher Notarverlag, Bonn
Satz: Griebsch + Rochol Druck GmbH, Hamm
Druck: Medienhaus Plump GmbH, Rheinbreitbach
Umschlaggestaltung: gentura, Holger Neumann, Bochum
ISBN 978-3-95646-044-9

**Bibliografische Information der Deutschen Bibliothek**
Die Deutsche Bibliothek verzeichnet diese Publikation in der Deutschen Nationalbibliografie; detaillierte bibliografische Daten sind im Internet über http://dnb.ddb.de abrufbar.

5

# Inhaltsverzeichnis

# A. Gebührentabellen
## I. Gebühren nach Tabelle B (§ 34 GNotKG)*

**Hinweise:**

1. Der Mindestbetrag einer Gebühr ist 15 Euro (§ 34 Abs. 5 GNotKG).

2. Der Höchstgeschäftswert beträgt, wenn die Tabelle B anzuwenden ist, höchstens 60 Millionen Euro, wenn kein niedrigerer Höchstwert bestimmt ist (§ 35 Abs. 2 GNotKG).

3. Die Gebührentabelle B gilt auch für die Verwahrungsgebühren Nr. 25300 und Nr. 25301 KV GNotKG, jedoch nur bis zu einem Wert von 13 Millionen Euro. Bei Werten von mehr als 13 Millionen Euro betragen die Verwahrungsgebühren 0,1 % des Werts. Der Höchstgeschäftswert von 60 Millionen Euro gilt nicht für die Verwahrungsgebühren (Vorbemerkung 2.5.3 Abs. 2 GNotKG).

* Die Gebührentabelle ist unter Mitarbeit von Robert Ossig entstanden.

| Geschäftswert bis ...€ | 1,0 | 2,0 | 0,5 | 0,2 | 0,3 | 0,35 | 0,4 | 0,6 | 0,65 | 1,25 |
|---|---|---|---|---|---|---|---|---|---|---|
| 500 | 15,00 | 30,00 | 15,00 | 15,00 | 15,00 | 15,00 | 15,00 | 15,00 | 15,00 | 18,75 |
| 1.000 | 19,00 | 38,00 | 15,00 | 15,00 | 15,00 | 15,00 | 15,00 | 15,00 | 15,00 | 23,75 |
| 1.500 | 23,00 | 46,00 | 15,00 | 15,00 | 15,00 | 15,00 | 15,00 | 15,00 | 15,00 | 28,75 |
| 2.000 | 27,00 | 54,00 | 15,00 | 15,00 | 15,00 | 15,00 | 15,00 | 16,20 | 17,55 | 33,75 |
| 3.000 | 33,00 | 66,00 | 16,50 | 15,00 | 15,00 | 15,00 | 15,00 | 19,80 | 21,45 | 41,25 |
| 4.000 | 39,00 | 78,00 | 19,50 | 15,00 | 15,00 | 15,00 | 15,60 | 23,40 | 25,35 | 48,75 |
| 5.000 | 45,00 | 90,00 | 22,50 | 15,00 | 15,00 | 15,75 | 18,00 | 27,00 | 29,25 | 56,25 |
| 6.000 | 51,00 | 102,00 | 25,50 | 15,00 | 15,30 | 17,85 | 20,40 | 30,60 | 33,15 | 63,75 |
| 7.000 | 57,00 | 114,00 | 28,50 | 15,00 | 17,10 | 19,95 | 22,80 | 34,20 | 37,05 | 71,25 |
| 8.000 | 63,00 | 126,00 | 31,50 | 15,00 | 18,90 | 22,05 | 25,20 | 37,80 | 40,95 | 78,75 |
| 9.000 | 69,00 | 138,00 | 34,50 | 15,00 | 20,70 | 24,15 | 27,60 | 41,40 | 44,85 | 86,25 |
| 10.000 | 75,00 | 150,00 | 37,50 | 15,00 | 22,50 | 26,25 | 30,00 | 45,00 | 48,75 | 93,75 |
| 13.000 | 83,00 | 166,00 | 41,50 | 16,60 | 24,90 | 29,05 | 33,20 | 49,80 | 53,95 | 103,75 |
| 16.000 | 91,00 | 182,00 | 45,50 | 18,20 | 27,30 | 31,85 | 36,40 | 54,60 | 59,15 | 113,75 |
| 19.000 | 99,00 | 198,00 | 49,50 | 19,80 | 29,70 | 34,65 | 39,60 | 59,40 | 64,35 | 123,75 |
| 22.000 | 107,00 | 214,00 | 53,50 | 21,40 | 32,10 | 37,45 | 42,80 | 64,20 | 69,55 | 133,75 |
| 25.000 | 115,00 | 230,00 | 57,50 | 23,00 | 34,50 | 40,25 | 46,00 | 69,00 | 74,75 | 143,75 |
| 30.000 | 125,00 | 250,00 | 62,50 | 25,00 | 37,50 | 43,75 | 50,00 | 75,00 | 81,25 | 156,25 |
| 35.000 | 135,00 | 270,00 | 67,50 | 27,00 | 40,50 | 47,25 | 54,00 | 81,00 | 87,75 | 168,75 |
| 40.000 | 145,00 | 290,00 | 72,50 | 29,00 | 43,50 | 50,75 | 58,00 | 87,00 | 94,25 | 181,25 |
| 45.000 | 155,00 | 310,00 | 77,50 | 31,00 | 46,50 | 54,25 | 62,00 | 93,00 | 100,75 | 193,75 |
| 50.000 | 165,00 | 330,00 | 82,50 | 33,00 | 49,50 | 57,75 | 66,00 | 99,00 | 107,25 | 206,25 |
| 65.000 | 192,00 | 384,00 | 96,00 | 38,40 | 57,60 | 67,20 | 76,80 | 115,20 | 124,80 | 240,00 |
| 80.000 | 219,00 | 438,00 | 109,50 | 43,80 | 65,70 | 76,65 | 87,60 | 131,40 | 142,35 | 273,75 |
| 95.000 | 246,00 | 492,00 | 123,00 | 49,20 | 73,80 | 86,10 | 98,40 | 147,60 | 159,90 | 307,50 |
| 110.000 | 273,00 | 546,00 | 136,50 | 54,60 | 81,90 | 95,55 | 109,20 | 163,80 | 177,45 | 341,25 |
| 125.000 | 300,00 | 600,00 | 150,00 | 60,00 | 90,00 | 105,00 | 120,00 | 180,00 | 195,00 | 375,00 |
| 140.000 | 327,00 | 654,00 | 163,50 | 65,40 | 98,10 | 114,45 | 130,80 | 196,20 | 212,55 | 408,75 |
| 155.000 | 354,00 | 708,00 | 177,00 | 70,80 | 106,20 | 123,90 | 141,60 | 212,40 | 230,10 | 442,50 |
| 170.000 | 381,00 | 762,00 | 190,50 | 76,20 | 114,30 | 133,35 | 152,40 | 228,60 | 247,65 | 476,25 |

*I. Gebühren nach Tabelle B (§ 34 GNotKG)*

| Geschäfts-wert bis ...€ | 1,0 | 2,0 | 0,5 | 0,2 | 0,3 | 0,35 | 0,4 | 0,6 | 0,65 | 1,25 |
|---|---|---|---|---|---|---|---|---|---|---|
| 185.000 | 408,00 | 816,00 | 204,00 | 81,60 | 122,40 | 142,80 | 163,20 | 244,80 | 265,20 | 510,00 |
| 200.000 | 435,00 | 870,00 | 217,50 | 87,00 | 130,50 | 152,25 | 174,00 | 261,00 | 282,75 | 543,75 |
| 230.000 | 485,00 | 970,00 | 242,50 | 97,00 | 145,50 | 169,75 | 194,00 | 291,00 | 315,25 | 606,25 |
| 260.000 | 535,00 | 1.070,00 | 267,50 | 107,00 | 160,50 | 187,25 | 214,00 | 321,00 | 347,75 | 668,75 |
| 290.000 | 585,00 | 1.170,00 | 292,50 | 117,00 | 175,50 | 204,75 | 234,00 | 351,00 | 380,25 | 731,25 |
| 320.000 | 635,00 | 1.270,00 | 317,50 | 127,00 | 190,50 | 222,25 | 254,00 | 381,00 | 412,75 | 793,75 |
| 350.000 | 685,00 | 1.370,00 | 342,50 | 137,00 | 205,50 | 239,75 | 274,00 | 411,00 | 445,25 | 856,25 |
| 380.000 | 735,00 | 1.470,00 | 367,50 | 147,00 | 220,50 | 257,25 | 294,00 | 441,00 | 477,75 | 918,75 |
| 410.000 | 785,00 | 1.570,00 | 392,50 | 157,00 | 235,50 | 274,75 | 314,00 | 471,00 | 510,25 | 981,25 |
| 440.000 | 835,00 | 1.670,00 | 417,50 | 167,00 | 250,50 | 292,25 | 334,00 | 501,00 | 542,75 | 1.043,75 |
| 470.000 | 885,00 | 1.770,00 | 442,50 | 177,00 | 265,50 | 309,75 | 354,00 | 531,00 | 575,25 | 1.106,25 |
| 500.000 | 935,00 | 1.870,00 | 467,50 | 187,00 | 280,50 | 327,25 | 374,00 | 561,00 | 607,75 | 1.168,75 |
| 550.000 | 1.015,00 | 2.030,00 | 507,50 | 203,00 | 304,50 | 355,25 | 406,00 | 609,00 | 659,75 | 1.268,75 |
| 600.000 | 1.095,00 | 2.190,00 | 547,50 | 219,00 | 328,50 | 383,25 | 438,00 | 657,00 | 711,75 | 1.368,75 |
| 650.000 | 1.175,00 | 2.350,00 | 587,50 | 235,00 | 352,50 | 411,25 | 470,00 | 705,00 | 763,75 | 1.468,75 |
| 700.000 | 1.255,00 | 2.510,00 | 627,50 | 251,00 | 376,50 | 439,25 | 502,00 | 753,00 | 815,75 | 1.568,75 |
| 750.000 | 1.335,00 | 2.670,00 | 667,50 | 267,00 | 400,50 | 467,25 | 534,00 | 801,00 | 867,75 | 1.668,75 |
| 800.000 | 1.415,00 | 2.830,00 | 707,50 | 283,00 | 424,50 | 495,25 | 566,00 | 849,00 | 919,75 | 1.768,75 |
| 850.000 | 1.495,00 | 2.990,00 | 747,50 | 299,00 | 448,50 | 523,25 | 598,00 | 897,00 | 971,75 | 1.868,75 |
| 900.000 | 1.575,00 | 3.150,00 | 787,50 | 315,00 | 472,50 | 551,25 | 630,00 | 945,00 | 1.023,75 | 1.968,75 |
| 950.000 | 1.655,00 | 3.310,00 | 827,50 | 331,00 | 496,50 | 579,25 | 662,00 | 993,00 | 1.075,75 | 2.068,75 |
| 1.000.000 | 1.735,00 | 3.470,00 | 867,50 | 347,00 | 520,50 | 607,25 | 694,00 | 1.041,00 | 1.127,75 | 2.168,75 |
| 1.050.000 | 1.815,00 | 3.630,00 | 907,50 | 363,00 | 544,50 | 635,25 | 726,00 | 1.089,00 | 1.179,75 | 2.268,75 |
| 1.100.000 | 1.895,00 | 3.790,00 | 947,50 | 379,00 | 568,50 | 663,25 | 758,00 | 1.137,00 | 1.231,75 | 2.368,75 |
| 1.150.000 | 1.975,00 | 3.950,00 | 987,50 | 395,00 | 592,50 | 691,25 | 790,00 | 1.185,00 | 1.283,75 | 2.468,75 |
| 1.200.000 | 2.055,00 | 4.110,00 | 1.027,50 | 411,00 | 616,50 | 719,25 | 822,00 | 1.233,00 | 1.335,75 | 2.568,75 |
| 1.250.000 | 2.135,00 | 4.270,00 | 1.067,50 | 427,00 | 640,50 | 747,25 | 854,00 | 1.281,00 | 1.387,75 | 2.668,75 |
| 1.300.000 | 2.215,00 | 4.430,00 | 1.107,50 | 443,00 | 664,50 | 775,25 | 886,00 | 1.329,00 | 1.439,75 | 2.768,75 |
| 1.350.000 | 2.295,00 | 4.590,00 | 1.147,50 | 459,00 | 688,50 | 803,25 | 918,00 | 1.377,00 | 1.491,75 | 2.868,75 |
| 1.400.000 | 2.375,00 | 4.750,00 | 1.187,50 | 475,00 | 712,50 | 831,25 | 950,00 | 1.425,00 | 1.543,75 | 2.968,75 |

| Geschäftswert bis ...€ | 1,0 | 2,0 | 0,5 | 0,2 | 0,3 | 0,35 | 0,4 | 0,6 | 0,65 | 1,25 |
|---|---|---|---|---|---|---|---|---|---|---|
| 1.450.000 | 2.455,00 | 4.910,00 | 1.227,50 | 491,00 | 736,50 | 859,25 | 982,00 | 1.473,00 | 1.595,75 | 3.068,75 |
| 1.500.000 | 2.535,00 | 5.070,00 | 1.267,50 | 507,00 | 760,50 | 887,25 | 1.014,00 | 1.521,00 | 1.647,75 | 3.168,75 |
| 1.550.000 | 2.615,00 | 5.230,00 | 1.307,50 | 523,00 | 784,50 | 915,25 | 1.046,00 | 1.569,00 | 1.699,75 | 3.268,75 |
| 1.600.000 | 2.695,00 | 5.390,00 | 1.347,50 | 539,00 | 808,50 | 943,25 | 1.078,00 | 1.617,00 | 1.751,75 | 3.368,75 |
| 1.650.000 | 2.775,00 | 5.550,00 | 1.387,50 | 555,00 | 832,50 | 971,25 | 1.110,00 | 1.665,00 | 1.803,75 | 3.468,75 |
| 1.700.000 | 2.855,00 | 5.710,00 | 1.427,50 | 571,00 | 856,50 | 999,25 | 1.142,00 | 1.713,00 | 1.855,75 | 3.568,75 |
| 1.750.000 | 2.935,00 | 5.870,00 | 1.467,50 | 587,00 | 880,50 | 1.027,25 | 1.174,00 | 1.761,00 | 1.907,75 | 3.668,75 |
| 1.800.000 | 3.015,00 | 6.030,00 | 1.507,50 | 603,00 | 904,50 | 1.055,25 | 1.206,00 | 1.809,00 | 1.959,75 | 3.768,75 |
| 1.850.000 | 3.095,00 | 6.190,00 | 1.547,50 | 619,00 | 928,50 | 1.083,25 | 1.238,00 | 1.857,00 | 2.011,75 | 3.868,75 |
| 1.900.000 | 3.175,00 | 6.350,00 | 1.587,50 | 635,00 | 952,50 | 1.111,25 | 1.270,00 | 1.905,00 | 2.063,75 | 3.968,75 |
| 1.950.000 | 3.255,00 | 6.510,00 | 1.627,50 | 651,00 | 976,50 | 1.139,25 | 1.302,00 | 1.953,00 | 2.115,75 | 4.068,75 |
| 2.000.000 | 3.335,00 | 6.670,00 | 1.667,50 | 667,00 | 1.000,50 | 1.167,25 | 1.334,00 | 2.001,00 | 2.167,75 | 4.168,75 |
| 2.050.000 | 3.415,00 | 6.830,00 | 1.707,50 | 683,00 | 1.024,50 | 1.195,25 | 1.366,00 | 2.049,00 | 2.219,75 | 4.268,75 |
| 2.100.000 | 3.495,00 | 6.990,00 | 1.747,50 | 699,00 | 1.048,50 | 1.223,25 | 1.398,00 | 2.097,00 | 2.271,75 | 4.368,75 |
| 2.150.000 | 3.575,00 | 7.150,00 | 1.787,50 | 715,00 | 1.072,50 | 1.251,25 | 1.430,00 | 2.145,00 | 2.323,75 | 4.468,75 |
| 2.200.000 | 3.655,00 | 7.310,00 | 1.827,50 | 731,00 | 1.096,50 | 1.279,25 | 1.462,00 | 2.193,00 | 2.375,75 | 4.568,75 |
| 2.250.000 | 3.735,00 | 7.470,00 | 1.867,50 | 747,00 | 1.120,50 | 1.307,25 | 1.494,00 | 2.241,00 | 2.427,75 | 4.668,75 |
| 2.300.000 | 3.815,00 | 7.630,00 | 1.907,50 | 763,00 | 1.144,50 | 1.335,25 | 1.526,00 | 2.289,00 | 2.479,75 | 4.768,75 |
| 2.350.000 | 3.895,00 | 7.790,00 | 1.947,50 | 779,00 | 1.168,50 | 1.363,25 | 1.558,00 | 2.337,00 | 2.531,75 | 4.868,75 |
| 2.400.000 | 3.975,00 | 7.950,00 | 1.987,50 | 795,00 | 1.192,50 | 1.391,25 | 1.590,00 | 2.385,00 | 2.583,75 | 4.968,75 |
| 2.450.000 | 4.055,00 | 8.110,00 | 2.027,50 | 811,00 | 1.216,50 | 1.419,25 | 1.622,00 | 2.433,00 | 2.635,75 | 5.068,75 |
| 2.500.000 | 4.135,00 | 8.270,00 | 2.067,50 | 827,00 | 1.240,50 | 1.447,25 | 1.654,00 | 2.481,00 | 2.687,75 | 5.168,75 |
| 2.550.000 | 4.215,00 | 8.430,00 | 2.107,50 | 843,00 | 1.264,50 | 1.475,25 | 1.686,00 | 2.529,00 | 2.739,75 | 5.268,75 |
| 2.600.000 | 4.295,00 | 8.590,00 | 2.147,50 | 859,00 | 1.288,50 | 1.503,25 | 1.718,00 | 2.577,00 | 2.791,75 | 5.368,75 |
| 2.650.000 | 4.375,00 | 8.750,00 | 2.187,50 | 875,00 | 1.312,50 | 1.531,25 | 1.750,00 | 2.625,00 | 2.843,75 | 5.468,75 |
| 2.700.000 | 4.455,00 | 8.910,00 | 2.227,50 | 891,00 | 1.336,50 | 1.559,25 | 1.782,00 | 2.673,00 | 2.895,75 | 5.568,75 |
| 2.750.000 | 4.535,00 | 9.070,00 | 2.267,50 | 907,00 | 1.360,50 | 1.587,25 | 1.814,00 | 2.721,00 | 2.947,75 | 5.668,75 |
| 2.800.000 | 4.615,00 | 9.230,00 | 2.307,50 | 923,00 | 1.384,50 | 1.615,25 | 1.846,00 | 2.769,00 | 2.999,75 | 5.768,75 |
| 2.850.000 | 4.695,00 | 9.390,00 | 2.347,50 | 939,00 | 1.408,50 | 1.643,25 | 1.878,00 | 2.817,00 | 3.051,75 | 5.868,75 |
| 2.900.000 | 4.775,00 | 9.550,00 | 2.387,50 | 955,00 | 1.432,50 | 1.671,25 | 1.910,00 | 2.865,00 | 3.103,75 | 5.968,75 |

| Geschäftswert bis …€ | 1,0 | 2,0 | 0,5 | 0,2 | 0,3 | 0,35 | 0,4 | 0,6 | 0,65 | 1,25 |
|---|---|---|---|---|---|---|---|---|---|---|
| 2.950.000 | 4.855,00 | 9.710,00 | 2.427,50 | 971,00 | 1.456,50 | 1.699,25 | 1.942,00 | 2.913,00 | 3.155,75 | 6.068,75 |
| 3.000.000 | 4.935,00 | 9.870,00 | 2.467,50 | 987,00 | 1.480,50 | 1.727,25 | 1.974,00 | 2.961,00 | 3.207,75 | 6.168,75 |
| 3.050.000 | 5.015,00 | 10.030,00 | 2.507,50 | 1.003,00 | 1.504,50 | 1.755,25 | 2.006,00 | 3.009,00 | 3.259,75 | 6.268,75 |
| 3.100.000 | 5.095,00 | 10.190,00 | 2.547,50 | 1.019,00 | 1.528,50 | 1.783,25 | 2.038,00 | 3.057,00 | 3.311,75 | 6.368,75 |
| 3.150.000 | 5.175,00 | 10.350,00 | 2.587,50 | 1.035,00 | 1.552,50 | 1.811,25 | 2.070,00 | 3.105,00 | 3.363,75 | 6.468,75 |
| 3.200.000 | 5.255,00 | 10.510,00 | 2.627,50 | 1.051,00 | 1.576,50 | 1.839,25 | 2.102,00 | 3.153,00 | 3.415,75 | 6.568,75 |
| 3.250.000 | 5.335,00 | 10.670,00 | 2.667,50 | 1.067,00 | 1.600,50 | 1.867,25 | 2.134,00 | 3.201,00 | 3.467,75 | 6.668,75 |
| 3.300.000 | 5.415,00 | 10.830,00 | 2.707,50 | 1.083,00 | 1.624,50 | 1.895,25 | 2.166,00 | 3.249,00 | 3.519,75 | 6.768,75 |
| 3.350.000 | 5.495,00 | 10.990,00 | 2.747,50 | 1.099,00 | 1.648,50 | 1.923,25 | 2.198,00 | 3.297,00 | 3.571,75 | 6.868,75 |
| 3.400.000 | 5.575,00 | 11.150,00 | 2.787,50 | 1.115,00 | 1.672,50 | 1.951,25 | 2.230,00 | 3.345,00 | 3.623,75 | 6.968,75 |
| 3.450.000 | 5.655,00 | 11.310,00 | 2.827,50 | 1.131,00 | 1.696,50 | 1.979,25 | 2.262,00 | 3.393,00 | 3.675,75 | 7.068,75 |
| 3.500.000 | 5.735,00 | 11.470,00 | 2.867,50 | 1.147,00 | 1.720,50 | 2.007,25 | 2.294,00 | 3.441,00 | 3.727,75 | 7.168,75 |
| 3.550.000 | 5.815,00 | 11.630,00 | 2.907,50 | 1.163,00 | 1.744,50 | 2.035,25 | 2.326,00 | 3.489,00 | 3.779,75 | 7.268,75 |
| 3.600.000 | 5.895,00 | 11.790,00 | 2.947,50 | 1.179,00 | 1.768,50 | 2.063,25 | 2.358,00 | 3.537,00 | 3.831,75 | 7.368,75 |
| 3.650.000 | 5.975,00 | 11.950,00 | 2.987,50 | 1.195,00 | 1.792,50 | 2.091,25 | 2.390,00 | 3.585,00 | 3.883,75 | 7.468,75 |
| 3.700.000 | 6.055,00 | 12.110,00 | 3.027,50 | 1.211,00 | 1.816,50 | 2.119,25 | 2.422,00 | 3.633,00 | 3.935,75 | 7.568,75 |
| 3.750.000 | 6.135,00 | 12.270,00 | 3.067,50 | 1.227,00 | 1.840,50 | 2.147,25 | 2.454,00 | 3.681,00 | 3.987,75 | 7.668,75 |
| 3.800.000 | 6.215,00 | 12.430,00 | 3.107,50 | 1.243,00 | 1.864,50 | 2.175,25 | 2.486,00 | 3.729,00 | 4.039,75 | 7.768,75 |
| 3.850.000 | 6.295,00 | 12.590,00 | 3.147,50 | 1.259,00 | 1.888,50 | 2.203,25 | 2.518,00 | 3.777,00 | 4.091,75 | 7.868,75 |
| 3.900.000 | 6.375,00 | 12.750,00 | 3.187,50 | 1.275,00 | 1.912,50 | 2.231,25 | 2.550,00 | 3.825,00 | 4.143,75 | 7.968,75 |
| 3.950.000 | 6.455,00 | 12.910,00 | 3.227,50 | 1.291,00 | 1.936,50 | 2.259,25 | 2.582,00 | 3.873,00 | 4.195,75 | 8.068,75 |
| 4.000.000 | 6.535,00 | 13.070,00 | 3.267,50 | 1.307,00 | 1.960,50 | 2.287,25 | 2.614,00 | 3.921,00 | 4.247,75 | 8.168,75 |
| 4.050.000 | 6.615,00 | 13.230,00 | 3.307,50 | 1.323,00 | 1.984,50 | 2.315,25 | 2.646,00 | 3.969,00 | 4.299,75 | 8.268,75 |
| 4.100.000 | 6.695,00 | 13.390,00 | 3.347,50 | 1.339,00 | 2.008,50 | 2.343,25 | 2.678,00 | 4.017,00 | 4.351,75 | 8.368,75 |
| 4.150.000 | 6.775,00 | 13.550,00 | 3.387,50 | 1.355,00 | 2.032,50 | 2.371,25 | 2.710,00 | 4.065,00 | 4.403,75 | 8.468,75 |
| 4.200.000 | 6.855,00 | 13.710,00 | 3.427,50 | 1.371,00 | 2.056,50 | 2.399,25 | 2.742,00 | 4.113,00 | 4.455,75 | 8.568,75 |
| 4.250.000 | 6.935,00 | 13.870,00 | 3.467,50 | 1.387,00 | 2.080,50 | 2.427,25 | 2.774,00 | 4.161,00 | 4.507,75 | 8.668,75 |
| 4.300.000 | 7.015,00 | 14.030,00 | 3.507,50 | 1.403,00 | 2.104,50 | 2.455,25 | 2.806,00 | 4.209,00 | 4.559,75 | 8.768,75 |
| 4.350.000 | 7.095,00 | 14.190,00 | 3.547,50 | 1.419,00 | 2.128,50 | 2.483,25 | 2.838,00 | 4.257,00 | 4.611,75 | 8.868,75 |
| 4.400.000 | 7.175,00 | 14.350,00 | 3.587,50 | 1.435,00 | 2.152,50 | 2.511,25 | 2.870,00 | 4.305,00 | 4.663,75 | 8.968,75 |

| Geschäfts-wert bis ...€ | 1,0 | 2,0 | 0,5 | 0,2 | 0,3 | 0,35 | 0,4 | 0,6 | 0,65 | 1,25 |
|---|---|---|---|---|---|---|---|---|---|---|
| 4.450.000 | 7.255,00 | 14.510,00 | 3.627,50 | 1.451,00 | 2.176,50 | 2.539,25 | 2.902,00 | 4.353,00 | 4.715,75 | 9.068,75 |
| 4.500.000 | 7.335,00 | 14.670,00 | 3.667,50 | 1.467,00 | 2.200,50 | 2.567,25 | 2.934,00 | 4.401,00 | 4.767,75 | 9.168,75 |
| 4.550.000 | 7.415,00 | 14.830,00 | 3.707,50 | 1.483,00 | 2.224,50 | 2.595,25 | 2.966,00 | 4.449,00 | 4.819,75 | 9.268,75 |
| 4.600.000 | 7.495,00 | 14.990,00 | 3.747,50 | 1.499,00 | 2.248,50 | 2.623,25 | 2.998,00 | 4.497,00 | 4.871,75 | 9.368,75 |
| 4.650.000 | 7.575,00 | 15.150,00 | 3.787,50 | 1.515,00 | 2.272,50 | 2.651,25 | 3.030,00 | 4.545,00 | 4.923,75 | 9.468,75 |
| 4.700.000 | 7.655,00 | 15.310,00 | 3.827,50 | 1.531,00 | 2.296,50 | 2.679,25 | 3.062,00 | 4.593,00 | 4.975,75 | 9.568,75 |
| 4.750.000 | 7.735,00 | 15.470,00 | 3.867,50 | 1.547,00 | 2.320,50 | 2.707,25 | 3.094,00 | 4.641,00 | 5.027,75 | 9.668,75 |
| 4.800.000 | 7.815,00 | 15.630,00 | 3.907,50 | 1.563,00 | 2.344,50 | 2.735,25 | 3.126,00 | 4.689,00 | 5.079,75 | 9.768,75 |
| 4.850.000 | 7.895,00 | 15.790,00 | 3.947,50 | 1.579,00 | 2.368,50 | 2.763,25 | 3.158,00 | 4.737,00 | 5.131,75 | 9.868,75 |
| 4.900.000 | 7.975,00 | 15.950,00 | 3.987,50 | 1.595,00 | 2.392,50 | 2.791,25 | 3.190,00 | 4.785,00 | 5.183,75 | 9.968,75 |
| 4.950.000 | 8.055,00 | 16.110,00 | 4.027,50 | 1.611,00 | 2.416,50 | 2.819,25 | 3.222,00 | 4.833,00 | 5.235,75 | 10.068,75 |
| 5.000.000 | 8.135,00 | 16.270,00 | 4.067,50 | 1.627,00 | 2.440,50 | 2.847,25 | 3.254,00 | 4.881,00 | 5.287,75 | 10.168,75 |
| 5.200.000 | 8.265,00 | 16.530,00 | 4.132,50 | 1.653,00 | 2.479,50 | 2.892,75 | 3.306,00 | 4.959,00 | 5.372,25 | 10.331,25 |
| 5.400.000 | 8.395,00 | 16.790,00 | 4.197,50 | 1.679,00 | 2.518,50 | 2.938,25 | 3.358,00 | 5.037,00 | 5.456,75 | 10.493,75 |
| 5.600.000 | 8.525,00 | 17.050,00 | 4.262,50 | 1.705,00 | 2.557,50 | 2.983,75 | 3.410,00 | 5.115,00 | 5.541,25 | 10.656,25 |
| 5.800.000 | 8.655,00 | 17.310,00 | 4.327,50 | 1.731,00 | 2.596,50 | 3.029,25 | 3.462,00 | 5.193,00 | 5.625,75 | 10.818,75 |
| 6.000.000 | 8.785,00 | 17.570,00 | 4.392,50 | 1.757,00 | 2.635,50 | 3.074,75 | 3.514,00 | 5.271,00 | 5.710,25 | 10.981,25 |
| 6.200.000 | 8.915,00 | 17.830,00 | 4.457,50 | 1.783,00 | 2.674,50 | 3.120,25 | 3.566,00 | 5.349,00 | 5.794,75 | 11.143,75 |
| 6.400.000 | 9.045,00 | 18.090,00 | 4.522,50 | 1.809,00 | 2.713,50 | 3.165,75 | 3.618,00 | 5.427,00 | 5.879,25 | 11.306,25 |
| 6.600.000 | 9.175,00 | 18.350,00 | 4.587,50 | 1.835,00 | 2.752,50 | 3.211,25 | 3.670,00 | 5.505,00 | 5.963,75 | 11.468,75 |
| 6.800.000 | 9.305,00 | 18.610,00 | 4.652,50 | 1.861,00 | 2.791,50 | 3.256,75 | 3.722,00 | 5.583,00 | 6.048,25 | 11.631,25 |
| 7.000.000 | 9.435,00 | 18.870,00 | 4.717,50 | 1.887,00 | 2.830,50 | 3.302,25 | 3.774,00 | 5.661,00 | 6.132,75 | 11.793,75 |
| 7.200.000 | 9.565,00 | 19.130,00 | 4.782,50 | 1.913,00 | 2.869,50 | 3.347,75 | 3.826,00 | 5.739,00 | 6.217,25 | 11.956,25 |
| 7.400.000 | 9.695,00 | 19.390,00 | 4.847,50 | 1.939,00 | 2.908,50 | 3.393,25 | 3.878,00 | 5.817,00 | 6.301,75 | 12.118,75 |
| 7.600.000 | 9.825,00 | 19.650,00 | 4.912,50 | 1.965,00 | 2.947,50 | 3.438,75 | 3.930,00 | 5.895,00 | 6.386,25 | 12.281,25 |
| 7.800.000 | 9.955,00 | 19.910,00 | 4.977,50 | 1.991,00 | 2.986,50 | 3.484,25 | 3.982,00 | 5.973,00 | 6.470,75 | 12.443,75 |
| 8.000.000 | 10.085,00 | 20.170,00 | 5.042,50 | 2.017,00 | 3.025,50 | 3.529,75 | 4.034,00 | 6.051,00 | 6.555,25 | 12.606,25 |
| 8.200.000 | 10.215,00 | 20.430,00 | 5.107,50 | 2.043,00 | 3.064,50 | 3.575,25 | 4.086,00 | 6.129,00 | 6.639,75 | 12.768,75 |
| 8.400.000 | 10.345,00 | 20.690,00 | 5.172,50 | 2.069,00 | 3.103,50 | 3.620,75 | 4.138,00 | 6.207,00 | 6.724,25 | 12.931,25 |
| 8.600.000 | 10.475,00 | 20.950,00 | 5.237,50 | 2.095,00 | 3.142,50 | 3.666,25 | 4.190,00 | 6.285,00 | 6.808,75 | 13.093,75 |

| Geschäfts-wert bis ...€ | 1,0 | 2,0 | 0,5 | 0,2 | 0,3 | 0,35 | 0,4 | 0,6 | 0,65 | 1,25 |
|---|---|---|---|---|---|---|---|---|---|---|
| 8.800.000 | 10.605,00 | 21.210,00 | 5.302,50 | 2.121,00 | 3.181,50 | 3.711,75 | 4.242,00 | 6.363,00 | 6.893,25 | 13.256,25 |
| 9.000.000 | 10.735,00 | 21.470,00 | 5.367,50 | 2.147,00 | 3.220,50 | 3.757,25 | 4.294,00 | 6.441,00 | 6.977,75 | 13.418,75 |
| 9.200.000 | 10.865,00 | 21.730,00 | 5.432,50 | 2.173,00 | 3.259,50 | 3.802,75 | 4.346,00 | 6.519,00 | 7.062,25 | 13.581,25 |
| 9.400.000 | 10.995,00 | 21.990,00 | 5.497,50 | 2.199,00 | 3.298,50 | 3.848,25 | 4.398,00 | 6.597,00 | 7.146,75 | 13.743,75 |
| 9.600.000 | 11.125,00 | 22.250,00 | 5.562,50 | 2.225,00 | 3.337,50 | 3.893,75 | 4.450,00 | 6.675,00 | 7.231,25 | 13.906,25 |
| 9.800.000 | 11.255,00 | 22.510,00 | 5.627,50 | 2.251,00 | 3.376,50 | 3.939,25 | 4.502,00 | 6.753,00 | 7.315,75 | 14.068,75 |
| 10.000.000 | 11.385,00 | 22.770,00 | 5.692,50 | 2.277,00 | 3.415,50 | 3.984,75 | 4.554,00 | 6.831,00 | 7.400,25 | 14.231,25 |
| 10.250.000 | 11.535,00 | 23.070,00 | 5.767,50 | 2.307,00 | 3.460,50 | 4.037,25 | 4.614,00 | 6.921,00 | 7.497,75 | 14.418,75 |
| 10.500.000 | 11.685,00 | 23.370,00 | 5.842,50 | 2.337,00 | 3.505,50 | 4.089,75 | 4.674,00 | 7.011,00 | 7.595,25 | 14.606,25 |
| 10.750.000 | 11.835,00 | 23.670,00 | 5.917,50 | 2.367,00 | 3.550,50 | 4.142,25 | 4.734,00 | 7.101,00 | 7.692,75 | 14.793,75 |
| 11.000.000 | 11.985,00 | 23.970,00 | 5.992,50 | 2.397,00 | 3.595,50 | 4.194,75 | 4.794,00 | 7.191,00 | 7.790,25 | 14.981,25 |
| 11.250.000 | 12.135,00 | 24.270,00 | 6.067,50 | 2.427,00 | 3.640,50 | 4.247,25 | 4.854,00 | 7.281,00 | 7.887,75 | 15.168,75 |
| 11.500.000 | 12.285,00 | 24.570,00 | 6.142,50 | 2.457,00 | 3.685,50 | 4.299,75 | 4.914,00 | 7.371,00 | 7.985,25 | 15.356,25 |
| 11.750.000 | 12.435,00 | 24.870,00 | 6.217,50 | 2.487,00 | 3.730,50 | 4.352,25 | 4.974,00 | 7.461,00 | 8.082,75 | 15.543,75 |
| 12.000.000 | 12.585,00 | 25.170,00 | 6.292,50 | 2.517,00 | 3.775,50 | 4.404,75 | 5.034,00 | 7.551,00 | 8.180,25 | 15.731,25 |
| 12.250.000 | 12.735,00 | 25.470,00 | 6.367,50 | 2.547,00 | 3.820,50 | 4.457,25 | 5.094,00 | 7.641,00 | 8.277,75 | 15.918,75 |
| 12.500.000 | 12.885,00 | 25.770,00 | 6.442,50 | 2.577,00 | 3.865,50 | 4.509,75 | 5.154,00 | 7.731,00 | 8.375,25 | 16.106,25 |
| 12.750.000 | 13.035,00 | 26.070,00 | 6.517,50 | 2.607,00 | 3.910,50 | 4.562,25 | 5.214,00 | 7.821,00 | 8.472,75 | 16.293,75 |
| 13.000.000 | 13.185,00 | 26.370,00 | 6.592,50 | 2.637,00 | 3.955,50 | 4.614,75 | 5.274,00 | 7.911,00 | 8.570,25 | 16.481,25 |
| 13.250.000 | 13.335,00 | 26.670,00 | 6.667,50 | 2.667,00 | 4.000,50 | 4.667,25 | 5.334,00 | 8.001,00 | 8.667,75 | 16.668,75 |
| 13.500.000 | 13.485,00 | 26.970,00 | 6.742,50 | 2.697,00 | 4.045,50 | 4.719,75 | 5.394,00 | 8.091,00 | 8.765,25 | 16.856,25 |
| 13.750.000 | 13.635,00 | 27.270,00 | 6.817,50 | 2.727,00 | 4.090,50 | 4.772,25 | 5.454,00 | 8.181,00 | 8.862,75 | 17.043,75 |
| 14.000.000 | 13.785,00 | 27.570,00 | 6.892,50 | 2.757,00 | 4.135,50 | 4.824,75 | 5.514,00 | 8.271,00 | 8.960,25 | 17.231,25 |
| 14.250.000 | 13.935,00 | 27.870,00 | 6.967,50 | 2.787,00 | 4.180,50 | 4.877,25 | 5.574,00 | 8.361,00 | 9.057,75 | 17.418,75 |
| 14.500.000 | 14.085,00 | 28.170,00 | 7.042,50 | 2.817,00 | 4.225,50 | 4.929,75 | 5.634,00 | 8.451,00 | 9.155,25 | 17.606,25 |
| 14.750.000 | 14.235,00 | 28.470,00 | 7.117,50 | 2.847,00 | 4.270,50 | 4.982,25 | 5.694,00 | 8.541,00 | 9.252,75 | 17.793,75 |
| 15.000.000 | 14.385,00 | 28.770,00 | 7.192,50 | 2.877,00 | 4.315,50 | 5.034,75 | 5.754,00 | 8.631,00 | 9.350,25 | 17.981,25 |
| 15.250.000 | 14.535,00 | 29.070,00 | 7.267,50 | 2.907,00 | 4.360,50 | 5.087,25 | 5.814,00 | 8.721,00 | 9.447,75 | 18.168,75 |
| 15.500.000 | 14.685,00 | 29.370,00 | 7.342,50 | 2.937,00 | 4.405,50 | 5.139,75 | 5.874,00 | 8.811,00 | 9.545,25 | 18.356,25 |
| 15.750.000 | 14.835,00 | 29.670,00 | 7.417,50 | 2.967,00 | 4.450,50 | 5.192,25 | 5.934,00 | 8.901,00 | 9.642,75 | 18.543,75 |

| Geschäfts-wert bis ...€ | 1,0 | 2,0 | 0,5 | 0,2 | 0,3 | 0,35 | 0,4 | 0,6 | 0,65 | 1,25 |
|---|---|---|---|---|---|---|---|---|---|---|
| 16.000.000 | 14.985,00 | 29.970,00 | 7.492,50 | 2.997,00 | 4.495,50 | 5.244,75 | 5.994,00 | 8.991,00 | 9.740,25 | 18.731,25 |
| 16.250.000 | 15.135,00 | 30.270,00 | 7.567,50 | 3.027,00 | 4.540,50 | 5.297,25 | 6.054,00 | 9.081,00 | 9.837,75 | 18.918,75 |
| 16.500.000 | 15.285,00 | 30.570,00 | 7.642,50 | 3.057,00 | 4.585,50 | 5.349,75 | 6.114,00 | 9.171,00 | 9.935,25 | 19.106,25 |
| 16.750.000 | 15.435,00 | 30.870,00 | 7.717,50 | 3.087,00 | 4.630,50 | 5.402,25 | 6.174,00 | 9.261,00 | 10.032,75 | 19.293,75 |
| 17.000.000 | 15.585,00 | 31.170,00 | 7.792,50 | 3.117,00 | 4.675,50 | 5.454,75 | 6.234,00 | 9.351,00 | 10.130,25 | 19.481,25 |
| 17.250.000 | 15.735,00 | 31.470,00 | 7.867,50 | 3.147,00 | 4.720,50 | 5.507,25 | 6.294,00 | 9.441,00 | 10.227,75 | 19.668,75 |
| 17.500.000 | 15.885,00 | 31.770,00 | 7.942,50 | 3.177,00 | 4.765,50 | 5.559,75 | 6.354,00 | 9.531,00 | 10.325,25 | 19.856,25 |
| 17.750.000 | 16.035,00 | 32.070,00 | 8.017,50 | 3.207,00 | 4.810,50 | 5.612,25 | 6.414,00 | 9.621,00 | 10.422,75 | 20.043,75 |
| 18.000.000 | 16.185,00 | 32.370,00 | 8.092,50 | 3.237,00 | 4.855,50 | 5.664,75 | 6.474,00 | 9.711,00 | 10.520,25 | 20.231,25 |
| 18.250.000 | 16.335,00 | 32.670,00 | 8.167,50 | 3.267,00 | 4.900,50 | 5.717,25 | 6.534,00 | 9.801,00 | 10.617,75 | 20.418,75 |
| 18.500.000 | 16.485,00 | 32.970,00 | 8.242,50 | 3.297,00 | 4.945,50 | 5.769,75 | 6.594,00 | 9.891,00 | 10.715,25 | 20.606,25 |
| 18.750.000 | 16.635,00 | 33.270,00 | 8.317,50 | 3.327,00 | 4.990,50 | 5.822,25 | 6.654,00 | 9.981,00 | 10.812,75 | 20.793,75 |
| 19.000.000 | 16.785,00 | 33.570,00 | 8.392,50 | 3.357,00 | 5.035,50 | 5.874,75 | 6.714,00 | 10.071,00 | 10.910,25 | 20.981,25 |
| 19.250.000 | 16.935,00 | 33.870,00 | 8.467,50 | 3.387,00 | 5.080,50 | 5.927,25 | 6.774,00 | 10.161,00 | 11.007,75 | 21.168,75 |
| 19.500.000 | 17.085,00 | 34.170,00 | 8.542,50 | 3.417,00 | 5.125,50 | 5.979,75 | 6.834,00 | 10.251,00 | 11.105,25 | 21.356,25 |
| 19.750.000 | 17.235,00 | 34.470,00 | 8.617,50 | 3.447,00 | 5.170,50 | 6.032,25 | 6.894,00 | 10.341,00 | 11.202,75 | 21.543,75 |
| 20.000.000 | 17.385,00 | 34.770,00 | 8.692,50 | 3.477,00 | 5.215,50 | 6.084,75 | 6.954,00 | 10.431,00 | 11.300,25 | 21.731,25 |
| 20.500.000 | 17.665,00 | 35.330,00 | 8.832,50 | 3.533,00 | 5.299,50 | 6.182,75 | 7.066,00 | 10.599,00 | 11.482,25 | 22.081,25 |
| 21.000.000 | 17.945,00 | 35.890,00 | 8.972,50 | 3.589,00 | 5.383,50 | 6.280,75 | 7.178,00 | 10.767,00 | 11.664,25 | 22.431,25 |
| 21.500.000 | 18.225,00 | 36.450,00 | 9.112,50 | 3.645,00 | 5.467,50 | 6.378,75 | 7.290,00 | 10.935,00 | 11.846,25 | 22.781,25 |
| 22.000.000 | 18.505,00 | 37.010,00 | 9.252,50 | 3.701,00 | 5.551,50 | 6.476,75 | 7.402,00 | 11.103,00 | 12.028,25 | 23.131,25 |
| 22.500.000 | 18.785,00 | 37.570,00 | 9.392,50 | 3.757,00 | 5.635,50 | 6.574,75 | 7.514,00 | 11.271,00 | 12.210,25 | 23.481,25 |
| 23.000.000 | 19.065,00 | 38.130,00 | 9.532,50 | 3.813,00 | 5.719,50 | 6.672,75 | 7.626,00 | 11.439,00 | 12.392,25 | 23.831,25 |
| 23.500.000 | 19.345,00 | 38.690,00 | 9.672,50 | 3.869,00 | 5.803,50 | 6.770,75 | 7.738,00 | 11.607,00 | 12.574,25 | 24.181,25 |
| 24.000.000 | 19.625,00 | 39.250,00 | 9.812,50 | 3.925,00 | 5.887,50 | 6.868,75 | 7.850,00 | 11.775,00 | 12.756,25 | 24.531,25 |
| 24.500.000 | 19.905,00 | 39.810,00 | 9.952,50 | 3.981,00 | 5.971,50 | 6.966,75 | 7.962,00 | 11.943,00 | 12.938,25 | 24.881,25 |
| 25.000.000 | 20.185,00 | 40.370,00 | 10.092,50 | 4.037,00 | 6.055,50 | 7.064,75 | 8.074,00 | 12.111,00 | 13.120,25 | 25.231,25 |
| 25.500.000 | 20.465,00 | 40.930,00 | 10.232,50 | 4.093,00 | 6.139,50 | 7.162,75 | 8.186,00 | 12.279,00 | 13.302,25 | 25.581,25 |
| 26.000.000 | 20.745,00 | 41.490,00 | 10.372,50 | 4.149,00 | 6.223,50 | 7.260,75 | 8.298,00 | 12.447,00 | 13.484,25 | 25.931,25 |
| 26.500.000 | 21.025,00 | 42.050,00 | 10.512,50 | 4.205,00 | 6.307,50 | 7.358,75 | 8.410,00 | 12.615,00 | 13.666,25 | 26.281,25 |

| Geschäfts-wert bis …€ | 1,0 | 2,0 | 0,5 | 0,2 | 0,3 | 0,35 | 0,4 | 0,6 | 0,65 | 1,25 |
|---|---|---|---|---|---|---|---|---|---|---|
| 27.000.000 | 21.305,00 | 42.610,00 | 10.652,50 | 4.261,00 | 6.391,50 | 7.456,75 | 8.522,00 | 12.783,00 | 13.848,25 | 26.631,25 |
| 27.500.000 | 21.585,00 | 43.170,00 | 10.792,50 | 4.317,00 | 6.475,50 | 7.554,75 | 8.634,00 | 12.951,00 | 14.030,25 | 26.981,25 |
| 28.000.000 | 21.865,00 | 43.730,00 | 10.932,50 | 4.373,00 | 6.559,50 | 7.652,75 | 8.746,00 | 13.119,00 | 14.212,25 | 27.331,25 |
| 28.500.000 | 22.145,00 | 44.290,00 | 11.072,50 | 4.429,00 | 6.643,50 | 7.750,75 | 8.858,00 | 13.287,00 | 14.394,25 | 27.681,25 |
| 29.000.000 | 22.425,00 | 44.850,00 | 11.212,50 | 4.485,00 | 6.727,50 | 7.848,75 | 8.970,00 | 13.455,00 | 14.576,25 | 28.031,25 |
| 29.500.000 | 22.705,00 | 45.410,00 | 11.352,50 | 4.541,00 | 6.811,50 | 7.946,75 | 9.082,00 | 13.623,00 | 14.758,25 | 28.381,25 |
| 30.000.000 | 22.985,00 | 45.970,00 | 11.492,50 | 4.597,00 | 6.895,50 | 8.044,75 | 9.194,00 | 13.791,00 | 14.940,25 | 28.731,25 |
| 31.000.000 | 23.105,00 | 46.210,00 | 11.552,50 | 4.621,00 | 6.931,50 | 8.086,75 | 9.242,00 | 13.863,00 | 15.018,25 | 28.881,25 |
| 32.000.000 | 23.225,00 | 46.450,00 | 11.612,50 | 4.645,00 | 6.967,50 | 8.128,75 | 9.290,00 | 13.935,00 | 15.096,25 | 29.031,25 |
| 33.000.000 | 23.345,00 | 46.690,00 | 11.672,50 | 4.669,00 | 7.003,50 | 8.170,75 | 9.338,00 | 14.007,00 | 15.174,25 | 29.181,25 |
| 34.000.000 | 23.465,00 | 46.930,00 | 11.732,50 | 4.693,00 | 7.039,50 | 8.212,75 | 9.386,00 | 14.079,00 | 15.252,25 | 29.331,25 |
| 35.000.000 | 23.585,00 | 47.170,00 | 11.792,50 | 4.717,00 | 7.075,50 | 8.254,75 | 9.434,00 | 14.151,00 | 15.330,25 | 29.481,25 |
| 36.000.000 | 23.705,00 | 47.410,00 | 11.852,50 | 4.741,00 | 7.111,50 | 8.296,75 | 9.482,00 | 14.223,00 | 15.408,25 | 29.631,25 |
| 37.000.000 | 23.825,00 | 47.650,00 | 11.912,50 | 4.765,00 | 7.147,50 | 8.338,75 | 9.530,00 | 14.295,00 | 15.486,25 | 29.781,25 |
| 38.000.000 | 23.945,00 | 47.890,00 | 11.972,50 | 4.789,00 | 7.183,50 | 8.380,75 | 9.578,00 | 14.367,00 | 15.564,25 | 29.931,25 |
| 39.000.000 | 24.065,00 | 48.130,00 | 12.032,50 | 4.813,00 | 7.219,50 | 8.422,75 | 9.626,00 | 14.439,00 | 15.642,25 | 30.081,25 |
| 40.000.000 | 24.185,00 | 48.370,00 | 12.092,50 | 4.837,00 | 7.255,50 | 8.464,75 | 9.674,00 | 14.511,00 | 15.720,25 | 30.231,25 |
| 41.000.000 | 24.305,00 | 48.610,00 | 12.152,50 | 4.861,00 | 7.291,50 | 8.506,75 | 9.722,00 | 14.583,00 | 15.798,25 | 30.381,25 |
| 42.000.000 | 24.425,00 | 48.850,00 | 12.212,50 | 4.885,00 | 7.327,50 | 8.548,75 | 9.770,00 | 14.655,00 | 15.876,25 | 30.531,25 |
| 43.000.000 | 24.545,00 | 49.090,00 | 12.272,50 | 4.909,00 | 7.363,50 | 8.590,75 | 9.818,00 | 14.727,00 | 15.954,25 | 30.681,25 |
| 44.000.000 | 24.665,00 | 49.330,00 | 12.332,50 | 4.933,00 | 7.399,50 | 8.632,75 | 9.866,00 | 14.799,00 | 16.032,25 | 30.831,25 |
| 45.000.000 | 24.785,00 | 49.570,00 | 12.392,50 | 4.957,00 | 7.435,50 | 8.674,75 | 9.914,00 | 14.871,00 | 16.110,25 | 30.981,25 |
| 46.000.000 | 24.905,00 | 49.810,00 | 12.452,50 | 4.981,00 | 7.471,50 | 8.716,75 | 9.962,00 | 14.943,00 | 16.188,25 | 31.131,25 |
| 47.000.000 | 25.025,00 | 50.050,00 | 12.512,50 | 5.005,00 | 7.507,50 | 8.758,75 | 10.010,00 | 15.015,00 | 16.266,25 | 31.281,25 |
| 48.000.000 | 25.145,00 | 50.290,00 | 12.572,50 | 5.029,00 | 7.543,50 | 8.800,75 | 10.058,00 | 15.087,00 | 16.344,25 | 31.431,25 |
| 49.000.000 | 25.265,00 | 50.530,00 | 12.632,50 | 5.053,00 | 7.579,50 | 8.842,75 | 10.106,00 | 15.159,00 | 16.422,25 | 31.581,25 |
| 50.000.000 | 25.385,00 | 50.770,00 | 12.692,50 | 5.077,00 | 7.615,50 | 8.884,75 | 10.154,00 | 15.231,00 | 16.500,25 | 31.731,25 |
| 51.000.000 | 25.505,00 | 51.010,00 | 12.752,50 | 5.101,00 | 7.651,50 | 8.926,75 | 10.202,00 | 15.303,00 | 16.578,25 | 31.881,25 |
| 52.000.000 | 25.625,00 | 51.250,00 | 12.812,50 | 5.125,00 | 7.687,50 | 8.968,75 | 10.250,00 | 15.375,00 | 16.656,25 | 32.031,25 |
| 53.000.000 | 25.745,00 | 51.490,00 | 12.872,50 | 5.149,00 | 7.723,50 | 9.010,75 | 10.298,00 | 15.447,00 | 16.734,25 | 32.181,25 |

| Geschäfts-wert bis ...€ | 1,0 | 2,0 | 0,5 | 0,2 | 0,3 | 0,35 | 0,4 | 0,6 | 0,65 | 1,25 |
|---|---|---|---|---|---|---|---|---|---|---|
| 54.000.000 | 25.865,00 | 51.730,00 | 12.932,50 | 5.173,00 | 7.759,50 | 9.052,75 | 10.346,00 | 15.519,00 | 16.812,25 | 32.331,25 |
| 55.000.000 | 25.985,00 | 51.970,00 | 12.992,50 | 5.197,00 | 7.795,50 | 9.094,75 | 10.394,00 | 15.591,00 | 16.890,25 | 32.481,25 |
| 56.000.000 | 26.105,00 | 52.210,00 | 13.052,50 | 5.221,00 | 7.831,50 | 9.136,75 | 10.442,00 | 15.663,00 | 16.968,25 | 32.631,25 |
| 57.000.000 | 26.225,00 | 52.450,00 | 13.112,50 | 5.245,00 | 7.867,50 | 9.178,75 | 10.490,00 | 15.735,00 | 17.046,25 | 32.781,25 |
| 58.000.000 | 26.345,00 | 52.690,00 | 13.172,50 | 5.269,00 | 7.903,50 | 9.220,75 | 10.538,00 | 15.807,00 | 17.124,25 | 32.931,25 |
| 59.000.000 | 26.465,00 | 52.930,00 | 13.232,50 | 5.293,00 | 7.939,50 | 9.262,75 | 10.586,00 | 15.879,00 | 17.202,25 | 33.081,25 |
| 60.000.000 | 26.585,00 | 53.170,00 | 13.292,50 | 5.317,00 | 7.975,50 | 9.304,75 | 10.634,00 | 15.951,00 | 17.280,25 | 33.231,25 |

# II. Gebühren nach Tabelle A (§ 34 GNotKG)

**Hinweise:**

1. Der Mindestbetrag einer Gebühr ist 15 Euro (§ 34 Abs. 5 GNotKG).

2. Der Höchstgeschäftswert beträgt, wenn die Tabelle A anzuwenden ist, höchstens 30 Millionen Euro, wenn kein niedrigerer Höchstwert bestimmt ist (§ 35 Abs. 2 GNotKG).

| Geschäftswert bis ...€ | 1,0 | 2,0 | 0,5 | 0,2 | 0,1 | 1,30 |
|---|---|---|---|---|---|---|
| 500 | 35,00 | 70,00 | 35,00 | 35,00 | 35,00 | 45,50 |
| 1.000 | 53,00 | 106,00 | 35,00 | 35,00 | 35,00 | 68,90 |
| 1.500 | 71,00 | 142,00 | 35,50 | 35,00 | 35,00 | 92,30 |
| 2.000 | 89,00 | 178,00 | 44,50 | 35,00 | 35,00 | 115,70 |
| 3.000 | 108,00 | 216,00 | 54,00 | 35,00 | 35,00 | 140,40 |
| 4.000 | 127,00 | 254,00 | 63,50 | 35,00 | 35,00 | 165,10 |
| 5.000 | 146,00 | 292,00 | 73,00 | 35,00 | 35,00 | 189,80 |
| 6.000 | 165,00 | 330,00 | 82,50 | 35,00 | 35,00 | 214,50 |
| 7.000 | 184,00 | 368,00 | 92,00 | 36,80 | 35,00 | 239,20 |
| 8.000 | 203,00 | 406,00 | 101,50 | 40,60 | 35,00 | 263,90 |
| 9.000 | 222,00 | 444,00 | 111,00 | 44,40 | 35,00 | 288,60 |
| 10.000 | 241,00 | 482,00 | 120,50 | 48,20 | 35,00 | 313,30 |
| 13.000 | 267,00 | 534,00 | 133,50 | 53,40 | 35,00 | 347,10 |
| 16.000 | 293,00 | 586,00 | 146,50 | 58,60 | 35,00 | 380,90 |
| 19.000 | 319,00 | 638,00 | 159,50 | 63,80 | 35,00 | 414,70 |
| 22.000 | 345,00 | 690,00 | 172,50 | 69,00 | 35,00 | 448,50 |
| 25.000 | 371,00 | 742,00 | 185,50 | 74,20 | 37,10 | 482,30 |
| 30.000 | 406,00 | 812,00 | 203,00 | 81,20 | 40,60 | 527,80 |
| 35.000 | 441,00 | 882,00 | 220,50 | 88,20 | 44,10 | 573,30 |
| 40.000 | 476,00 | 952,00 | 238,00 | 95,20 | 47,60 | 618,80 |
| 45.000 | 511,00 | 1.022,00 | 255,50 | 102,20 | 51,10 | 664,30 |
| 50.000 | 546,00 | 1.092,00 | 273,00 | 109,20 | 54,60 | 709,80 |
| 65.000 | 666,00 | 1.332,00 | 333,00 | 133,20 | 66,60 | 865,80 |
| 80.000 | 786,00 | 1.572,00 | 393,00 | 157,20 | 78,60 | 1.021,80 |
| 95.000 | 906,00 | 1.812,00 | 453,00 | 181,20 | 90,60 | 1.177,80 |
| 110.000 | 1.026,00 | 2.052,00 | 513,00 | 205,20 | 102,60 | 1.333,80 |
| 125.000 | 1.146,00 | 2.292,00 | 573,00 | 229,20 | 114,60 | 1.489,80 |
| 140.000 | 1.266,00 | 2.532,00 | 633,00 | 253,20 | 126,60 | 1.645,80 |
| 155.000 | 1.386,00 | 2.772,00 | 693,00 | 277,20 | 138,60 | 1.801,80 |
| 170.000 | 1.506,00 | 3.012,00 | 753,00 | 301,20 | 150,60 | 1.957,80 |
| 185.000 | 1.626,00 | 3.252,00 | 813,00 | 325,20 | 162,60 | 2.113,80 |
| 200.000 | 1.746,00 | 3.492,00 | 873,00 | 349,20 | 174,60 | 2.269,80 |
| 230.000 | 1.925,00 | 3.850,00 | 962,50 | 385,00 | 192,50 | 2.502,50 |
| 260.000 | 2.104,00 | 4.208,00 | 1.052,00 | 420,80 | 210,40 | 2.735,20 |
| 290.000 | 2.283,00 | 4.566,00 | 1.141,50 | 456,60 | 228,30 | 2.967,90 |
| 320.000 | 2.462,00 | 4.924,00 | 1.231,00 | 492,40 | 246,20 | 3.200,60 |

| Geschäfts- wert bis ...€ | 1,0 | 2,0 | 0,5 | 0,2 | 0,1 | 1,30 |
|---|---|---|---|---|---|---|
| 350.000 | 2.641,00 | 5.282,00 | 1.320,50 | 528,20 | 264,10 | 3.433,30 |
| 380.000 | 2.820,00 | 5.640,00 | 1.410,00 | 564,00 | 282,00 | 3.666,00 |
| 410.000 | 2.999,00 | 5.998,00 | 1.499,50 | 599,80 | 299,90 | 3.898,70 |
| 440.000 | 3.178,00 | 6.356,00 | 1.589,00 | 635,60 | 317,80 | 4.131,40 |
| 470.000 | 3.357,00 | 6.714,00 | 1.678,50 | 671,40 | 335,70 | 4.364,10 |
| 500.000 | 3.536,00 | 7.072,00 | 1.768,00 | 707,20 | 353,60 | 4.596,80 |
| 550.000 | 3.716,00 | 7.432,00 | 1.858,00 | 743,20 | 371,60 | 4.830,80 |
| 600.000 | 3.896,00 | 7.792,00 | 1.948,00 | 779,20 | 389,60 | 5.064,80 |
| 650.000 | 4.076,00 | 8.152,00 | 2.038,00 | 815,20 | 407,60 | 5.298,80 |
| 700.000 | 4.256,00 | 8.512,00 | 2.128,00 | 851,20 | 425,60 | 5.532,80 |
| 750.000 | 4.436,00 | 8.872,00 | 2.218,00 | 887,20 | 443,60 | 5.766,80 |
| 800.000 | 4.616,00 | 9.232,00 | 2.308,00 | 923,20 | 461,60 | 6.000,80 |
| 850.000 | 4.796,00 | 9.592,00 | 2.398,00 | 959,20 | 479,60 | 6.234,80 |
| 900.000 | 4.976,00 | 9.952,00 | 2.488,00 | 995,20 | 497,60 | 6.468,80 |
| 950.000 | 5.156,00 | 10.312,00 | 2.578,00 | 1.031,20 | 515,60 | 6.702,80 |
| 1.000.000 | 5.336,00 | 10.672,00 | 2.668,00 | 1.067,20 | 533,60 | 6.936,80 |
| 1.050.000 | 5.516,00 | 11.032,00 | 2.758,00 | 1.103,20 | 551,60 | 7.170,80 |
| 1.100.000 | 5.696,00 | 11.392,00 | 2.848,00 | 1.139,20 | 569,60 | 7.404,80 |
| 1.150.000 | 5.876,00 | 11.752,00 | 2.938,00 | 1.175,20 | 587,60 | 7.638,80 |
| 1.200.000 | 6.056,00 | 12.112,00 | 3.028,00 | 1.211,20 | 605,60 | 7.872,80 |
| 1.250.000 | 6.236,00 | 12.472,00 | 3.118,00 | 1.247,20 | 623,60 | 8.106,80 |
| 1.300.000 | 6.416,00 | 12.832,00 | 3.208,00 | 1.283,20 | 641,60 | 8.340,80 |
| 1.350.000 | 6.596,00 | 13.192,00 | 3.298,00 | 1.319,20 | 659,60 | 8.574,80 |
| 1.400.000 | 6.776,00 | 13.552,00 | 3.388,00 | 1.355,20 | 677,60 | 8.808,80 |
| 1.450.000 | 6.956,00 | 13.912,00 | 3.478,00 | 1.391,20 | 695,60 | 9.042,80 |
| 1.500.000 | 7.136,00 | 14.272,00 | 3.568,00 | 1.427,20 | 713,60 | 9.276,80 |
| 1.550.000 | 7.316,00 | 14.632,00 | 3.658,00 | 1.463,20 | 731,60 | 9.510,80 |
| 1.600.000 | 7.496,00 | 14.992,00 | 3.748,00 | 1.499,20 | 749,60 | 9.744,80 |
| 1.650.000 | 7.676,00 | 15.352,00 | 3.838,00 | 1.535,20 | 767,60 | 9.978,80 |
| 1.700.000 | 7.856,00 | 15.712,00 | 3.928,00 | 1.571,20 | 785,60 | 10.212,80 |
| 1.750.000 | 8.036,00 | 16.072,00 | 4.018,00 | 1.607,20 | 803,60 | 10.446,80 |
| 1.800.000 | 8.216,00 | 16.432,00 | 4.108,00 | 1.643,20 | 821,60 | 10.680,80 |
| 1.850.000 | 8.396,00 | 16.792,00 | 4.198,00 | 1.679,20 | 839,60 | 10.914,80 |
| 1.900.000 | 8.576,00 | 17.152,00 | 4.288,00 | 1.715,20 | 857,60 | 11.148,80 |
| 1.950.000 | 8.756,00 | 17.512,00 | 4.378,00 | 1.751,20 | 875,60 | 11.382,80 |
| 2.000.000 | 8.936,00 | 17.872,00 | 4.468,00 | 1.787,20 | 893,60 | 11.616,80 |
| 2.050.000 | 9.116,00 | 18.232,00 | 4.558,00 | 1.823,20 | 911,60 | 11.850,80 |
| 2.100.000 | 9.296,00 | 18.592,00 | 4.648,00 | 1.859,20 | 929,60 | 12.084,80 |
| 2.150.000 | 9.476,00 | 18.952,00 | 4.738,00 | 1.895,20 | 947,60 | 12.318,80 |
| 2.200.000 | 9.656,00 | 19.312,00 | 4.828,00 | 1.931,20 | 965,60 | 12.552,80 |
| 2.250.000 | 9.836,00 | 19.672,00 | 4.918,00 | 1.967,20 | 983,60 | 12.786,80 |
| 2.300.000 | 10.016,00 | 20.032,00 | 5.008,00 | 2.003,20 | 1.001,60 | 13.020,80 |

| Geschäfts-wert bis …€ | 1,0 | 2,0 | 0,5 | 0,2 | 0,1 | 1,30 |
|---|---|---|---|---|---|---|
| 2.350.000 | 10.196,00 | 20.392,00 | 5.098,00 | 2.039,20 | 1.019,60 | 13.254,80 |
| 2.400.000 | 10.376,00 | 20.752,00 | 5.188,00 | 2.075,20 | 1.037,60 | 13.488,80 |
| 2.450.000 | 10.556,00 | 21.112,00 | 5.278,00 | 2.111,20 | 1.055,60 | 13.722,80 |
| 2.500.000 | 10.736,00 | 21.472,00 | 5.368,00 | 2.147,20 | 1.073,60 | 13.956,80 |
| 2.550.000 | 10.916,00 | 21.832,00 | 5.458,00 | 2.183,20 | 1.091,60 | 14.190,80 |
| 2.600.000 | 11.096,00 | 22.192,00 | 5.548,00 | 2.219,20 | 1.109,60 | 14.424,80 |
| 2.650.000 | 11.276,00 | 22.552,00 | 5.638,00 | 2.255,20 | 1.127,60 | 14.658,80 |
| 2.700.000 | 11.456,00 | 22.912,00 | 5.728,00 | 2.291,20 | 1.145,60 | 14.892,80 |
| 2.750.000 | 11.636,00 | 23.272,00 | 5.818,00 | 2.327,20 | 1.163,60 | 15.126,80 |
| 2.800.000 | 11.816,00 | 23.632,00 | 5.908,00 | 2.363,20 | 1.181,60 | 15.360,80 |
| 2.850.000 | 11.996,00 | 23.992,00 | 5.998,00 | 2.399,20 | 1.199,60 | 15.594,80 |
| 2.900.000 | 12.176,00 | 24.352,00 | 6.088,00 | 2.435,20 | 1.217,60 | 15.828,80 |
| 2.950.000 | 12.356,00 | 24.712,00 | 6.178,00 | 2.471,20 | 1.235,60 | 16.062,80 |
| 3.000.000 | 12.536,00 | 25.072,00 | 6.268,00 | 2.507,20 | 1.253,60 | 16.296,80 |
| 3.050.000 | 12.716,00 | 25.432,00 | 6.358,00 | 2.543,20 | 1.271,60 | 16.530,80 |
| 3.100.000 | 12.896,00 | 25.792,00 | 6.448,00 | 2.579,20 | 1.289,60 | 16.764,80 |
| 3.150.000 | 13.076,00 | 26.152,00 | 6.538,00 | 2.615,20 | 1.307,60 | 16.998,80 |
| 3.200.000 | 13.256,00 | 26.512,00 | 6.628,00 | 2.651,20 | 1.325,60 | 17.232,80 |
| 3.250.000 | 13.436,00 | 26.872,00 | 6.718,00 | 2.687,20 | 1.343,60 | 17.466,80 |
| 3.300.000 | 13.616,00 | 27.232,00 | 6.808,00 | 2.723,20 | 1.361,60 | 17.700,80 |
| 3.350.000 | 13.796,00 | 27.592,00 | 6.898,00 | 2.759,20 | 1.379,60 | 17.934,80 |
| 3.400.000 | 13.976,00 | 27.952,00 | 6.988,00 | 2.795,20 | 1.397,60 | 18.168,80 |
| 3.450.000 | 14.156,00 | 28.312,00 | 7.078,00 | 2.831,20 | 1.415,60 | 18.402,80 |
| 3.500.000 | 14.336,00 | 28.672,00 | 7.168,00 | 2.867,20 | 1.433,60 | 18.636,80 |
| 3.550.000 | 14.516,00 | 29.032,00 | 7.258,00 | 2.903,20 | 1.451,60 | 18.870,80 |
| 3.600.000 | 14.696,00 | 29.392,00 | 7.348,00 | 2.939,20 | 1.469,60 | 19.104,80 |
| 3.650.000 | 14.876,00 | 29.752,00 | 7.438,00 | 2.975,20 | 1.487,60 | 19.338,80 |
| 3.700.000 | 15.056,00 | 30.112,00 | 7.528,00 | 3.011,20 | 1.505,60 | 19.572,80 |
| 3.750.000 | 15.236,00 | 30.472,00 | 7.618,00 | 3.047,20 | 1.523,60 | 19.806,80 |
| 3.800.000 | 15.416,00 | 30.832,00 | 7.708,00 | 3.083,20 | 1.541,60 | 20.040,80 |
| 3.850.000 | 15.596,00 | 31.192,00 | 7.798,00 | 3.119,20 | 1.559,60 | 20.274,80 |
| 3.900.000 | 15.776,00 | 31.552,00 | 7.888,00 | 3.155,20 | 1.577,60 | 20.508,80 |
| 3.950.000 | 15.956,00 | 31.912,00 | 7.978,00 | 3.191,20 | 1.595,60 | 20.742,80 |
| 4.000.000 | 16.136,00 | 32.272,00 | 8.068,00 | 3.227,20 | 1.613,60 | 20.976,80 |
| 4.050.000 | 16.316,00 | 32.632,00 | 8.158,00 | 3.263,20 | 1.631,60 | 21.210,80 |
| 4.100.000 | 16.496,00 | 32.992,00 | 8.248,00 | 3.299,20 | 1.649,60 | 21.444,80 |
| 4.150.000 | 16.676,00 | 33.352,00 | 8.338,00 | 3.335,20 | 1.667,60 | 21.678,80 |
| 4.200.000 | 16.856,00 | 33.712,00 | 8.428,00 | 3.371,20 | 1.685,60 | 21.912,80 |
| 4.250.000 | 17.036,00 | 34.072,00 | 8.518,00 | 3.407,20 | 1.703,60 | 22.146,80 |
| 4.300.000 | 17.216,00 | 34.432,00 | 8.608,00 | 3.443,20 | 1.721,60 | 22.380,80 |
| 4.350.000 | 17.396,00 | 34.792,00 | 8.698,00 | 3.479,20 | 1.739,60 | 22.614,80 |
| 4.400.000 | 17.576,00 | 35.152,00 | 8.788,00 | 3.515,20 | 1.757,60 | 22.848,80 |

| Geschäfts-wert bis ...€ | 1,0 | 2,0 | 0,5 | 0,2 | 0,1 | 1,30 |
|---|---|---|---|---|---|---|
| 4.450.000 | 17.756,00 | 35.512,00 | 8.878,00 | 3.551,20 | 1.775,60 | 23.082,80 |
| 4.500.000 | 17.936,00 | 35.872,00 | 8.968,00 | 3.587,20 | 1.793,60 | 23.316,80 |
| 4.550.000 | 18.116,00 | 36.232,00 | 9.058,00 | 3.623,20 | 1.811,60 | 23.550,80 |
| 4.600.000 | 18.296,00 | 36.592,00 | 9.148,00 | 3.659,20 | 1.829,60 | 23.784,80 |
| 4.650.000 | 18.476,00 | 36.952,00 | 9.238,00 | 3.695,20 | 1.847,60 | 24.018,80 |
| 4.700.000 | 18.656,00 | 37.312,00 | 9.328,00 | 3.731,20 | 1.865,60 | 24.252,80 |
| 4.750.000 | 18.836,00 | 37.672,00 | 9.418,00 | 3.767,20 | 1.883,60 | 24.486,80 |
| 4.800.000 | 19.016,00 | 38.032,00 | 9.508,00 | 3.803,20 | 1.901,60 | 24.720,80 |
| 4.850.000 | 19.196,00 | 38.392,00 | 9.598,00 | 3.839,20 | 1.919,60 | 24.954,80 |
| 4.900.000 | 19.376,00 | 38.752,00 | 9.688,00 | 3.875,20 | 1.937,60 | 25.188,80 |
| 4.950.000 | 19.556,00 | 39.112,00 | 9.778,00 | 3.911,20 | 1.955,60 | 25.422,80 |
| 5.000.000 | 19.736,00 | 39.472,00 | 9.868,00 | 3.947,20 | 1.973,60 | 25.656,80 |
| 5.050.000 | 19.916,00 | 39.832,00 | 9.958,00 | 3.983,20 | 1.991,60 | 25.890,80 |
| 5.100.000 | 20.096,00 | 40.192,00 | 10.048,00 | 4.019,20 | 2.009,60 | 26.124,80 |
| 5.150.000 | 20.276,00 | 40.552,00 | 10.138,00 | 4.055,20 | 2.027,60 | 26.358,80 |
| 5.200.000 | 20.456,00 | 40.912,00 | 10.228,00 | 4.091,20 | 2.045,60 | 26.592,80 |
| 5.250.000 | 20.636,00 | 41.272,00 | 10.318,00 | 4.127,20 | 2.063,60 | 26.826,80 |
| 5.300.000 | 20.816,00 | 41.632,00 | 10.408,00 | 4.163,20 | 2.081,60 | 27.060,80 |
| 5.350.000 | 20.996,00 | 41.992,00 | 10.498,00 | 4.199,20 | 2.099,60 | 27.294,80 |
| 5.400.000 | 21.176,00 | 42.352,00 | 10.588,00 | 4.235,20 | 2.117,60 | 27.528,80 |
| 5.450.000 | 21.356,00 | 42.712,00 | 10.678,00 | 4.271,20 | 2.135,60 | 27.762,80 |
| 5.500.000 | 21.536,00 | 43.072,00 | 10.768,00 | 4.307,20 | 2.153,60 | 27.996,80 |
| 5.550.000 | 21.716,00 | 43.432,00 | 10.858,00 | 4.343,20 | 2.171,60 | 28.230,80 |
| 5.600.000 | 21.896,00 | 43.792,00 | 10.948,00 | 4.379,20 | 2.189,60 | 28.464,80 |
| 5.650.000 | 22.076,00 | 44.152,00 | 11.038,00 | 4.415,20 | 2.207,60 | 28.698,80 |
| 5.700.000 | 22.256,00 | 44.512,00 | 11.128,00 | 4.451,20 | 2.225,60 | 28.932,80 |
| 5.750.000 | 22.436,00 | 44.872,00 | 11.218,00 | 4.487,20 | 2.243,60 | 29.166,80 |
| 5.800.000 | 22.616,00 | 45.232,00 | 11.308,00 | 4.523,20 | 2.261,60 | 29.400,80 |
| 5.850.000 | 22.796,00 | 45.592,00 | 11.398,00 | 4.559,20 | 2.279,60 | 29.634,80 |
| 5.900.000 | 22.976,00 | 45.952,00 | 11.488,00 | 4.595,20 | 2.297,60 | 29.868,80 |
| 5.950.000 | 23.156,00 | 46.312,00 | 11.578,00 | 4.631,20 | 2.315,60 | 30.102,80 |
| 6.000.000 | 23.336,00 | 46.672,00 | 11.668,00 | 4.667,20 | 2.333,60 | 30.336,80 |
| 6.050.000 | 23.516,00 | 47.032,00 | 11.758,00 | 4.703,20 | 2.351,60 | 30.570,80 |
| 6.100.000 | 23.696,00 | 47.392,00 | 11.848,00 | 4.739,20 | 2.369,60 | 30.804,80 |
| 6.150.000 | 23.876,00 | 47.752,00 | 11.938,00 | 4.775,20 | 2.387,60 | 31.038,80 |
| 6.200.000 | 24.056,00 | 48.112,00 | 12.028,00 | 4.811,20 | 2.405,60 | 31.272,80 |
| 6.250.000 | 24.236,00 | 48.472,00 | 12.118,00 | 4.847,20 | 2.423,60 | 31.506,80 |
| 6.300.000 | 24.416,00 | 48.832,00 | 12.208,00 | 4.883,20 | 2.441,60 | 31.740,80 |
| 6.350.000 | 24.596,00 | 49.192,00 | 12.298,00 | 4.919,20 | 2.459,60 | 31.974,80 |
| 6.400.000 | 24.776,00 | 49.552,00 | 12.388,00 | 4.955,20 | 2.477,60 | 32.208,80 |
| 6.450.000 | 24.956,00 | 49.912,00 | 12.478,00 | 4.991,20 | 2.495,60 | 32.442,80 |
| 6.500.000 | 25.136,00 | 50.272,00 | 12.568,00 | 5.027,20 | 2.513,60 | 32.676,80 |

| Geschäfts-wert bis ...€ | 1,0 | 2,0 | 0,5 | 0,2 | 0,1 | 1,30 |
|---|---|---|---|---|---|---|
| 6.550.000 | 25.316,00 | 50.632,00 | 12.658,00 | 5.063,20 | 2.531,60 | 32.910,80 |
| 6.600.000 | 25.496,00 | 50.992,00 | 12.748,00 | 5.099,20 | 2.549,60 | 33.144,80 |
| 6.650.000 | 25.676,00 | 51.352,00 | 12.838,00 | 5.135,20 | 2.567,60 | 33.378,80 |
| 6.700.000 | 25.856,00 | 51.712,00 | 12.928,00 | 5.171,20 | 2.585,60 | 33.612,80 |
| 6.750.000 | 26.036,00 | 52.072,00 | 13.018,00 | 5.207,20 | 2.603,60 | 33.846,80 |
| 6.800.000 | 26.216,00 | 52.432,00 | 13.108,00 | 5.243,20 | 2.621,60 | 34.080,80 |
| 6.850.000 | 26.396,00 | 52.792,00 | 13.198,00 | 5.279,20 | 2.639,60 | 34.314,80 |
| 6.900.000 | 26.576,00 | 53.152,00 | 13.288,00 | 5.315,20 | 2.657,60 | 34.548,80 |
| 6.950.000 | 26.756,00 | 53.512,00 | 13.378,00 | 5.351,20 | 2.675,60 | 34.782,80 |
| 7.000.000 | 26.936,00 | 53.872,00 | 13.468,00 | 5.387,20 | 2.693,60 | 35.016,80 |
| 7.050.000 | 27.116,00 | 54.232,00 | 13.558,00 | 5.423,20 | 2.711,60 | 35.250,80 |
| 7.100.000 | 27.296,00 | 54.592,00 | 13.648,00 | 5.459,20 | 2.729,60 | 35.484,80 |
| 7.150.000 | 27.476,00 | 54.952,00 | 13.738,00 | 5.495,20 | 2.747,60 | 35.718,80 |
| 7.200.000 | 27.656,00 | 55.312,00 | 13.828,00 | 5.531,20 | 2.765,60 | 35.952,80 |
| 7.250.000 | 27.836,00 | 55.672,00 | 13.918,00 | 5.567,20 | 2.783,60 | 36.186,80 |
| 7.300.000 | 28.016,00 | 56.032,00 | 14.008,00 | 5.603,20 | 2.801,60 | 36.420,80 |
| 7.350.000 | 28.196,00 | 56.392,00 | 14.098,00 | 5.639,20 | 2.819,60 | 36.654,80 |
| 7.400.000 | 28.376,00 | 56.752,00 | 14.188,00 | 5.675,20 | 2.837,60 | 36.888,80 |
| 7.450.000 | 28.556,00 | 57.112,00 | 14.278,00 | 5.711,20 | 2.855,60 | 37.122,80 |
| 7.500.000 | 28.736,00 | 57.472,00 | 14.368,00 | 5.747,20 | 2.873,60 | 37.356,80 |
| 7.550.000 | 28.916,00 | 57.832,00 | 14.458,00 | 5.783,20 | 2.891,60 | 37.590,80 |
| 7.600.000 | 29.096,00 | 58.192,00 | 14.548,00 | 5.819,20 | 2.909,60 | 37.824,80 |
| 7.650.000 | 29.276,00 | 58.552,00 | 14.638,00 | 5.855,20 | 2.927,60 | 38.058,80 |
| 7.700.000 | 29.456,00 | 58.912,00 | 14.728,00 | 5.891,20 | 2.945,60 | 38.292,80 |
| 7.750.000 | 29.636,00 | 59.272,00 | 14.818,00 | 5.927,20 | 2.963,60 | 38.526,80 |
| 7.800.000 | 29.816,00 | 59.632,00 | 14.908,00 | 5.963,20 | 2.981,60 | 38.760,80 |
| 7.850.000 | 29.996,00 | 59.992,00 | 14.998,00 | 5.999,20 | 2.999,60 | 38.994,80 |
| 7.900.000 | 30.176,00 | 60.352,00 | 15.088,00 | 6.035,20 | 3.017,60 | 39.228,80 |
| 7.950.000 | 30.356,00 | 60.712,00 | 15.178,00 | 6.071,20 | 3.035,60 | 39.462,80 |
| 8.000.000 | 30.536,00 | 61.072,00 | 15.268,00 | 6.107,20 | 3.053,60 | 39.696,80 |
| 8.050.000 | 30.716,00 | 61.432,00 | 15.358,00 | 6.143,20 | 3.071,60 | 39.930,80 |
| 8.100.000 | 30.896,00 | 61.792,00 | 15.448,00 | 6.179,20 | 3.089,60 | 40.164,80 |
| 8.150.000 | 31.076,00 | 62.152,00 | 15.538,00 | 6.215,20 | 3.107,60 | 40.398,80 |
| 8.200.000 | 31.256,00 | 62.512,00 | 15.628,00 | 6.251,20 | 3.125,60 | 40.632,80 |
| 8.250.000 | 31.436,00 | 62.872,00 | 15.718,00 | 6.287,20 | 3.143,60 | 40.866,80 |
| 8.300.000 | 31.616,00 | 63.232,00 | 15.808,00 | 6.323,20 | 3.161,60 | 41.100,80 |
| 8.350.000 | 31.796,00 | 63.592,00 | 15.898,00 | 6.359,20 | 3.179,60 | 41.334,80 |
| 8.400.000 | 31.976,00 | 63.952,00 | 15.988,00 | 6.395,20 | 3.197,60 | 41.568,80 |
| 8.450.000 | 32.156,00 | 64.312,00 | 16.078,00 | 6.431,20 | 3.215,60 | 41.802,80 |
| 8.500.000 | 32.336,00 | 64.672,00 | 16.168,00 | 6.467,20 | 3.233,60 | 42.036,80 |
| 8.550.000 | 32.516,00 | 65.032,00 | 16.258,00 | 6.503,20 | 3.251,60 | 42.270,80 |
| 8.600.000 | 32.696,00 | 65.392,00 | 16.348,00 | 6.539,20 | 3.269,60 | 42.504,80 |

| Geschäfts- wert bis ...€ | 1,0 | 2,0 | 0,5 | 0,2 | 0,1 | 1,30 |
|---|---|---|---|---|---|---|
| 8.650.000 | 32.876,00 | 65.752,00 | 16.438,00 | 6.575,20 | 3.287,60 | 42.738,80 |
| 8.700.000 | 33.056,00 | 66.112,00 | 16.528,00 | 6.611,20 | 3.305,60 | 42.972,80 |
| 8.750.000 | 33.236,00 | 66.472,00 | 16.618,00 | 6.647,20 | 3.323,60 | 43.206,80 |
| 8.800.000 | 33.416,00 | 66.832,00 | 16.708,00 | 6.683,20 | 3.341,60 | 43.440,80 |
| 8.850.000 | 33.596,00 | 67.192,00 | 16.798,00 | 6.719,20 | 3.359,60 | 43.674,80 |
| 8.900.000 | 33.776,00 | 67.552,00 | 16.888,00 | 6.755,20 | 3.377,60 | 43.908,80 |
| 8.950.000 | 33.956,00 | 67.912,00 | 16.978,00 | 6.791,20 | 3.395,60 | 44.142,80 |
| 9.000.000 | 34.136,00 | 68.272,00 | 17.068,00 | 6.827,20 | 3.413,60 | 44.376,80 |
| 9.050.000 | 34.316,00 | 68.632,00 | 17.158,00 | 6.863,20 | 3.431,60 | 44.610,80 |
| 9.100.000 | 34.496,00 | 68.992,00 | 17.248,00 | 6.899,20 | 3.449,60 | 44.844,80 |
| 9.150.000 | 34.676,00 | 69.352,00 | 17.338,00 | 6.935,20 | 3.467,60 | 45.078,80 |
| 9.200.000 | 34.856,00 | 69.712,00 | 17.428,00 | 6.971,20 | 3.485,60 | 45.312,80 |
| 9.250.000 | 35.036,00 | 70.072,00 | 17.518,00 | 7.007,20 | 3.503,60 | 45.546,80 |
| 9.300.000 | 35.216,00 | 70.432,00 | 17.608,00 | 7.043,20 | 3.521,60 | 45.780,80 |
| 9.350.000 | 35.396,00 | 70.792,00 | 17.698,00 | 7.079,20 | 3.539,60 | 46.014,80 |
| 9.400.000 | 35.576,00 | 71.152,00 | 17.788,00 | 7.115,20 | 3.557,60 | 46.248,80 |
| 9.450.000 | 35.756,00 | 71.512,00 | 17.878,00 | 7.151,20 | 3.575,60 | 46.482,80 |
| 9.500.000 | 35.936,00 | 71.872,00 | 17.968,00 | 7.187,20 | 3.593,60 | 46.716,80 |
| 9.550.000 | 36.116,00 | 72.232,00 | 18.058,00 | 7.223,20 | 3.611,60 | 46.950,80 |
| 9.600.000 | 36.296,00 | 72.592,00 | 18.148,00 | 7.259,20 | 3.629,60 | 47.184,80 |
| 9.650.000 | 36.476,00 | 72.952,00 | 18.238,00 | 7.295,20 | 3.647,60 | 47.418,80 |
| 9.700.000 | 36.656,00 | 73.312,00 | 18.328,00 | 7.331,20 | 3.665,60 | 47.652,80 |
| 9.750.000 | 36.836,00 | 73.672,00 | 18.418,00 | 7.367,20 | 3.683,60 | 47.886,80 |
| 9.800.000 | 37.016,00 | 74.032,00 | 18.508,00 | 7.403,20 | 3.701,60 | 48.120,80 |
| 9.850.000 | 37.196,00 | 74.392,00 | 18.598,00 | 7.439,20 | 3.719,60 | 48.354,80 |
| 9.900.000 | 37.376,00 | 74.752,00 | 18.688,00 | 7.475,20 | 3.737,60 | 48.588,80 |
| 9.950.000 | 37.556,00 | 75.112,00 | 18.778,00 | 7.511,20 | 3.755,60 | 48.822,80 |
| 10.000.000 | 37.736,00 | 75.472,00 | 18.868,00 | 7.547,20 | 3.773,60 | 49.056,80 |
| 10.050.000 | 37.916,00 | 75.832,00 | 18.958,00 | 7.583,20 | 3.791,60 | 49.290,80 |
| 10.100.000 | 38.096,00 | 76.192,00 | 19.048,00 | 7.619,20 | 3.809,60 | 49.524,80 |
| 10.150.000 | 38.276,00 | 76.552,00 | 19.138,00 | 7.655,20 | 3.827,60 | 49.758,80 |
| 10.200.000 | 38.456,00 | 76.912,00 | 19.228,00 | 7.691,20 | 3.845,60 | 49.992,80 |
| 10.250.000 | 38.636,00 | 77.272,00 | 19.318,00 | 7.727,20 | 3.863,60 | 50.226,80 |
| 10.300.000 | 38.816,00 | 77.632,00 | 19.408,00 | 7.763,20 | 3.881,60 | 50.460,80 |
| 10.350.000 | 38.996,00 | 77.992,00 | 19.498,00 | 7.799,20 | 3.899,60 | 50.694,80 |
| 10.400.000 | 39.176,00 | 78.352,00 | 19.588,00 | 7.835,20 | 3.917,60 | 50.928,80 |
| 10.450.000 | 39.356,00 | 78.712,00 | 19.678,00 | 7.871,20 | 3.935,60 | 51.162,80 |
| 10.500.000 | 39.536,00 | 79.072,00 | 19.768,00 | 7.907,20 | 3.953,60 | 51.396,80 |
| 10.550.000 | 39.716,00 | 79.432,00 | 19.858,00 | 7.943,20 | 3.971,60 | 51.630,80 |
| 10.600.000 | 39.896,00 | 79.792,00 | 19.948,00 | 7.979,20 | 3.989,60 | 51.864,80 |
| 10.650.000 | 40.076,00 | 80.152,00 | 20.038,00 | 8.015,20 | 4.007,60 | 52.098,80 |
| 10.700.000 | 40.256,00 | 80.512,00 | 20.128,00 | 8.051,20 | 4.025,60 | 52.332,80 |

| Geschäfts-wert bis ...€ | 1,0 | 2,0 | 0,5 | 0,2 | 0,1 | 1,30 |
|---|---|---|---|---|---|---|
| 10.750.000 | 40.436,00 | 80.872,00 | 20.218,00 | 8.087,20 | 4.043,60 | 52.566,80 |
| 10.800.000 | 40.616,00 | 81.232,00 | 20.308,00 | 8.123,20 | 4.061,60 | 52.800,80 |
| 10.850.000 | 40.796,00 | 81.592,00 | 20.398,00 | 8.159,20 | 4.079,60 | 53.034,80 |
| 10.900.000 | 40.976,00 | 81.952,00 | 20.488,00 | 8.195,20 | 4.097,60 | 53.268,80 |
| 10.950.000 | 41.156,00 | 82.312,00 | 20.578,00 | 8.231,20 | 4.115,60 | 53.502,80 |
| 11.000.000 | 41.336,00 | 82.672,00 | 20.668,00 | 8.267,20 | 4.133,60 | 53.736,80 |
| 11.050.000 | 41.516,00 | 83.032,00 | 20.758,00 | 8.303,20 | 4.151,60 | 53.970,80 |
| 11.100.000 | 41.696,00 | 83.392,00 | 20.848,00 | 8.339,20 | 4.169,60 | 54.204,80 |
| 11.150.000 | 41.876,00 | 83.752,00 | 20.938,00 | 8.375,20 | 4.187,60 | 54.438,80 |
| 11.200.000 | 42.056,00 | 84.112,00 | 21.028,00 | 8.411,20 | 4.205,60 | 54.672,80 |
| 11.250.000 | 42.236,00 | 84.472,00 | 21.118,00 | 8.447,20 | 4.223,60 | 54.906,80 |
| 11.300.000 | 42.416,00 | 84.832,00 | 21.208,00 | 8.483,20 | 4.241,60 | 55.140,80 |
| 11.350.000 | 42.596,00 | 85.192,00 | 21.298,00 | 8.519,20 | 4.259,60 | 55.374,80 |
| 11.400.000 | 42.776,00 | 85.552,00 | 21.388,00 | 8.555,20 | 4.277,60 | 55.608,80 |
| 11.450.000 | 42.956,00 | 85.912,00 | 21.478,00 | 8.591,20 | 4.295,60 | 55.842,80 |
| 11.500.000 | 43.136,00 | 86.272,00 | 21.568,00 | 8.627,20 | 4.313,60 | 56.076,80 |
| 11.550.000 | 43.316,00 | 86.632,00 | 21.658,00 | 8.663,20 | 4.331,60 | 56.310,80 |
| 11.600.000 | 43.496,00 | 86.992,00 | 21.748,00 | 8.699,20 | 4.349,60 | 56.544,80 |
| 11.650.000 | 43.676,00 | 87.352,00 | 21.838,00 | 8.735,20 | 4.367,60 | 56.778,80 |
| 11.700.000 | 43.856,00 | 87.712,00 | 21.928,00 | 8.771,20 | 4.385,60 | 57.012,80 |
| 11.750.000 | 44.036,00 | 88.072,00 | 22.018,00 | 8.807,20 | 4.403,60 | 57.246,80 |
| 11.800.000 | 44.216,00 | 88.432,00 | 22.108,00 | 8.843,20 | 4.421,60 | 57.480,80 |
| 11.850.000 | 44.396,00 | 88.792,00 | 22.198,00 | 8.879,20 | 4.439,60 | 57.714,80 |
| 11.900.000 | 44.576,00 | 89.152,00 | 22.288,00 | 8.915,20 | 4.457,60 | 57.948,80 |
| 11.950.000 | 44.756,00 | 89.512,00 | 22.378,00 | 8.951,20 | 4.475,60 | 58.182,80 |
| 12.000.000 | 44.936,00 | 89.872,00 | 22.468,00 | 8.987,20 | 4.493,60 | 58.416,80 |
| 12.050.000 | 45.116,00 | 90.232,00 | 22.558,00 | 9.023,20 | 4.511,60 | 58.650,80 |
| 12.100.000 | 45.296,00 | 90.592,00 | 22.648,00 | 9.059,20 | 4.529,60 | 58.884,80 |
| 12.150.000 | 45.476,00 | 90.952,00 | 22.738,00 | 9.095,20 | 4.547,60 | 59.118,80 |
| 12.200.000 | 45.656,00 | 91.312,00 | 22.828,00 | 9.131,20 | 4.565,60 | 59.352,80 |
| 12.250.000 | 45.836,00 | 91.672,00 | 22.918,00 | 9.167,20 | 4.583,60 | 59.586,80 |
| 12.300.000 | 46.016,00 | 92.032,00 | 23.008,00 | 9.203,20 | 4.601,60 | 59.820,80 |
| 12.350.000 | 46.196,00 | 92.392,00 | 23.098,00 | 9.239,20 | 4.619,60 | 60.054,80 |
| 12.400.000 | 46.376,00 | 92.752,00 | 23.188,00 | 9.275,20 | 4.637,60 | 60.288,80 |
| 12.450.000 | 46.556,00 | 93.112,00 | 23.278,00 | 9.311,20 | 4.655,60 | 60.522,80 |
| 12.500.000 | 46.736,00 | 93.472,00 | 23.368,00 | 9.347,20 | 4.673,60 | 60.756,80 |
| 12.550.000 | 46.916,00 | 93.832,00 | 23.458,00 | 9.383,20 | 4.691,60 | 60.990,80 |
| 12.600.000 | 47.096,00 | 94.192,00 | 23.548,00 | 9.419,20 | 4.709,60 | 61.224,80 |
| 12.650.000 | 47.276,00 | 94.552,00 | 23.638,00 | 9.455,20 | 4.727,60 | 61.458,80 |
| 12.700.000 | 47.456,00 | 94.912,00 | 23.728,00 | 9.491,20 | 4.745,60 | 61.692,80 |
| 12.750.000 | 47.636,00 | 95.272,00 | 23.818,00 | 9.527,20 | 4.763,60 | 61.926,80 |
| 12.800.000 | 47.816,00 | 95.632,00 | 23.908,00 | 9.563,20 | 4.781,60 | 62.160,80 |

| Geschäfts-wert bis ...€ | 1,0 | 2,0 | 0,5 | 0,2 | 0,1 | 1,30 |
|---|---|---|---|---|---|---|
| 12.850.000 | 47.996,00 | 95.992,00 | 23.998,00 | 9.599,20 | 4.799,60 | 62.394,80 |
| 12.900.000 | 48.176,00 | 96.352,00 | 24.088,00 | 9.635,20 | 4.817,60 | 62.628,80 |
| 12.950.000 | 48.356,00 | 96.712,00 | 24.178,00 | 9.671,20 | 4.835,60 | 62.862,80 |
| 13.000.000 | 48.536,00 | 97.072,00 | 24.268,00 | 9.707,20 | 4.853,60 | 63.096,80 |
| 13.050.000 | 48.716,00 | 97.432,00 | 24.358,00 | 9.743,20 | 4.871,60 | 63.330,80 |
| 13.100.000 | 48.896,00 | 97.792,00 | 24.448,00 | 9.779,20 | 4.889,60 | 63.564,80 |
| 13.150.000 | 49.076,00 | 98.152,00 | 24.538,00 | 9.815,20 | 4.907,60 | 63.798,80 |
| 13.200.000 | 49.256,00 | 98.512,00 | 24.628,00 | 9.851,20 | 4.925,60 | 64.032,80 |
| 13.250.000 | 49.436,00 | 98.872,00 | 24.718,00 | 9.887,20 | 4.943,60 | 64.266,80 |
| 13.300.000 | 49.616,00 | 99.232,00 | 24.808,00 | 9.923,20 | 4.961,60 | 64.500,80 |
| 13.350.000 | 49.796,00 | 99.592,00 | 24.898,00 | 9.959,20 | 4.979,60 | 64.734,80 |
| 13.400.000 | 49.976,00 | 99.952,00 | 24.988,00 | 9.995,20 | 4.997,60 | 64.968,80 |
| 13.450.000 | 50.156,00 | 100.312,00 | 25.078,00 | 10.031,20 | 5.015,60 | 65.202,80 |
| 13.500.000 | 50.336,00 | 100.672,00 | 25.168,00 | 10.067,20 | 5.033,60 | 65.436,80 |
| 13.550.000 | 50.516,00 | 101.032,00 | 25.258,00 | 10.103,20 | 5.051,60 | 65.670,80 |
| 13.600.000 | 50.696,00 | 101.392,00 | 25.348,00 | 10.139,20 | 5.069,60 | 65.904,80 |
| 13.650.000 | 50.876,00 | 101.752,00 | 25.438,00 | 10.175,20 | 5.087,60 | 66.138,80 |
| 13.700.000 | 51.056,00 | 102.112,00 | 25.528,00 | 10.211,20 | 5.105,60 | 66.372,80 |
| 13.750.000 | 51.236,00 | 102.472,00 | 25.618,00 | 10.247,20 | 5.123,60 | 66.606,80 |
| 13.800.000 | 51.416,00 | 102.832,00 | 25.708,00 | 10.283,20 | 5.141,60 | 66.840,80 |
| 13.850.000 | 51.596,00 | 103.192,00 | 25.798,00 | 10.319,20 | 5.159,60 | 67.074,80 |
| 13.900.000 | 51.776,00 | 103.552,00 | 25.888,00 | 10.355,20 | 5.177,60 | 67.308,80 |
| 13.950.000 | 51.956,00 | 103.912,00 | 25.978,00 | 10.391,20 | 5.195,60 | 67.542,80 |
| 14.000.000 | 52.136,00 | 104.272,00 | 26.068,00 | 10.427,20 | 5.213,60 | 67.776,80 |
| 14.050.000 | 52.316,00 | 104.632,00 | 26.158,00 | 10.463,20 | 5.231,60 | 68.010,80 |
| 14.100.000 | 52.496,00 | 104.992,00 | 26.248,00 | 10.499,20 | 5.249,60 | 68.244,80 |
| 14.150.000 | 52.676,00 | 105.352,00 | 26.338,00 | 10.535,20 | 5.267,60 | 68.478,80 |
| 14.200.000 | 52.856,00 | 105.712,00 | 26.428,00 | 10.571,20 | 5.285,60 | 68.712,80 |
| 14.250.000 | 53.036,00 | 106.072,00 | 26.518,00 | 10.607,20 | 5.303,60 | 68.946,80 |
| 14.300.000 | 53.216,00 | 106.432,00 | 26.608,00 | 10.643,20 | 5.321,60 | 69.180,80 |
| 14.350.000 | 53.396,00 | 106.792,00 | 26.698,00 | 10.679,20 | 5.339,60 | 69.414,80 |
| 14.400.000 | 53.576,00 | 107.152,00 | 26.788,00 | 10.715,20 | 5.357,60 | 69.648,80 |
| 14.450.000 | 53.756,00 | 107.512,00 | 26.878,00 | 10.751,20 | 5.375,60 | 69.882,80 |
| 14.500.000 | 53.936,00 | 107.872,00 | 26.968,00 | 10.787,20 | 5.393,60 | 70.116,80 |
| 14.550.000 | 54.116,00 | 108.232,00 | 27.058,00 | 10.823,20 | 5.411,60 | 70.350,80 |
| 14.600.000 | 54.296,00 | 108.592,00 | 27.148,00 | 10.859,20 | 5.429,60 | 70.584,80 |
| 14.650.000 | 54.476,00 | 108.952,00 | 27.238,00 | 10.895,20 | 5.447,60 | 70.818,80 |
| 14.700.000 | 54.656,00 | 109.312,00 | 27.328,00 | 10.931,20 | 5.465,60 | 71.052,80 |
| 14.750.000 | 54.836,00 | 109.672,00 | 27.418,00 | 10.967,20 | 5.483,60 | 71.286,80 |
| 14.800.000 | 55.016,00 | 110.032,00 | 27.508,00 | 11.003,20 | 5.501,60 | 71.520,80 |
| 14.850.000 | 55.196,00 | 110.392,00 | 27.598,00 | 11.039,20 | 5.519,60 | 71.754,80 |
| 14.900.000 | 55.376,00 | 110.752,00 | 27.688,00 | 11.075,20 | 5.537,60 | 71.988,80 |

| Geschäfts-wert bis ...€ | 1,0 | 2,0 | 0,5 | 0,2 | 0,1 | 1,30 |
|---|---|---|---|---|---|---|
| 14.950.000 | 55.556,00 | 111.112,00 | 27.778,00 | 11.111,20 | 5.555,60 | 72.222,80 |
| 15.000.000 | 55.736,00 | 111.472,00 | 27.868,00 | 11.147,20 | 5.573,60 | 72.456,80 |
| 15.050.000 | 55.916,00 | 111.832,00 | 27.958,00 | 11.183,20 | 5.591,60 | 72.690,80 |
| 15.100.000 | 56.096,00 | 112.192,00 | 28.048,00 | 11.219,20 | 5.609,60 | 72.924,80 |
| 15.150.000 | 56.276,00 | 112.552,00 | 28.138,00 | 11.255,20 | 5.627,60 | 73.158,80 |
| 15.200.000 | 56.456,00 | 112.912,00 | 28.228,00 | 11.291,20 | 5.645,60 | 73.392,80 |
| 15.250.000 | 56.636,00 | 113.272,00 | 28.318,00 | 11.327,20 | 5.663,60 | 73.626,80 |
| 15.300.000 | 56.816,00 | 113.632,00 | 28.408,00 | 11.363,20 | 5.681,60 | 73.860,80 |
| 15.350.000 | 56.996,00 | 113.992,00 | 28.498,00 | 11.399,20 | 5.699,60 | 74.094,80 |
| 15.400.000 | 57.176,00 | 114.352,00 | 28.588,00 | 11.435,20 | 5.717,60 | 74.328,80 |
| 15.450.000 | 57.356,00 | 114.712,00 | 28.678,00 | 11.471,20 | 5.735,60 | 74.562,80 |
| 15.500.000 | 57.536,00 | 115.072,00 | 28.768,00 | 11.507,20 | 5.753,60 | 74.796,80 |
| 15.550.000 | 57.716,00 | 115.432,00 | 28.858,00 | 11.543,20 | 5.771,60 | 75.030,80 |
| 15.600.000 | 57.896,00 | 115.792,00 | 28.948,00 | 11.579,20 | 5.789,60 | 75.264,80 |
| 15.650.000 | 58.076,00 | 116.152,00 | 29.038,00 | 11.615,20 | 5.807,60 | 75.498,80 |
| 15.700.000 | 58.256,00 | 116.512,00 | 29.128,00 | 11.651,20 | 5.825,60 | 75.732,80 |
| 15.750.000 | 58.436,00 | 116.872,00 | 29.218,00 | 11.687,20 | 5.843,60 | 75.966,80 |
| 15.800.000 | 58.616,00 | 117.232,00 | 29.308,00 | 11.723,20 | 5.861,60 | 76.200,80 |
| 15.850.000 | 58.796,00 | 117.592,00 | 29.398,00 | 11.759,20 | 5.879,60 | 76.434,80 |
| 15.900.000 | 58.976,00 | 117.952,00 | 29.488,00 | 11.795,20 | 5.897,60 | 76.668,80 |
| 15.950.000 | 59.156,00 | 118.312,00 | 29.578,00 | 11.831,20 | 5.915,60 | 76.902,80 |
| 16.000.000 | 59.336,00 | 118.672,00 | 29.668,00 | 11.867,20 | 5.933,60 | 77.136,80 |
| 16.050.000 | 59.516,00 | 119.032,00 | 29.758,00 | 11.903,20 | 5.951,60 | 77.370,80 |
| 16.100.000 | 59.696,00 | 119.392,00 | 29.848,00 | 11.939,20 | 5.969,60 | 77.604,80 |
| 16.150.000 | 59.876,00 | 119.752,00 | 29.938,00 | 11.975,20 | 5.987,60 | 77.838,80 |
| 16.200.000 | 60.056,00 | 120.112,00 | 30.028,00 | 12.011,20 | 6.005,60 | 78.072,80 |
| 16.250.000 | 60.236,00 | 120.472,00 | 30.118,00 | 12.047,20 | 6.023,60 | 78.306,80 |
| 16.300.000 | 60.416,00 | 120.832,00 | 30.208,00 | 12.083,20 | 6.041,60 | 78.540,80 |
| 16.350.000 | 60.596,00 | 121.192,00 | 30.298,00 | 12.119,20 | 6.059,60 | 78.774,80 |
| 16.400.000 | 60.776,00 | 121.552,00 | 30.388,00 | 12.155,20 | 6.077,60 | 79.008,80 |
| 16.450.000 | 60.956,00 | 121.912,00 | 30.478,00 | 12.191,20 | 6.095,60 | 79.242,80 |
| 16.500.000 | 61.136,00 | 122.272,00 | 30.568,00 | 12.227,20 | 6.113,60 | 79.476,80 |
| 16.550.000 | 61.316,00 | 122.632,00 | 30.658,00 | 12.263,20 | 6.131,60 | 79.710,80 |
| 16.600.000 | 61.496,00 | 122.992,00 | 30.748,00 | 12.299,20 | 6.149,60 | 79.944,80 |
| 16.650.000 | 61.676,00 | 123.352,00 | 30.838,00 | 12.335,20 | 6.167,60 | 80.178,80 |
| 16.700.000 | 61.856,00 | 123.712,00 | 30.928,00 | 12.371,20 | 6.185,60 | 80.412,80 |
| 16.750.000 | 62.036,00 | 124.072,00 | 31.018,00 | 12.407,20 | 6.203,60 | 80.646,80 |
| 16.800.000 | 62.216,00 | 124.432,00 | 31.108,00 | 12.443,20 | 6.221,60 | 80.880,80 |
| 16.850.000 | 62.396,00 | 124.792,00 | 31.198,00 | 12.479,20 | 6.239,60 | 81.114,80 |
| 16.900.000 | 62.576,00 | 125.152,00 | 31.288,00 | 12.515,20 | 6.257,60 | 81.348,80 |
| 16.950.000 | 62.756,00 | 125.512,00 | 31.378,00 | 12.551,20 | 6.275,60 | 81.582,80 |
| 17.000.000 | 62.936,00 | 125.872,00 | 31.468,00 | 12.587,20 | 6.293,60 | 81.816,80 |

| Geschäfts- wert bis ...€ | 1,0 | 2,0 | 0,5 | 0,2 | 0,1 | 1,30 |
|---|---|---|---|---|---|---|
| 17.050.000 | 63.116,00 | 126.232,00 | 31.558,00 | 12.623,20 | 6.311,60 | 82.050,80 |
| 17.100.000 | 63.296,00 | 126.592,00 | 31.648,00 | 12.659,20 | 6.329,60 | 82.284,80 |
| 17.150.000 | 63.476,00 | 126.952,00 | 31.738,00 | 12.695,20 | 6.347,60 | 82.518,80 |
| 17.200.000 | 63.656,00 | 127.312,00 | 31.828,00 | 12.731,20 | 6.365,60 | 82.752,80 |
| 17.250.000 | 63.836,00 | 127.672,00 | 31.918,00 | 12.767,20 | 6.383,60 | 82.986,80 |
| 17.300.000 | 64.016,00 | 128.032,00 | 32.008,00 | 12.803,20 | 6.401,60 | 83.220,80 |
| 17.350.000 | 64.196,00 | 128.392,00 | 32.098,00 | 12.839,20 | 6.419,60 | 83.454,80 |
| 17.400.000 | 64.376,00 | 128.752,00 | 32.188,00 | 12.875,20 | 6.437,60 | 83.688,80 |
| 17.450.000 | 64.556,00 | 129.112,00 | 32.278,00 | 12.911,20 | 6.455,60 | 83.922,80 |
| 17.500.000 | 64.736,00 | 129.472,00 | 32.368,00 | 12.947,20 | 6.473,60 | 84.156,80 |
| 17.550.000 | 64.916,00 | 129.832,00 | 32.458,00 | 12.983,20 | 6.491,60 | 84.390,80 |
| 17.600.000 | 65.096,00 | 130.192,00 | 32.548,00 | 13.019,20 | 6.509,60 | 84.624,80 |
| 17.650.000 | 65.276,00 | 130.552,00 | 32.638,00 | 13.055,20 | 6.527,60 | 84.858,80 |
| 17.700.000 | 65.456,00 | 130.912,00 | 32.728,00 | 13.091,20 | 6.545,60 | 85.092,80 |
| 17.750.000 | 65.636,00 | 131.272,00 | 32.818,00 | 13.127,20 | 6.563,60 | 85.326,80 |
| 17.800.000 | 65.816,00 | 131.632,00 | 32.908,00 | 13.163,20 | 6.581,60 | 85.560,80 |
| 17.850.000 | 65.996,00 | 131.992,00 | 32.998,00 | 13.199,20 | 6.599,60 | 85.794,80 |
| 17.900.000 | 66.176,00 | 132.352,00 | 33.088,00 | 13.235,20 | 6.617,60 | 86.028,80 |
| 17.950.000 | 66.356,00 | 132.712,00 | 33.178,00 | 13.271,20 | 6.635,60 | 86.262,80 |
| 18.000.000 | 66.536,00 | 133.072,00 | 33.268,00 | 13.307,20 | 6.653,60 | 86.496,80 |
| 18.050.000 | 66.716,00 | 133.432,00 | 33.358,00 | 13.343,20 | 6.671,60 | 86.730,80 |
| 18.100.000 | 66.896,00 | 133.792,00 | 33.448,00 | 13.379,20 | 6.689,60 | 86.964,80 |
| 18.150.000 | 67.076,00 | 134.152,00 | 33.538,00 | 13.415,20 | 6.707,60 | 87.198,80 |
| 18.200.000 | 67.256,00 | 134.512,00 | 33.628,00 | 13.451,20 | 6.725,60 | 87.432,80 |
| 18.250.000 | 67.436,00 | 134.872,00 | 33.718,00 | 13.487,20 | 6.743,60 | 87.666,80 |
| 18.300.000 | 67.616,00 | 135.232,00 | 33.808,00 | 13.523,20 | 6.761,60 | 87.900,80 |
| 18.350.000 | 67.796,00 | 135.592,00 | 33.898,00 | 13.559,20 | 6.779,60 | 88.134,80 |
| 18.400.000 | 67.976,00 | 135.952,00 | 33.988,00 | 13.595,20 | 6.797,60 | 88.368,80 |
| 18.450.000 | 68.156,00 | 136.312,00 | 34.078,00 | 13.631,20 | 6.815,60 | 88.602,80 |
| 18.500.000 | 68.336,00 | 136.672,00 | 34.168,00 | 13.667,20 | 6.833,60 | 88.836,80 |
| 18.550.000 | 68.516,00 | 137.032,00 | 34.258,00 | 13.703,20 | 6.851,60 | 89.070,80 |
| 18.600.000 | 68.696,00 | 137.392,00 | 34.348,00 | 13.739,20 | 6.869,60 | 89.304,80 |
| 18.650.000 | 68.876,00 | 137.752,00 | 34.438,00 | 13.775,20 | 6.887,60 | 89.538,80 |
| 18.700.000 | 69.056,00 | 138.112,00 | 34.528,00 | 13.811,20 | 6.905,60 | 89.772,80 |
| 18.750.000 | 69.236,00 | 138.472,00 | 34.618,00 | 13.847,20 | 6.923,60 | 90.006,80 |
| 18.800.000 | 69.416,00 | 138.832,00 | 34.708,00 | 13.883,20 | 6.941,60 | 90.240,80 |
| 18.850.000 | 69.596,00 | 139.192,00 | 34.798,00 | 13.919,20 | 6.959,60 | 90.474,80 |
| 18.900.000 | 69.776,00 | 139.552,00 | 34.888,00 | 13.955,20 | 6.977,60 | 90.708,80 |
| 18.950.000 | 69.956,00 | 139.912,00 | 34.978,00 | 13.991,20 | 6.995,60 | 90.942,80 |
| 19.000.000 | 70.136,00 | 140.272,00 | 35.068,00 | 14.027,20 | 7.013,60 | 91.176,80 |
| 19.050.000 | 70.316,00 | 140.632,00 | 35.158,00 | 14.063,20 | 7.031,60 | 91.410,80 |
| 19.100.000 | 70.496,00 | 140.992,00 | 35.248,00 | 14.099,20 | 7.049,60 | 91.644,80 |

*II. Gebühren nach Tabelle A (§ 34 GNotKG)*

| Geschäfts-wert bis ...€ | 1,0 | 2,0 | 0,5 | 0,2 | 0,1 | 1,30 |
|---|---|---|---|---|---|---|
| 19.150.000 | 70.676,00 | 141.352,00 | 35.338,00 | 14.135,20 | 7.067,60 | 91.878,80 |
| 19.200.000 | 70.856,00 | 141.712,00 | 35.428,00 | 14.171,20 | 7.085,60 | 92.112,80 |
| 19.250.000 | 71.036,00 | 142.072,00 | 35.518,00 | 14.207,20 | 7.103,60 | 92.346,80 |
| 19.300.000 | 71.216,00 | 142.432,00 | 35.608,00 | 14.243,20 | 7.121,60 | 92.580,80 |
| 19.350.000 | 71.396,00 | 142.792,00 | 35.698,00 | 14.279,20 | 7.139,60 | 92.814,80 |
| 19.400.000 | 71.576,00 | 143.152,00 | 35.788,00 | 14.315,20 | 7.157,60 | 93.048,80 |
| 19.450.000 | 71.756,00 | 143.512,00 | 35.878,00 | 14.351,20 | 7.175,60 | 93.282,80 |
| 19.500.000 | 71.936,00 | 143.872,00 | 35.968,00 | 14.387,20 | 7.193,60 | 93.516,80 |
| 19.550.000 | 72.116,00 | 144.232,00 | 36.058,00 | 14.423,20 | 7.211,60 | 93.750,80 |
| 19.600.000 | 72.296,00 | 144.592,00 | 36.148,00 | 14.459,20 | 7.229,60 | 93.984,80 |
| 19.650.000 | 72.476,00 | 144.952,00 | 36.238,00 | 14.495,20 | 7.247,60 | 94.218,80 |
| 19.700.000 | 72.656,00 | 145.312,00 | 36.328,00 | 14.531,20 | 7.265,60 | 94.452,80 |
| 19.750.000 | 72.836,00 | 145.672,00 | 36.418,00 | 14.567,20 | 7.283,60 | 94.686,80 |
| 19.800.000 | 73.016,00 | 146.032,00 | 36.508,00 | 14.603,20 | 7.301,60 | 94.920,80 |
| 19.850.000 | 73.196,00 | 146.392,00 | 36.598,00 | 14.639,20 | 7.319,60 | 95.154,80 |
| 19.900.000 | 73.376,00 | 146.752,00 | 36.688,00 | 14.675,20 | 7.337,60 | 95.388,80 |
| 19.950.000 | 73.556,00 | 147.112,00 | 36.778,00 | 14.711,20 | 7.355,60 | 95.622,80 |
| 20.000.000 | 73.736,00 | 147.472,00 | 36.868,00 | 14.747,20 | 7.373,60 | 95.856,80 |
| 20.050.000 | 73.916,00 | 147.832,00 | 36.958,00 | 14.783,20 | 7.391,60 | 96.090,80 |
| 20.100.000 | 74.096,00 | 148.192,00 | 37.048,00 | 14.819,20 | 7.409,60 | 96.324,80 |
| 20.150.000 | 74.276,00 | 148.552,00 | 37.138,00 | 14.855,20 | 7.427,60 | 96.558,80 |
| 20.200.000 | 74.456,00 | 148.912,00 | 37.228,00 | 14.891,20 | 7.445,60 | 96.792,80 |
| 20.250.000 | 74.636,00 | 149.272,00 | 37.318,00 | 14.927,20 | 7.463,60 | 97.026,80 |
| 20.300.000 | 74.816,00 | 149.632,00 | 37.408,00 | 14.963,20 | 7.481,60 | 97.260,80 |
| 20.350.000 | 74.996,00 | 149.992,00 | 37.498,00 | 14.999,20 | 7.499,60 | 97.494,80 |
| 20.400.000 | 75.176,00 | 150.352,00 | 37.588,00 | 15.035,20 | 7.517,60 | 97.728,80 |
| 20.450.000 | 75.356,00 | 150.712,00 | 37.678,00 | 15.071,20 | 7.535,60 | 97.962,80 |
| 20.500.000 | 75.536,00 | 151.072,00 | 37.768,00 | 15.107,20 | 7.553,60 | 98.196,80 |
| 20.550.000 | 75.716,00 | 151.432,00 | 37.858,00 | 15.143,20 | 7.571,60 | 98.430,80 |
| 20.600.000 | 75.896,00 | 151.792,00 | 37.948,00 | 15.179,20 | 7.589,60 | 98.664,80 |
| 20.650.000 | 76.076,00 | 152.152,00 | 38.038,00 | 15.215,20 | 7.607,60 | 98.898,80 |
| 20.700.000 | 76.256,00 | 152.512,00 | 38.128,00 | 15.251,20 | 7.625,60 | 99.132,80 |
| 20.750.000 | 76.436,00 | 152.872,00 | 38.218,00 | 15.287,20 | 7.643,60 | 99.366,80 |
| 20.800.000 | 76.616,00 | 153.232,00 | 38.308,00 | 15.323,20 | 7.661,60 | 99.600,80 |
| 20.850.000 | 76.796,00 | 153.592,00 | 38.398,00 | 15.359,20 | 7.679,60 | 99.834,80 |
| 20.900.000 | 76.976,00 | 153.952,00 | 38.488,00 | 15.395,20 | 7.697,60 | 100.068,80 |
| 20.950.000 | 77.156,00 | 154.312,00 | 38.578,00 | 15.431,20 | 7.715,60 | 100.302,80 |
| 21.000.000 | 77.336,00 | 154.672,00 | 38.668,00 | 15.467,20 | 7.733,60 | 100.536,80 |
| 21.050.000 | 77.516,00 | 155.032,00 | 38.758,00 | 15.503,20 | 7.751,60 | 100.770,80 |
| 21.100.000 | 77.696,00 | 155.392,00 | 38.848,00 | 15.539,20 | 7.769,60 | 101.004,80 |
| 21.150.000 | 77.876,00 | 155.752,00 | 38.938,00 | 15.575,20 | 7.787,60 | 101.238,80 |
| 21.200.000 | 78.056,00 | 156.112,00 | 39.028,00 | 15.611,20 | 7.805,60 | 101.472,80 |

| Geschäfts-wert bis ...€ | 1,0 | 2,0 | 0,5 | 0,2 | 0,1 | 1,30 |
|---|---|---|---|---|---|---|
| 21.250.000 | 78.236,00 | 156.472,00 | 39.118,00 | 15.647,20 | 7.823,60 | 101.706,80 |
| 21.300.000 | 78.416,00 | 156.832,00 | 39.208,00 | 15.683,20 | 7.841,60 | 101.940,80 |
| 21.350.000 | 78.596,00 | 157.192,00 | 39.298,00 | 15.719,20 | 7.859,60 | 102.174,80 |
| 21.400.000 | 78.776,00 | 157.552,00 | 39.388,00 | 15.755,20 | 7.877,60 | 102.408,80 |
| 21.450.000 | 78.956,00 | 157.912,00 | 39.478,00 | 15.791,20 | 7.895,60 | 102.642,80 |
| 21.500.000 | 79.136,00 | 158.272,00 | 39.568,00 | 15.827,20 | 7.913,60 | 102.876,80 |
| 21.550.000 | 79.316,00 | 158.632,00 | 39.658,00 | 15.863,20 | 7.931,60 | 103.110,80 |
| 21.600.000 | 79.496,00 | 158.992,00 | 39.748,00 | 15.899,20 | 7.949,60 | 103.344,80 |
| 21.650.000 | 79.676,00 | 159.352,00 | 39.838,00 | 15.935,20 | 7.967,60 | 103.578,80 |
| 21.700.000 | 79.856,00 | 159.712,00 | 39.928,00 | 15.971,20 | 7.985,60 | 103.812,80 |
| 21.750.000 | 80.036,00 | 160.072,00 | 40.018,00 | 16.007,20 | 8.003,60 | 104.046,80 |
| 21.800.000 | 80.216,00 | 160.432,00 | 40.108,00 | 16.043,20 | 8.021,60 | 104.280,80 |
| 21.850.000 | 80.396,00 | 160.792,00 | 40.198,00 | 16.079,20 | 8.039,60 | 104.514,80 |
| 21.900.000 | 80.576,00 | 161.152,00 | 40.288,00 | 16.115,20 | 8.057,60 | 104.748,80 |
| 21.950.000 | 80.756,00 | 161.512,00 | 40.378,00 | 16.151,20 | 8.075,60 | 104.982,80 |
| 22.000.000 | 80.936,00 | 161.872,00 | 40.468,00 | 16.187,20 | 8.093,60 | 105.216,80 |
| 22.050.000 | 81.116,00 | 162.232,00 | 40.558,00 | 16.223,20 | 8.111,60 | 105.450,80 |
| 22.100.000 | 81.296,00 | 162.592,00 | 40.648,00 | 16.259,20 | 8.129,60 | 105.684,80 |
| 22.150.000 | 81.476,00 | 162.952,00 | 40.738,00 | 16.295,20 | 8.147,60 | 105.918,80 |
| 22.200.000 | 81.656,00 | 163.312,00 | 40.828,00 | 16.331,20 | 8.165,60 | 106.152,80 |
| 22.250.000 | 81.836,00 | 163.672,00 | 40.918,00 | 16.367,20 | 8.183,60 | 106.386,80 |
| 22.300.000 | 82.016,00 | 164.032,00 | 41.008,00 | 16.403,20 | 8.201,60 | 106.620,80 |
| 22.350.000 | 82.196,00 | 164.392,00 | 41.098,00 | 16.439,20 | 8.219,60 | 106.854,80 |
| 22.400.000 | 82.376,00 | 164.752,00 | 41.188,00 | 16.475,20 | 8.237,60 | 107.088,80 |
| 22.450.000 | 82.556,00 | 165.112,00 | 41.278,00 | 16.511,20 | 8.255,60 | 107.322,80 |
| 22.500.000 | 82.736,00 | 165.472,00 | 41.368,00 | 16.547,20 | 8.273,60 | 107.556,80 |
| 22.550.000 | 82.916,00 | 165.832,00 | 41.458,00 | 16.583,20 | 8.291,60 | 107.790,80 |
| 22.600.000 | 83.096,00 | 166.192,00 | 41.548,00 | 16.619,20 | 8.309,60 | 108.024,80 |
| 22.650.000 | 83.276,00 | 166.552,00 | 41.638,00 | 16.655,20 | 8.327,60 | 108.258,80 |
| 22.700.000 | 83.456,00 | 166.912,00 | 41.728,00 | 16.691,20 | 8.345,60 | 108.492,80 |
| 22.750.000 | 83.636,00 | 167.272,00 | 41.818,00 | 16.727,20 | 8.363,60 | 108.726,80 |
| 22.800.000 | 83.816,00 | 167.632,00 | 41.908,00 | 16.763,20 | 8.381,60 | 108.960,80 |
| 22.850.000 | 83.996,00 | 167.992,00 | 41.998,00 | 16.799,20 | 8.399,60 | 109.194,80 |
| 22.900.000 | 84.176,00 | 168.352,00 | 42.088,00 | 16.835,20 | 8.417,60 | 109.428,80 |
| 22.950.000 | 84.356,00 | 168.712,00 | 42.178,00 | 16.871,20 | 8.435,60 | 109.662,80 |
| 23.000.000 | 84.536,00 | 169.072,00 | 42.268,00 | 16.907,20 | 8.453,60 | 109.896,80 |
| 23.050.000 | 84.716,00 | 169.432,00 | 42.358,00 | 16.943,20 | 8.471,60 | 110.130,80 |
| 23.100.000 | 84.896,00 | 169.792,00 | 42.448,00 | 16.979,20 | 8.489,60 | 110.364,80 |
| 23.150.000 | 85.076,00 | 170.152,00 | 42.538,00 | 17.015,20 | 8.507,60 | 110.598,80 |
| 23.200.000 | 85.256,00 | 170.512,00 | 42.628,00 | 17.051,20 | 8.525,60 | 110.832,80 |
| 23.250.000 | 85.436,00 | 170.872,00 | 42.718,00 | 17.087,20 | 8.543,60 | 111.066,80 |
| 23.300.000 | 85.616,00 | 171.232,00 | 42.808,00 | 17.123,20 | 8.561,60 | 111.300,80 |

| Geschäfts-wert bis …€ | 1,0 | 2,0 | 0,5 | 0,2 | 0,1 | 1,30 |
|---|---|---|---|---|---|---|
| 23.350.000 | 85.796,00 | 171.592,00 | 42.898,00 | 17.159,20 | 8.579,60 | 111.534,80 |
| 23.400.000 | 85.976,00 | 171.952,00 | 42.988,00 | 17.195,20 | 8.597,60 | 111.768,80 |
| 23.450.000 | 86.156,00 | 172.312,00 | 43.078,00 | 17.231,20 | 8.615,60 | 112.002,80 |
| 23.500.000 | 86.336,00 | 172.672,00 | 43.168,00 | 17.267,20 | 8.633,60 | 112.236,80 |
| 23.550.000 | 86.516,00 | 173.032,00 | 43.258,00 | 17.303,20 | 8.651,60 | 112.470,80 |
| 23.600.000 | 86.696,00 | 173.392,00 | 43.348,00 | 17.339,20 | 8.669,60 | 112.704,80 |
| 23.650.000 | 86.876,00 | 173.752,00 | 43.438,00 | 17.375,20 | 8.687,60 | 112.938,80 |
| 23.700.000 | 87.056,00 | 174.112,00 | 43.528,00 | 17.411,20 | 8.705,60 | 113.172,80 |
| 23.750.000 | 87.236,00 | 174.472,00 | 43.618,00 | 17.447,20 | 8.723,60 | 113.406,80 |
| 23.800.000 | 87.416,00 | 174.832,00 | 43.708,00 | 17.483,20 | 8.741,60 | 113.640,80 |
| 23.850.000 | 87.596,00 | 175.192,00 | 43.798,00 | 17.519,20 | 8.759,60 | 113.874,80 |
| 23.900.000 | 87.776,00 | 175.552,00 | 43.888,00 | 17.555,20 | 8.777,60 | 114.108,80 |
| 23.950.000 | 87.956,00 | 175.912,00 | 43.978,00 | 17.591,20 | 8.795,60 | 114.342,80 |
| 24.000.000 | 88.136,00 | 176.272,00 | 44.068,00 | 17.627,20 | 8.813,60 | 114.576,80 |
| 24.050.000 | 88.316,00 | 176.632,00 | 44.158,00 | 17.663,20 | 8.831,60 | 114.810,80 |
| 24.100.000 | 88.496,00 | 176.992,00 | 44.248,00 | 17.699,20 | 8.849,60 | 115.044,80 |
| 24.150.000 | 88.676,00 | 177.352,00 | 44.338,00 | 17.735,20 | 8.867,60 | 115.278,80 |
| 24.200.000 | 88.856,00 | 177.712,00 | 44.428,00 | 17.771,20 | 8.885,60 | 115.512,80 |
| 24.250.000 | 89.036,00 | 178.072,00 | 44.518,00 | 17.807,20 | 8.903,60 | 115.746,80 |
| 24.300.000 | 89.216,00 | 178.432,00 | 44.608,00 | 17.843,20 | 8.921,60 | 115.980,80 |
| 24.350.000 | 89.396,00 | 178.792,00 | 44.698,00 | 17.879,20 | 8.939,60 | 116.214,80 |
| 24.400.000 | 89.576,00 | 179.152,00 | 44.788,00 | 17.915,20 | 8.957,60 | 116.448,80 |
| 24.450.000 | 89.756,00 | 179.512,00 | 44.878,00 | 17.951,20 | 8.975,60 | 116.682,80 |
| 24.500.000 | 89.936,00 | 179.872,00 | 44.968,00 | 17.987,20 | 8.993,60 | 116.916,80 |
| 24.550.000 | 90.116,00 | 180.232,00 | 45.058,00 | 18.023,20 | 9.011,60 | 117.150,80 |
| 24.600.000 | 90.296,00 | 180.592,00 | 45.148,00 | 18.059,20 | 9.029,60 | 117.384,80 |
| 24.650.000 | 90.476,00 | 180.952,00 | 45.238,00 | 18.095,20 | 9.047,60 | 117.618,80 |
| 24.700.000 | 90.656,00 | 181.312,00 | 45.328,00 | 18.131,20 | 9.065,60 | 117.852,80 |
| 24.750.000 | 90.836,00 | 181.672,00 | 45.418,00 | 18.167,20 | 9.083,60 | 118.086,80 |
| 24.800.000 | 91.016,00 | 182.032,00 | 45.508,00 | 18.203,20 | 9.101,60 | 118.320,80 |
| 24.850.000 | 91.196,00 | 182.392,00 | 45.598,00 | 18.239,20 | 9.119,60 | 118.554,80 |
| 24.900.000 | 91.376,00 | 182.752,00 | 45.688,00 | 18.275,20 | 9.137,60 | 118.788,80 |
| 24.950.000 | 91.556,00 | 183.112,00 | 45.778,00 | 18.311,20 | 9.155,60 | 119.022,80 |
| 25.000.000 | 91.736,00 | 183.472,00 | 45.868,00 | 18.347,20 | 9.173,60 | 119.256,80 |
| 25.050.000 | 91.916,00 | 183.832,00 | 45.958,00 | 18.383,20 | 9.191,60 | 119.490,80 |
| 25.100.000 | 92.096,00 | 184.192,00 | 46.048,00 | 18.419,20 | 9.209,60 | 119.724,80 |
| 25.150.000 | 92.276,00 | 184.552,00 | 46.138,00 | 18.455,20 | 9.227,60 | 119.958,80 |
| 25.200.000 | 92.456,00 | 184.912,00 | 46.228,00 | 18.491,20 | 9.245,60 | 120.192,80 |
| 25.250.000 | 92.636,00 | 185.272,00 | 46.318,00 | 18.527,20 | 9.263,60 | 120.426,80 |
| 25.300.000 | 92.816,00 | 185.632,00 | 46.408,00 | 18.563,20 | 9.281,60 | 120.660,80 |
| 25.350.000 | 92.996,00 | 185.992,00 | 46.498,00 | 18.599,20 | 9.299,60 | 120.894,80 |
| 25.400.000 | 93.176,00 | 186.352,00 | 46.588,00 | 18.635,20 | 9.317,60 | 121.128,80 |

| Geschäfts-wert bis ...€ | 1,0 | 2,0 | 0,5 | 0,2 | 0,1 | 1,30 |
|---|---|---|---|---|---|---|
| 25.450.000 | 93.356,00 | 186.712,00 | 46.678,00 | 18.671,20 | 9.335,60 | 121.362,80 |
| 25.500.000 | 93.536,00 | 187.072,00 | 46.768,00 | 18.707,20 | 9.353,60 | 121.596,80 |
| 25.550.000 | 93.716,00 | 187.432,00 | 46.858,00 | 18.743,20 | 9.371,60 | 121.830,80 |
| 25.600.000 | 93.896,00 | 187.792,00 | 46.948,00 | 18.779,20 | 9.389,60 | 122.064,80 |
| 25.650.000 | 94.076,00 | 188.152,00 | 47.038,00 | 18.815,20 | 9.407,60 | 122.298,80 |
| 25.700.000 | 94.256,00 | 188.512,00 | 47.128,00 | 18.851,20 | 9.425,60 | 122.532,80 |
| 25.750.000 | 94.436,00 | 188.872,00 | 47.218,00 | 18.887,20 | 9.443,60 | 122.766,80 |
| 25.800.000 | 94.616,00 | 189.232,00 | 47.308,00 | 18.923,20 | 9.461,60 | 123.000,80 |
| 25.850.000 | 94.796,00 | 189.592,00 | 47.398,00 | 18.959,20 | 9.479,60 | 123.234,80 |
| 25.900.000 | 94.976,00 | 189.952,00 | 47.488,00 | 18.995,20 | 9.497,60 | 123.468,80 |
| 25.950.000 | 95.156,00 | 190.312,00 | 47.578,00 | 19.031,20 | 9.515,60 | 123.702,80 |
| 26.000.000 | 95.336,00 | 190.672,00 | 47.668,00 | 19.067,20 | 9.533,60 | 123.936,80 |
| 26.050.000 | 95.516,00 | 191.032,00 | 47.758,00 | 19.103,20 | 9.551,60 | 124.170,80 |
| 26.100.000 | 95.696,00 | 191.392,00 | 47.848,00 | 19.139,20 | 9.569,60 | 124.404,80 |
| 26.150.000 | 95.876,00 | 191.752,00 | 47.938,00 | 19.175,20 | 9.587,60 | 124.638,80 |
| 26.200.000 | 96.056,00 | 192.112,00 | 48.028,00 | 19.211,20 | 9.605,60 | 124.872,80 |
| 26.250.000 | 96.236,00 | 192.472,00 | 48.118,00 | 19.247,20 | 9.623,60 | 125.106,80 |
| 26.300.000 | 96.416,00 | 192.832,00 | 48.208,00 | 19.283,20 | 9.641,60 | 125.340,80 |
| 26.350.000 | 96.596,00 | 193.192,00 | 48.298,00 | 19.319,20 | 9.659,60 | 125.574,80 |
| 26.400.000 | 96.776,00 | 193.552,00 | 48.388,00 | 19.355,20 | 9.677,60 | 125.808,80 |
| 26.450.000 | 96.956,00 | 193.912,00 | 48.478,00 | 19.391,20 | 9.695,60 | 126.042,80 |
| 26.500.000 | 97.136,00 | 194.272,00 | 48.568,00 | 19.427,20 | 9.713,60 | 126.276,80 |
| 26.550.000 | 97.316,00 | 194.632,00 | 48.658,00 | 19.463,20 | 9.731,60 | 126.510,80 |
| 26.600.000 | 97.496,00 | 194.992,00 | 48.748,00 | 19.499,20 | 9.749,60 | 126.744,80 |
| 26.650.000 | 97.676,00 | 195.352,00 | 48.838,00 | 19.535,20 | 9.767,60 | 126.978,80 |
| 26.700.000 | 97.856,00 | 195.712,00 | 48.928,00 | 19.571,20 | 9.785,60 | 127.212,80 |
| 26.750.000 | 98.036,00 | 196.072,00 | 49.018,00 | 19.607,20 | 9.803,60 | 127.446,80 |
| 26.800.000 | 98.216,00 | 196.432,00 | 49.108,00 | 19.643,20 | 9.821,60 | 127.680,80 |
| 26.850.000 | 98.396,00 | 196.792,00 | 49.198,00 | 19.679,20 | 9.839,60 | 127.914,80 |
| 26.900.000 | 98.576,00 | 197.152,00 | 49.288,00 | 19.715,20 | 9.857,60 | 128.148,80 |
| 26.950.000 | 98.756,00 | 197.512,00 | 49.378,00 | 19.751,20 | 9.875,60 | 128.382,80 |
| 27.000.000 | 98.936,00 | 197.872,00 | 49.468,00 | 19.787,20 | 9.893,60 | 128.616,80 |
| 27.050.000 | 99.116,00 | 198.232,00 | 49.558,00 | 19.823,20 | 9.911,60 | 128.850,80 |
| 27.100.000 | 99.296,00 | 198.592,00 | 49.648,00 | 19.859,20 | 9.929,60 | 129.084,80 |
| 27.150.000 | 99.476,00 | 198.952,00 | 49.738,00 | 19.895,20 | 9.947,60 | 129.318,80 |
| 27.200.000 | 99.656,00 | 199.312,00 | 49.828,00 | 19.931,20 | 9.965,60 | 129.552,80 |
| 27.250.000 | 99.836,00 | 199.672,00 | 49.918,00 | 19.967,20 | 9.983,60 | 129.786,80 |
| 27.300.000 | 100.016,00 | 200.032,00 | 50.008,00 | 20.003,20 | 10.001,60 | 130.020,80 |
| 27.350.000 | 100.196,00 | 200.392,00 | 50.098,00 | 20.039,20 | 10.019,60 | 130.254,80 |
| 27.400.000 | 100.376,00 | 200.752,00 | 50.188,00 | 20.075,20 | 10.037,60 | 130.488,80 |
| 27.450.000 | 100.556,00 | 201.112,00 | 50.278,00 | 20.111,20 | 10.055,60 | 130.722,80 |
| 27.500.000 | 100.736,00 | 201.472,00 | 50.368,00 | 20.147,20 | 10.073,60 | 130.956,80 |

| Geschäfts-wert bis …€ | 1,0 | 2,0 | 0,5 | 0,2 | 0,1 | 1,30 |
|---|---|---|---|---|---|---|
| 27.550.000 | 100.916,00 | 201.832,00 | 50.458,00 | 20.183,20 | 10.091,60 | 131.190,80 |
| 27.600.000 | 101.096,00 | 202.192,00 | 50.548,00 | 20.219,20 | 10.109,60 | 131.424,80 |
| 27.650.000 | 101.276,00 | 202.552,00 | 50.638,00 | 20.255,20 | 10.127,60 | 131.658,80 |
| 27.700.000 | 101.456,00 | 202.912,00 | 50.728,00 | 20.291,20 | 10.145,60 | 131.892,80 |
| 27.750.000 | 101.636,00 | 203.272,00 | 50.818,00 | 20.327,20 | 10.163,60 | 132.126,80 |
| 27.800.000 | 101.816,00 | 203.632,00 | 50.908,00 | 20.363,20 | 10.181,60 | 132.360,80 |
| 27.850.000 | 101.996,00 | 203.992,00 | 50.998,00 | 20.399,20 | 10.199,60 | 132.594,80 |
| 27.900.000 | 102.176,00 | 204.352,00 | 51.088,00 | 20.435,20 | 10.217,60 | 132.828,80 |
| 27.950.000 | 102.356,00 | 204.712,00 | 51.178,00 | 20.471,20 | 10.235,60 | 133.062,80 |
| 28.000.000 | 102.536,00 | 205.072,00 | 51.268,00 | 20.507,20 | 10.253,60 | 133.296,80 |
| 28.050.000 | 102.716,00 | 205.432,00 | 51.358,00 | 20.543,20 | 10.271,60 | 133.530,80 |
| 28.100.000 | 102.896,00 | 205.792,00 | 51.448,00 | 20.579,20 | 10.289,60 | 133.764,80 |
| 28.150.000 | 103.076,00 | 206.152,00 | 51.538,00 | 20.615,20 | 10.307,60 | 133.998,80 |
| 28.200.000 | 103.256,00 | 206.512,00 | 51.628,00 | 20.651,20 | 10.325,60 | 134.232,80 |
| 28.250.000 | 103.436,00 | 206.872,00 | 51.718,00 | 20.687,20 | 10.343,60 | 134.466,80 |
| 28.300.000 | 103.616,00 | 207.232,00 | 51.808,00 | 20.723,20 | 10.361,60 | 134.700,80 |
| 28.350.000 | 103.796,00 | 207.592,00 | 51.898,00 | 20.759,20 | 10.379,60 | 134.934,80 |
| 28.400.000 | 103.976,00 | 207.952,00 | 51.988,00 | 20.795,20 | 10.397,60 | 135.168,80 |
| 28.450.000 | 104.156,00 | 208.312,00 | 52.078,00 | 20.831,20 | 10.415,60 | 135.402,80 |
| 28.500.000 | 104.336,00 | 208.672,00 | 52.168,00 | 20.867,20 | 10.433,60 | 135.636,80 |
| 28.550.000 | 104.516,00 | 209.032,00 | 52.258,00 | 20.903,20 | 10.451,60 | 135.870,80 |
| 28.600.000 | 104.696,00 | 209.392,00 | 52.348,00 | 20.939,20 | 10.469,60 | 136.104,80 |
| 28.650.000 | 104.876,00 | 209.752,00 | 52.438,00 | 20.975,20 | 10.487,60 | 136.338,80 |
| 28.700.000 | 105.056,00 | 210.112,00 | 52.528,00 | 21.011,20 | 10.505,60 | 136.572,80 |
| 28.750.000 | 105.236,00 | 210.472,00 | 52.618,00 | 21.047,20 | 10.523,60 | 136.806,80 |
| 28.800.000 | 105.416,00 | 210.832,00 | 52.708,00 | 21.083,20 | 10.541,60 | 137.040,80 |
| 28.850.000 | 105.596,00 | 211.192,00 | 52.798,00 | 21.119,20 | 10.559,60 | 137.274,80 |
| 28.900.000 | 105.776,00 | 211.552,00 | 52.888,00 | 21.155,20 | 10.577,60 | 137.508,80 |
| 28.950.000 | 105.956,00 | 211.912,00 | 52.978,00 | 21.191,20 | 10.595,60 | 137.742,80 |
| 29.000.000 | 106.136,00 | 212.272,00 | 53.068,00 | 21.227,20 | 10.613,60 | 137.976,80 |
| 29.050.000 | 106.316,00 | 212.632,00 | 53.158,00 | 21.263,20 | 10.631,60 | 138.210,80 |
| 29.100.000 | 106.496,00 | 212.992,00 | 53.248,00 | 21.299,20 | 10.649,60 | 138.444,80 |
| 29.150.000 | 106.676,00 | 213.352,00 | 53.338,00 | 21.335,20 | 10.667,60 | 138.678,80 |
| 29.200.000 | 106.856,00 | 213.712,00 | 53.428,00 | 21.371,20 | 10.685,60 | 138.912,80 |
| 29.250.000 | 107.036,00 | 214.072,00 | 53.518,00 | 21.407,20 | 10.703,60 | 139.146,80 |
| 29.300.000 | 107.216,00 | 214.432,00 | 53.608,00 | 21.443,20 | 10.721,60 | 139.380,80 |
| 29.350.000 | 107.396,00 | 214.792,00 | 53.698,00 | 21.479,20 | 10.739,60 | 139.614,80 |
| 29.400.000 | 107.576,00 | 215.152,00 | 53.788,00 | 21.515,20 | 10.757,60 | 139.848,80 |
| 29.450.000 | 107.756,00 | 215.512,00 | 53.878,00 | 21.551,20 | 10.775,60 | 140.082,80 |
| 29.500.000 | 107.936,00 | 215.872,00 | 53.968,00 | 21.587,20 | 10.793,60 | 140.316,80 |
| 29.550.000 | 108.116,00 | 216.232,00 | 54.058,00 | 21.623,20 | 10.811,60 | 140.550,80 |
| 29.600.000 | 108.296,00 | 216.592,00 | 54.148,00 | 21.659,20 | 10.829,60 | 140.784,80 |

| Geschäfts-<br>wert bis …€ | 1,0 | 2,0 | 0,5 | 0,2 | 0,1 | 1,30 |
|---|---|---|---|---|---|---|
| 29.650.000 | 108.476,00 | 216.952,00 | 54.238,00 | 21.695,20 | 10.847,60 | 141.018,80 |
| 29.700.000 | 108.656,00 | 217.312,00 | 54.328,00 | 21.731,20 | 10.865,60 | 141.252,80 |
| 29.750.000 | 108.836,00 | 217.672,00 | 54.418,00 | 21.767,20 | 10.883,60 | 141.486,80 |
| 29.800.000 | 109.016,00 | 218.032,00 | 54.508,00 | 21.803,20 | 10.901,60 | 141.720,80 |
| 29.850.000 | 109.196,00 | 218.392,00 | 54.598,00 | 21.839,20 | 10.919,60 | 141.954,80 |
| 29.900.000 | 109.376,00 | 218.752,00 | 54.688,00 | 21.875,20 | 10.937,60 | 142.188,80 |
| 29.950.000 | 109.556,00 | 219.112,00 | 54.778,00 | 21.911,20 | 10.955,60 | 142.422,80 |
| 30.000.000 | 109.736,00 | 219.472,00 | 54.868,00 | 21.947,20 | 10.973,60 | 142.656,80 |

# III. Ermäßigung der Gebühren nach § 91 GNotKG*

**Hinweise:**

1. Der Ermäßigung unterliegen gem. § 91 Abs. 1 Satz 1 GNotKG nur die in Teil 2 Hauptabschnitt 1 oder 4 oder die in den Nummern 23803 und 25202 des Kostenverzeichnisses bestimmten Gebühren.

2. Für Geschäftswerte bis einschließlich 25.000 Euro findet keine Ermäßigung statt (§ 91 Abs. 1 Satz 1 GNotKG).

---

\* Die Gebührentabelle ist unter Mitarbeit von Robert Ossig entstanden.

| Geschäftswert bis ...€ | 1,25 | 0,65 | 0,6 | 0,4 | 0,35 | 0,3 | 0,2 | 0,5 | 2,0 | 1,0 |
|---|---|---|---|---|---|---|---|---|---|---|
| **500,00** | 18,75 | 15,00 | 15,00 | 15,00 | 15,00 | 15,00 | 15,00 | 15,00 | 30,00 | 15,00 |
| **1.000,00** | 23,75 | 15,00 | 15,00 | 15,00 | 15,00 | 15,00 | 15,00 | 15,00 | 38,00 | 19,00 |
| **1.500,00** | 28,75 | 15,00 | 15,00 | 15,00 | 15,00 | 15,00 | 15,00 | 15,00 | 46,00 | 23,00 |
| **2.000,00** | 33,75 | 17,55 | 16,20 | 15,00 | 15,00 | 15,00 | 15,00 | 16,50 | 54,00 | 27,00 |
| **3.000,00** | 41,25 | 21,45 | 19,80 | 15,00 | 15,00 | 15,00 | 15,00 | 19,50 | 66,00 | 33,00 |
| **4.000,00** | 48,75 | 25,35 | 23,40 | 15,60 | 15,00 | 15,00 | 15,00 | 19,50 | 78,00 | 39,00 |
| **5.000,00** | 56,25 | 29,25 | 27,00 | 18,00 | 15,75 | 15,00 | 15,00 | 22,50 | 90,00 | 45,00 |
| **6.000,00** | 63,75 | 33,15 | 30,60 | 20,40 | 17,85 | 15,30 | 15,00 | 25,50 | 102,00 | 51,00 |
| **7.000,00** | 71,25 | 37,05 | 34,20 | 22,80 | 19,95 | 17,10 | 15,00 | 28,50 | 114,00 | 57,00 |
| **8.000,00** | 78,75 | 40,95 | 37,80 | 25,20 | 22,05 | 18,90 | 15,00 | 31,50 | 126,00 | 63,00 |
| **9.000,00** | 86,25 | 44,85 | 41,40 | 27,60 | 24,15 | 20,70 | 15,00 | 34,50 | 138,00 | 69,00 |
| **10.000,00** | 93,75 | 48,75 | 45,00 | 30,00 | 26,25 | 22,50 | 15,00 | 37,50 | 150,00 | 75,00 |
| **13.000,00** | 103,75 | 53,95 | 49,80 | 33,20 | 29,05 | 24,90 | 16,60 | 41,50 | 166,00 | 83,00 |
| **16.000,00** | 113,75 | 59,15 | 54,60 | 36,40 | 31,85 | 27,30 | 18,20 | 45,50 | 182,00 | 91,00 |
| **19.000,00** | 123,75 | 64,35 | 59,40 | 39,60 | 34,65 | 29,70 | 19,80 | 49,50 | 198,00 | 99,00 |
| **22.000,00** | 133,75 | 69,55 | 64,20 | 42,80 | 37,45 | 32,10 | 21,40 | 53,50 | 214,00 | 107,00 |
| **25.000,00** | 143,75 | 74,75 | 69,00 | 46,00 | 40,25 | 34,50 | 23,00 | 57,50 | 230,00 | 115,00 |
| **30.000,00** | 143,75 | 74,75 | 69,00 | 46,00 | 40,25 | 34,50 | 23,00 | 57,50 | 230,00 | 115,00 |
| **35.000,00** | 143,75 | 74,75 | 69,00 | 46,00 | 40,25 | 34,50 | 23,00 | 57,50 | 230,00 | 115,00 |
| **40.000,00** | 143,75 | 74,75 | 69,00 | 46,00 | 40,25 | 34,50 | 23,00 | 57,50 | 230,00 | 115,00 |
| **45.000,00** | 143,75 | 74,75 | 69,00 | 46,00 | 40,25 | 34,50 | 23,00 | 57,50 | 230,00 | 115,50 |
| **50.000,00** | 144,38 | 75,08 | 69,30 | 46,20 | 40,43 | 34,65 | 23,10 | 57,75 | 231,00 | 115,50 |
| **65.000,00** | 168,00 | 87,36 | 80,64 | 53,76 | 47,04 | 40,32 | 26,88 | 67,20 | 268,80 | 134,40 |
| **80.000,00** | 191,63 | 99,65 | 91,98 | 61,32 | 53,66 | 45,99 | 30,66 | 76,65 | 306,60 | 153,30 |
| **95.000,00** | 215,25 | 111,93 | 103,32 | 68,88 | 60,27 | 51,66 | 34,44 | 86,10 | 344,40 | 172,20 |
| **110.000,00** | 238,88 | 124,22 | 114,66 | 76,44 | 66,89 | 57,33 | 38,22 | 95,55 | 382,20 | 191,10 |
| **125.000,00** | 238,88 | 124,22 | 114,66 | 76,44 | 66,89 | 57,33 | 38,22 | 95,55 | 382,20 | 191,10 |
| **140.000,00** | 245,25 | 127,53 | 117,72 | 78,48 | 68,67 | 58,86 | 39,24 | 98,10 | 392,40 | 196,20 |
| **155.000,00** | 265,50 | 138,06 | 127,44 | 84,96 | 74,34 | 63,72 | 42,48 | 106,20 | 424,80 | 212,40 |
| **170.000,00** | 285,75 | 148,59 | 137,16 | 91,44 | 80,01 | 68,58 | 45,72 | 114,30 | 457,20 | 228,60 |

| Geschäfts-wert bis ...€ | 1,0 | 2,0 | 0,5 | 0,2 | 0,3 | 0,35 | 0,4 | 0,6 | 0,65 | 1,25 |
|---|---|---|---|---|---|---|---|---|---|---|
| 185.000,00 | 244,80 | 489,60 | 122,40 | 48,96 | 73,44 | 85,68 | 97,92 | 146,88 | 159,12 | 306,00 |
| 200.000,00 | 261,00 | 522,00 | 130,50 | 52,20 | 78,30 | 91,35 | 104,40 | 156,60 | 169,65 | 326,25 |
| 230.000,00 | 291,00 | 582,00 | 145,50 | 58,20 | 87,30 | 101,85 | 116,40 | 174,60 | 189,15 | 363,75 |
| 260.000,00 | 321,00 | 642,00 | 160,50 | 64,20 | 96,30 | 112,35 | 128,40 | 192,60 | 208,65 | 401,25 |
| 290.000,00 | 321,00 | 642,00 | 160,50 | 64,20 | 96,30 | 112,35 | 128,40 | 192,60 | 208,65 | 401,25 |
| 320.000,00 | 321,00 | 642,00 | 160,50 | 64,20 | 96,30 | 112,35 | 128,40 | 192,60 | 208,65 | 401,25 |
| 350.000,00 | 342,50 | 685,00 | 171,25 | 68,50 | 102,75 | 119,88 | 137,00 | 205,50 | 222,63 | 428,13 |
| 380.000,00 | 367,50 | 735,00 | 183,75 | 73,50 | 110,25 | 128,63 | 147,00 | 220,50 | 238,88 | 459,38 |
| 410.000,00 | 392,50 | 785,00 | 196,25 | 78,50 | 117,75 | 137,38 | 157,00 | 235,50 | 255,13 | 490,63 |
| 440.000,00 | 417,50 | 835,00 | 208,75 | 83,50 | 125,25 | 146,13 | 167,00 | 250,50 | 271,38 | 521,88 |
| 470.000,00 | 442,50 | 885,00 | 221,25 | 88,50 | 132,75 | 154,88 | 177,00 | 265,50 | 287,63 | 553,13 |
| 500.000,00 | 467,50 | 935,00 | 233,75 | 93,50 | 140,25 | 163,63 | 187,00 | 280,50 | 303,88 | 584,38 |
| 550.000,00 | 507,50 | 1.015,00 | 253,75 | 101,50 | 152,25 | 177,63 | 203,00 | 304,50 | 329,88 | 634,38 |
| 600.000,00 | 547,50 | 1.095,00 | 273,75 | 109,50 | 164,25 | 191,63 | 219,00 | 328,50 | 355,88 | 684,38 |
| 650.000,00 | 587,50 | 1.175,00 | 293,75 | 117,50 | 176,25 | 205,63 | 235,00 | 352,50 | 381,88 | 734,38 |
| 700.000,00 | 627,50 | 1.255,00 | 313,75 | 125,50 | 188,25 | 219,63 | 251,00 | 376,50 | 407,88 | 784,38 |
| 750.000,00 | 667,50 | 1.335,00 | 333,75 | 133,50 | 200,25 | 233,63 | 267,00 | 400,50 | 433,88 | 834,38 |
| 800.000,00 | 707,50 | 1.415,00 | 353,75 | 141,50 | 212,25 | 247,63 | 283,00 | 424,50 | 459,88 | 884,38 |
| 850.000,00 | 747,50 | 1.495,00 | 373,75 | 149,50 | 224,25 | 261,63 | 299,00 | 448,50 | 485,88 | 934,38 |
| 900.000,00 | 787,50 | 1.575,00 | 393,75 | 157,50 | 236,25 | 275,63 | 315,00 | 472,50 | 511,88 | 984,38 |
| 950.000,00 | 827,50 | 1.655,00 | 413,75 | 165,50 | 248,25 | 289,63 | 331,00 | 496,50 | 537,88 | 1.034,38 |
| 1.000.000,00 | 867,50 | 1.735,00 | 433,75 | 173,50 | 260,25 | 303,63 | 347,00 | 520,50 | 563,88 | 1.084,38 |
| 1.050.000,00 | 867,50 | 1.735,00 | 433,75 | 173,50 | 260,25 | 303,63 | 347,00 | 520,50 | 563,88 | 1.084,38 |
| 1.100.000,00 | 867,50 | 1.735,00 | 433,75 | 173,50 | 260,25 | 303,63 | 347,00 | 520,50 | 563,88 | 1.084,38 |
| 1.150.000,00 | 867,50 | 1.735,00 | 433,75 | 173,50 | 260,25 | 303,63 | 347,00 | 520,50 | 563,88 | 1.084,38 |
| 1.200.000,00 | 867,50 | 1.735,00 | 433,75 | 173,50 | 260,25 | 303,63 | 347,00 | 520,50 | 563,88 | 1.084,38 |
| 1.250.000,00 | 867,50 | 1.735,00 | 433,75 | 173,50 | 260,25 | 303,63 | 347,00 | 520,50 | 563,88 | 1.084,38 |
| 1.300.000,00 | 886,00 | 1.772,00 | 443,00 | 177,20 | 265,80 | 310,10 | 354,40 | 531,60 | 575,90 | 1.107,50 |
| 1.350.000,00 | 918,00 | 1.836,00 | 459,00 | 183,60 | 275,40 | 321,30 | 367,20 | 550,80 | 596,70 | 1.147,50 |
| 1.400.000,00 | 950,00 | 1.900,00 | 475,00 | 190,00 | 285,00 | 332,50 | 380,00 | 570,00 | 617,50 | 1.187,50 |

| Geschäfts-wert bis ...€ | 1,0 | 2,0 | 0,5 | 0,2 | 0,3 | 0,35 | 0,4 | 0,6 | 0,65 | 1,25 |
|---|---|---|---|---|---|---|---|---|---|---|
| 1.450.000,00 | 982,00 | 1.964,00 | 491,00 | 196,40 | 294,60 | 343,70 | 392,80 | 589,20 | 638,30 | 1.227,50 |
| 1.500.000,00 | 1.014,00 | 2.028,00 | 507,00 | 202,80 | 304,20 | 354,90 | 405,60 | 608,40 | 659,10 | 1.267,50 |
| 1.550.000,00 | 1.046,00 | 2.092,00 | 523,00 | 209,20 | 313,80 | 366,10 | 418,40 | 627,60 | 679,90 | 1.307,50 |
| 1.600.000,00 | 1.078,00 | 2.156,00 | 539,00 | 215,60 | 323,40 | 377,30 | 431,20 | 646,80 | 700,70 | 1.347,50 |
| 1.650.000,00 | 1.110,00 | 2.220,00 | 555,00 | 222,00 | 333,00 | 388,50 | 444,00 | 666,00 | 721,50 | 1.387,50 |
| 1.700.000,00 | 1.142,00 | 2.284,00 | 571,00 | 228,40 | 342,60 | 399,70 | 456,80 | 685,20 | 742,30 | 1.427,50 |
| 1.750.000,00 | 1.174,00 | 2.348,00 | 587,00 | 234,80 | 352,20 | 410,90 | 469,60 | 704,40 | 763,10 | 1.467,50 |
| 1.800.000,00 | 1.206,00 | 2.412,00 | 603,00 | 241,20 | 361,80 | 422,10 | 482,40 | 723,60 | 783,90 | 1.507,50 |
| 1.850.000,00 | 1.238,00 | 2.476,00 | 619,00 | 247,60 | 371,40 | 433,30 | 495,20 | 742,80 | 804,70 | 1.547,50 |
| 1.900.000,00 | 1.270,00 | 2.540,00 | 635,00 | 254,00 | 381,00 | 444,50 | 508,00 | 762,00 | 825,50 | 1.587,50 |
| 1.950.000,00 | 1.302,00 | 2.604,00 | 651,00 | 260,40 | 390,60 | 455,70 | 520,80 | 781,20 | 846,30 | 1.627,50 |
| 2.000.000,00 | 1.334,00 | 2.668,00 | 667,00 | 266,80 | 400,20 | 466,90 | 533,60 | 800,40 | 867,10 | 1.667,50 |
| 2.050.000,00 | 1.366,00 | 2.732,00 | 683,00 | 273,20 | 409,80 | 478,10 | 546,40 | 819,60 | 887,90 | 1.707,50 |
| 2.100.000,00 | 1.398,00 | 2.796,00 | 699,00 | 279,60 | 419,40 | 489,30 | 559,20 | 838,80 | 908,70 | 1.747,50 |
| 2.150.000,00 | 1.430,00 | 2.860,00 | 715,00 | 286,00 | 429,00 | 500,50 | 572,00 | 858,00 | 929,50 | 1.787,50 |
| 2.200.000,00 | 1.462,00 | 2.924,00 | 731,00 | 292,40 | 438,60 | 511,70 | 584,80 | 877,20 | 950,30 | 1.827,50 |
| 2.250.000,00 | 1.494,00 | 2.988,00 | 747,00 | 298,80 | 448,20 | 522,90 | 597,60 | 896,40 | 971,10 | 1.867,50 |
| 2.300.000,00 | 1.526,00 | 3.052,00 | 763,00 | 305,20 | 457,80 | 534,10 | 610,40 | 915,60 | 991,90 | 1.907,50 |
| 2.350.000,00 | 1.558,00 | 3.116,00 | 779,00 | 311,60 | 467,40 | 545,30 | 623,20 | 934,80 | 1.012,70 | 1.947,50 |
| 2.400.000,00 | 1.590,00 | 3.180,00 | 795,00 | 318,00 | 477,00 | 556,50 | 636,00 | 954,00 | 1.033,50 | 1.987,50 |
| 2.450.000,00 | 1.622,00 | 3.244,00 | 811,00 | 324,40 | 486,60 | 567,70 | 648,80 | 973,20 | 1.054,30 | 2.027,50 |
| 2.500.000,00 | 1.654,00 | 3.308,00 | 827,00 | 330,80 | 496,20 | 578,90 | 661,60 | 992,40 | 1.075,10 | 2.067,50 |
| 2.550.000,00 | 1.686,00 | 3.372,00 | 843,00 | 337,20 | 505,80 | 590,10 | 674,40 | 1.011,60 | 1.095,90 | 2.107,50 |
| 2.600.000,00 | 1.718,00 | 3.436,00 | 859,00 | 343,60 | 515,40 | 601,30 | 687,20 | 1.030,80 | 1.116,70 | 2.147,50 |
| 2.650.000,00 | 1.750,00 | 3.500,00 | 875,00 | 350,00 | 525,00 | 612,50 | 700,00 | 1.050,00 | 1.137,50 | 2.187,50 |
| 2.700.000,00 | 1.782,00 | 3.564,00 | 891,00 | 356,40 | 534,60 | 623,70 | 712,80 | 1.069,20 | 1.158,30 | 2.227,50 |
| 2.750.000,00 | 1.814,00 | 3.628,00 | 907,00 | 362,80 | 544,20 | 634,90 | 725,60 | 1.088,40 | 1.179,10 | 2.267,50 |
| 2.800.000,00 | 1.846,00 | 3.692,00 | 923,00 | 369,20 | 553,80 | 646,10 | 738,40 | 1.107,60 | 1.199,90 | 2.307,50 |
| 2.850.000,00 | 1.878,00 | 3.756,00 | 939,00 | 375,60 | 563,40 | 657,30 | 751,20 | 1.126,80 | 1.220,70 | 2.347,50 |
| 2.900.000,00 | 1.910,00 | 3.820,00 | 955,00 | 382,00 | 573,00 | 668,50 | 764,00 | 1.146,00 | 1.241,50 | 2.387,50 |

| Geschäftswert bis ...€ | 1,0 | 2,0 | 0,5 | 0,2 | 0,3 | 0,35 | 0,4 | 0,6 | 0,65 | 1,25 |
|---|---|---|---|---|---|---|---|---|---|---|
| 2.950.000,00 | 1.942,00 | 3.884,00 | 971,00 | 388,40 | 582,60 | 679,70 | 776,80 | 1.165,20 | 1.262,30 | 2.427,50 |
| 3.000.000,00 | 1.974,00 | 3.948,00 | 987,00 | 394,80 | 592,20 | 690,90 | 789,60 | 1.184,40 | 1.283,10 | 2.467,50 |
| 3.050.000,00 | 2.006,00 | 4.012,00 | 1.003,00 | 401,20 | 601,80 | 702,10 | 802,40 | 1.203,80 | 1.303,90 | 2.507,50 |
| 3.100.000,00 | 2.038,00 | 4.076,00 | 1.019,00 | 407,60 | 611,40 | 713,30 | 815,20 | 1.222,80 | 1.324,70 | 2.547,50 |
| 3.150.000,00 | 2.070,00 | 4.140,00 | 1.035,00 | 414,00 | 621,00 | 724,50 | 828,00 | 1.242,00 | 1.345,50 | 2.587,50 |
| 3.200.000,00 | 2.102,00 | 4.204,00 | 1.051,00 | 420,40 | 630,60 | 735,70 | 840,80 | 1.261,20 | 1.366,30 | 2.627,50 |
| 3.250.000,00 | 2.134,00 | 4.268,00 | 1.067,00 | 426,80 | 640,20 | 746,90 | 853,60 | 1.280,40 | 1.387,10 | 2.667,50 |
| 3.300.000,00 | 2.166,00 | 4.332,00 | 1.083,00 | 433,20 | 649,80 | 758,10 | 866,40 | 1.299,60 | 1.407,90 | 2.707,50 |
| 3.350.000,00 | 2.198,00 | 4.396,00 | 1.099,00 | 439,60 | 659,40 | 769,30 | 879,20 | 1.318,80 | 1.428,70 | 2.747,50 |
| 3.400.000,00 | 2.230,00 | 4.460,00 | 1.115,00 | 446,00 | 669,00 | 780,50 | 892,00 | 1.338,00 | 1.449,50 | 2.787,50 |
| 3.450.000,00 | 2.262,00 | 4.524,00 | 1.131,00 | 452,40 | 678,60 | 791,70 | 904,80 | 1.357,20 | 1.470,30 | 2.827,50 |
| 3.500.000,00 | 2.294,00 | 4.588,00 | 1.147,00 | 458,80 | 688,20 | 802,90 | 917,60 | 1.376,40 | 1.491,10 | 2.867,50 |
| 3.550.000,00 | 2.326,00 | 4.652,00 | 1.163,00 | 465,20 | 697,80 | 814,10 | 930,40 | 1.395,60 | 1.511,90 | 2.907,50 |
| 3.600.000,00 | 2.358,00 | 4.716,00 | 1.179,00 | 471,60 | 707,40 | 825,30 | 943,20 | 1.414,80 | 1.532,70 | 2.947,50 |
| 3.650.000,00 | 2.390,00 | 4.780,00 | 1.195,00 | 478,00 | 717,00 | 836,50 | 956,00 | 1.434,00 | 1.553,50 | 2.987,50 |
| 3.700.000,00 | 2.422,00 | 4.844,00 | 1.211,00 | 484,40 | 726,60 | 847,70 | 968,80 | 1.453,20 | 1.574,30 | 3.027,50 |
| 3.750.000,00 | 2.454,00 | 4.908,00 | 1.227,00 | 490,80 | 736,20 | 858,90 | 981,60 | 1.472,40 | 1.595,10 | 3.067,50 |
| 3.800.000,00 | 2.486,00 | 4.972,00 | 1.243,00 | 497,20 | 745,80 | 870,10 | 994,40 | 1.491,60 | 1.615,90 | 3.107,50 |
| 3.850.000,00 | 2.518,00 | 5.036,00 | 1.259,00 | 503,60 | 755,40 | 881,30 | 1.007,20 | 1.510,80 | 1.636,70 | 3.147,50 |
| 3.900.000,00 | 2.550,00 | 5.100,00 | 1.275,00 | 510,00 | 765,00 | 892,50 | 1.020,00 | 1.530,00 | 1.657,50 | 3.187,50 |
| 3.950.000,00 | 2.582,00 | 5.164,00 | 1.291,00 | 516,40 | 774,60 | 903,70 | 1.032,80 | 1.549,20 | 1.678,30 | 3.227,50 |
| 4.000.000,00 | 2.614,00 | 5.228,00 | 1.307,00 | 522,80 | 784,20 | 914,90 | 1.045,60 | 1.568,40 | 1.699,10 | 3.267,50 |
| 4.050.000,00 | 2.646,00 | 5.292,00 | 1.323,00 | 529,20 | 793,80 | 926,10 | 1.058,40 | 1.587,60 | 1.719,90 | 3.307,50 |
| 4.100.000,00 | 2.678,00 | 5.356,00 | 1.339,00 | 535,60 | 803,40 | 937,30 | 1.071,20 | 1.606,80 | 1.740,70 | 3.347,50 |
| 4.150.000,00 | 2.710,00 | 5.420,00 | 1.355,00 | 542,00 | 813,00 | 948,50 | 1.084,00 | 1.626,00 | 1.761,50 | 3.387,50 |
| 4.200.000,00 | 2.742,00 | 5.484,00 | 1.371,00 | 548,40 | 822,60 | 959,70 | 1.096,80 | 1.645,20 | 1.782,30 | 3.427,50 |
| 4.250.000,00 | 2.774,00 | 5.548,00 | 1.387,00 | 554,80 | 832,20 | 970,90 | 1.109,60 | 1.664,40 | 1.803,10 | 3.467,50 |
| 4.300.000,00 | 2.806,00 | 5.612,00 | 1.403,00 | 561,20 | 841,80 | 982,10 | 1.122,40 | 1.683,60 | 1.823,90 | 3.507,50 |
| 4.350.000,00 | 2.838,00 | 5.676,00 | 1.419,00 | 567,60 | 851,40 | 993,30 | 1.135,20 | 1.702,80 | 1.844,70 | 3.547,50 |
| 4.400.000,00 | 2.870,00 | 5.740,00 | 1.435,00 | 574,00 | 861,00 | 1.004,50 | 1.148,00 | 1.722,00 | 1.865,50 | 3.587,50 |

| Geschäfts-wert bis ...€ | 1,25 | 0,65 | 0,6 | 0,4 | 0,35 | 0,3 | 0,2 | 0,5 | 2,0 | 1,0 |
|---|---|---|---|---|---|---|---|---|---|---|
| 4.450.000,00 | 3.627,50 | 1.886,30 | 1.741,20 | 1.160,80 | 1.015,70 | 870,60 | 580,40 | 1.451,00 | 5.804,00 | 2.902,00 |
| 4.500.000,00 | 3.667,50 | 1.907,10 | 1.760,40 | 1.173,60 | 1.026,90 | 880,20 | 586,80 | 1.467,00 | 5.868,00 | 2.934,00 |
| 4.550.000,00 | 3.707,50 | 1.927,90 | 1.779,60 | 1.186,40 | 1.038,10 | 889,80 | 593,20 | 1.483,00 | 5.932,00 | 2.966,00 |
| 4.600.000,00 | 3.747,50 | 1.948,70 | 1.798,80 | 1.199,20 | 1.049,30 | 899,40 | 599,60 | 1.499,00 | 5.996,00 | 2.998,00 |
| 4.650.000,00 | 3.787,50 | 1.969,50 | 1.818,00 | 1.212,00 | 1.060,50 | 909,00 | 606,00 | 1.515,00 | 6.060,00 | 3.030,00 |
| 4.700.000,00 | 3.827,50 | 1.990,30 | 1.837,20 | 1.224,80 | 1.071,70 | 918,60 | 612,40 | 1.531,00 | 6.124,00 | 3.062,00 |
| 4.750.000,00 | 3.867,50 | 2.011,10 | 1.856,40 | 1.237,60 | 1.082,90 | 928,20 | 618,80 | 1.547,00 | 6.188,00 | 3.094,00 |
| 4.800.000,00 | 3.907,50 | 2.031,90 | 1.875,60 | 1.250,40 | 1.094,10 | 937,80 | 625,20 | 1.563,00 | 6.252,00 | 3.126,00 |
| 4.850.000,00 | 3.947,50 | 2.052,70 | 1.894,80 | 1.263,20 | 1.105,30 | 947,40 | 631,60 | 1.579,00 | 6.316,00 | 3.158,00 |
| 4.900.000,00 | 3.987,50 | 2.073,50 | 1.914,00 | 1.276,00 | 1.116,50 | 957,00 | 638,00 | 1.595,00 | 6.380,00 | 3.190,00 |
| 4.950.000,00 | 4.027,50 | 2.094,30 | 1.933,20 | 1.288,80 | 1.127,70 | 966,60 | 644,40 | 1.611,00 | 6.444,00 | 3.222,00 |
| 5.000.000,00 | 4.067,50 | 2.115,10 | 1.952,40 | 1.301,60 | 1.138,90 | 976,20 | 650,80 | 1.627,00 | 6.508,00 | 3.254,00 |
| 5.200.000,00 | 4.132,50 | 2.148,90 | 1.983,60 | 1.322,40 | 1.157,10 | 991,80 | 661,20 | 1.653,00 | 6.612,00 | 3.306,00 |
| 5.400.000,00 | 4.197,50 | 2.182,70 | 2.014,80 | 1.343,20 | 1.175,30 | 1.007,40 | 671,60 | 1.679,00 | 6.716,00 | 3.358,00 |
| 5.600.000,00 | 4.262,50 | 2.216,50 | 2.046,00 | 1.364,00 | 1.193,50 | 1.023,00 | 682,00 | 1.705,00 | 6.820,00 | 3.410,00 |
| 5.800.000,00 | 4.327,50 | 2.250,30 | 2.077,20 | 1.384,80 | 1.211,70 | 1.038,60 | 692,40 | 1.731,00 | 6.924,00 | 3.462,00 |
| 6.000.000,00 | 4.392,50 | 2.284,10 | 2.108,40 | 1.405,60 | 1.229,90 | 1.054,20 | 702,80 | 1.757,00 | 7.028,00 | 3.514,00 |
| 6.200.000,00 | 4.457,50 | 2.317,90 | 2.139,60 | 1.426,40 | 1.248,10 | 1.069,80 | 713,20 | 1.783,00 | 7.132,00 | 3.566,00 |
| 6.400.000,00 | 4.522,50 | 2.351,70 | 2.170,80 | 1.447,20 | 1.266,30 | 1.085,40 | 723,60 | 1.809,00 | 7.236,00 | 3.618,00 |
| 6.600.000,00 | 4.587,50 | 2.385,50 | 2.202,00 | 1.468,00 | 1.284,50 | 1.101,00 | 734,00 | 1.835,00 | 7.340,00 | 3.670,00 |
| 6.800.000,00 | 4.652,50 | 2.419,30 | 2.233,20 | 1.488,80 | 1.302,70 | 1.116,60 | 744,40 | 1.861,00 | 7.444,00 | 3.722,00 |
| 7.000.000,00 | 4.717,50 | 2.453,10 | 2.264,40 | 1.509,60 | 1.320,90 | 1.132,20 | 754,80 | 1.887,00 | 7.548,00 | 3.774,00 |
| 7.200.000,00 | 4.782,50 | 2.486,90 | 2.295,60 | 1.530,40 | 1.339,10 | 1.147,80 | 765,20 | 1.913,00 | 7.652,00 | 3.826,00 |
| 7.400.000,00 | 4.847,50 | 2.520,70 | 2.326,80 | 1.551,20 | 1.357,30 | 1.163,40 | 775,60 | 1.939,00 | 7.756,00 | 3.878,00 |
| 7.600.000,00 | 4.912,50 | 2.554,50 | 2.358,00 | 1.572,00 | 1.375,50 | 1.179,00 | 786,00 | 1.965,00 | 7.860,00 | 3.930,00 |
| 7.800.000,00 | 4.977,50 | 2.588,30 | 2.389,20 | 1.592,80 | 1.393,70 | 1.194,60 | 796,40 | 1.991,00 | 7.964,00 | 3.982,00 |
| 8.000.000,00 | 5.042,50 | 2.622,10 | 2.420,40 | 1.613,60 | 1.411,90 | 1.210,20 | 806,80 | 2.017,00 | 8.068,00 | 4.034,00 |
| 8.200.000,00 | 5.107,50 | 2.655,90 | 2.451,60 | 1.634,40 | 1.430,10 | 1.225,80 | 817,20 | 2.043,00 | 8.172,00 | 4.086,00 |
| 8.400.000,00 | 5.172,50 | 2.689,70 | 2.482,80 | 1.655,20 | 1.448,30 | 1.241,40 | 827,60 | 2.069,00 | 8.276,00 | 4.138,00 |
| 8.600.000,00 | 5.237,50 | 2.723,50 | 2.514,00 | 1.676,00 | 1.466,50 | 1.257,00 | 838,00 | 2.095,00 | 8.380,00 | 4.190,00 |

| Geschäftswert bis …€ | 1,0 | 2,0 | 0,5 | 0,2 | 0,3 | 0,35 | 0,4 | 0,6 | 0,65 | 1,25 |
|---|---|---|---|---|---|---|---|---|---|---|
| 8.800.000,00 | 4.242,00 | 8.484,00 | 2.121,00 | 848,40 | 1.272,60 | 1.484,70 | 1.696,80 | 2.545,20 | 2.757,30 | 5.302,50 |
| 9.000.000,00 | 4.294,00 | 8.588,00 | 2.147,00 | 858,80 | 1.288,20 | 1.502,90 | 1.717,60 | 2.576,40 | 2.791,10 | 5.367,50 |
| 9.200.000,00 | 4.346,00 | 8.692,00 | 2.173,00 | 869,20 | 1.303,80 | 1.521,10 | 1.738,40 | 2.607,60 | 2.824,90 | 5.432,50 |
| 9.400.000,00 | 4.398,00 | 8.796,00 | 2.199,00 | 879,60 | 1.319,40 | 1.539,30 | 1.759,20 | 2.638,80 | 2.858,70 | 5.497,50 |
| 9.600.000,00 | 4.450,00 | 8.900,00 | 2.225,00 | 890,00 | 1.335,00 | 1.557,50 | 1.780,00 | 2.670,00 | 2.892,50 | 5.562,50 |
| 9.800.000,00 | 4.502,00 | 9.004,00 | 2.251,00 | 900,40 | 1.350,60 | 1.575,70 | 1.800,80 | 2.701,20 | 2.926,30 | 5.627,50 |
| 10.000.000,00 | 4.554,00 | 9.108,00 | 2.277,00 | 910,80 | 1.366,20 | 1.593,90 | 1.821,60 | 2.732,40 | 2.960,10 | 5.692,50 |
| 10.250.000,00 | 4.614,00 | 9.228,00 | 2.307,00 | 922,80 | 1.384,20 | 1.614,90 | 1.845,60 | 2.768,40 | 2.999,10 | 5.767,50 |
| 10.500.000,00 | 4.674,00 | 9.348,00 | 2.337,00 | 934,80 | 1.402,20 | 1.635,90 | 1.869,60 | 2.804,40 | 3.038,10 | 5.842,50 |
| 10.750.000,00 | 4.734,00 | 9.468,00 | 2.367,00 | 946,80 | 1.420,20 | 1.656,90 | 1.893,60 | 2.840,40 | 3.077,10 | 5.917,50 |
| 11.000.000,00 | 4.794,00 | 9.588,00 | 2.397,00 | 958,80 | 1.438,20 | 1.677,90 | 1.917,60 | 2.876,40 | 3.116,10 | 5.992,50 |
| 11.250.000,00 | 4.854,00 | 9.708,00 | 2.427,00 | 970,80 | 1.456,20 | 1.698,90 | 1.941,60 | 2.912,40 | 3.155,10 | 6.067,50 |
| 11.500.000,00 | 4.914,00 | 9.828,00 | 2.457,00 | 982,80 | 1.474,20 | 1.719,90 | 1.965,60 | 2.948,40 | 3.194,10 | 6.142,50 |
| 11.750.000,00 | 4.974,00 | 9.948,00 | 2.487,00 | 994,80 | 1.492,20 | 1.740,90 | 1.989,60 | 2.984,40 | 3.233,10 | 6.217,50 |
| 12.000.000,00 | 5.034,00 | 10.068,00 | 2.517,00 | 1.006,80 | 1.510,20 | 1.761,90 | 2.013,60 | 3.020,40 | 3.272,10 | 6.292,50 |
| 12.250.000,00 | 5.094,00 | 10.188,00 | 2.547,00 | 1.018,80 | 1.528,20 | 1.782,90 | 2.037,60 | 3.056,40 | 3.311,10 | 6.367,50 |
| 12.500.000,00 | 5.154,00 | 10.308,00 | 2.577,00 | 1.030,80 | 1.546,20 | 1.803,90 | 2.061,60 | 3.092,40 | 3.350,10 | 6.442,50 |
| 12.750.000,00 | 5.214,00 | 10.428,00 | 2.607,00 | 1.042,80 | 1.564,20 | 1.824,90 | 2.085,60 | 3.128,40 | 3.389,10 | 6.517,50 |
| 13.000.000,00 | 5.274,00 | 10.548,00 | 2.637,00 | 1.054,80 | 1.582,20 | 1.845,90 | 2.109,60 | 3.164,40 | 3.428,10 | 6.592,50 |
| 13.250.000,00 | 5.334,00 | 10.668,00 | 2.667,00 | 1.066,80 | 1.600,20 | 1.866,90 | 2.133,60 | 3.200,40 | 3.467,10 | 6.667,50 |
| 13.500.000,00 | 5.394,00 | 10.788,00 | 2.697,00 | 1.078,80 | 1.618,20 | 1.887,90 | 2.157,60 | 3.236,40 | 3.506,10 | 6.742,50 |
| 13.750.000,00 | 5.454,00 | 10.908,00 | 2.727,00 | 1.090,80 | 1.636,20 | 1.908,90 | 2.181,60 | 3.272,40 | 3.545,10 | 6.817,50 |
| 14.000.000,00 | 5.514,00 | 11.028,00 | 2.757,00 | 1.102,80 | 1.654,20 | 1.929,90 | 2.205,60 | 3.308,40 | 3.584,10 | 6.892,50 |
| 14.250.000,00 | 5.574,00 | 11.148,00 | 2.787,00 | 1.114,80 | 1.672,20 | 1.950,90 | 2.229,60 | 3.344,40 | 3.623,10 | 6.967,50 |
| 14.500.000,00 | 5.634,00 | 11.268,00 | 2.817,00 | 1.126,80 | 1.690,20 | 1.971,90 | 2.253,60 | 3.380,40 | 3.662,10 | 7.042,50 |
| 14.750.000,00 | 5.694,00 | 11.388,00 | 2.847,00 | 1.138,80 | 1.708,20 | 1.992,90 | 2.277,60 | 3.416,40 | 3.701,10 | 7.117,50 |
| 15.000.000,00 | 5.754,00 | 11.508,00 | 2.877,00 | 1.150,80 | 1.726,20 | 2.013,90 | 2.301,60 | 3.452,40 | 3.740,10 | 7.192,50 |
| 15.250.000,00 | 5.814,00 | 11.628,00 | 2.907,00 | 1.162,80 | 1.744,20 | 2.034,90 | 2.325,60 | 3.488,40 | 3.779,10 | 7.267,50 |
| 15.500.000,00 | 5.874,00 | 11.748,00 | 2.937,00 | 1.174,80 | 1.762,20 | 2.055,90 | 2.349,60 | 3.524,40 | 3.818,10 | 7.342,50 |
| 15.750.000,00 | 5.934,00 | 11.868,00 | 2.967,00 | 1.186,80 | 1.780,20 | 2.076,90 | 2.373,60 | 3.560,40 | 3.857,10 | 7.417,50 |

| Geschäftswert bis ...€ | 1,0 | 2,0 | 0,5 | 0,2 | 0,3 | 0,35 | 0,4 | 0,6 | 0,65 | 1,25 |
|---|---|---|---|---|---|---|---|---|---|---|
| 16.000.000,00 | 5.994,00 | 11.988,00 | 2.997,00 | 1.198,80 | 1.798,20 | 2.097,90 | 2.397,60 | 3.596,40 | 3.896,10 | 7.492,50 |
| 16.250.000,00 | 6.054,00 | 12.108,00 | 3.027,00 | 1.210,80 | 1.816,20 | 2.118,90 | 2.421,60 | 3.632,40 | 3.935,10 | 7.567,50 |
| 16.500.000,00 | 6.114,00 | 12.228,00 | 3.057,00 | 1.222,80 | 1.834,20 | 2.139,90 | 2.445,60 | 3.668,40 | 3.974,10 | 7.642,50 |
| 16.750.000,00 | 6.174,00 | 12.348,00 | 3.087,00 | 1.234,80 | 1.852,20 | 2.160,90 | 2.469,60 | 3.704,40 | 4.013,10 | 7.717,50 |
| 17.000.000,00 | 6.234,00 | 12.468,00 | 3.117,00 | 1.246,80 | 1.870,20 | 2.181,90 | 2.493,60 | 3.740,40 | 4.052,10 | 7.792,50 |
| 17.250.000,00 | 6.294,00 | 12.588,00 | 3.147,00 | 1.258,80 | 1.888,20 | 2.202,90 | 2.517,60 | 3.776,40 | 4.091,10 | 7.867,50 |
| 17.500.000,00 | 6.354,00 | 12.708,00 | 3.177,00 | 1.270,80 | 1.906,20 | 2.223,90 | 2.541,60 | 3.812,40 | 4.130,10 | 7.942,50 |
| 17.750.000,00 | 6.414,00 | 12.828,00 | 3.207,00 | 1.282,80 | 1.924,20 | 2.244,90 | 2.565,60 | 3.848,40 | 4.169,10 | 8.017,50 |
| 18.000.000,00 | 6.474,00 | 12.948,00 | 3.237,00 | 1.294,80 | 1.942,20 | 2.265,90 | 2.589,60 | 3.884,40 | 4.208,10 | 8.092,50 |
| 18.250.000,00 | 6.534,00 | 13.068,00 | 3.267,00 | 1.306,80 | 1.960,20 | 2.286,90 | 2.613,60 | 3.920,40 | 4.247,10 | 8.167,50 |
| 18.500.000,00 | 6.594,00 | 13.188,00 | 3.297,00 | 1.318,80 | 1.978,20 | 2.307,90 | 2.637,60 | 3.956,40 | 4.286,10 | 8.242,50 |
| 18.750.000,00 | 6.654,00 | 13.308,00 | 3.327,00 | 1.330,80 | 1.996,20 | 2.328,90 | 2.661,60 | 3.992,40 | 4.325,10 | 8.317,50 |
| 19.000.000,00 | 6.714,00 | 13.428,00 | 3.357,00 | 1.342,80 | 2.014,20 | 2.349,90 | 2.685,60 | 4.028,40 | 4.364,10 | 8.392,50 |
| 19.250.000,00 | 6.774,00 | 13.548,00 | 3.387,00 | 1.354,80 | 2.032,20 | 2.370,90 | 2.709,60 | 4.064,40 | 4.403,10 | 8.467,50 |
| 19.500.000,00 | 6.834,00 | 13.668,00 | 3.417,00 | 1.366,80 | 2.050,20 | 2.391,90 | 2.733,60 | 4.100,40 | 4.442,10 | 8.542,50 |
| 19.750.000,00 | 6.894,00 | 13.788,00 | 3.447,00 | 1.378,80 | 2.068,20 | 2.412,90 | 2.757,60 | 4.136,40 | 4.481,10 | 8.617,50 |
| 20.000.000,00 | 6.954,00 | 13.908,00 | 3.477,00 | 1.390,80 | 2.086,20 | 2.433,90 | 2.781,60 | 4.172,40 | 4.520,10 | 8.692,50 |
| 20.500.000,00 | 7.066,00 | 14.132,00 | 3.533,00 | 1.413,20 | 2.119,80 | 2.473,10 | 2.826,40 | 4.239,60 | 4.592,90 | 8.832,50 |
| 21.000.000,00 | 7.178,00 | 14.356,00 | 3.589,00 | 1.435,60 | 2.153,40 | 2.512,30 | 2.871,20 | 4.306,80 | 4.665,70 | 8.972,50 |
| 21.500.000,00 | 7.290,00 | 14.580,00 | 3.645,00 | 1.458,00 | 2.187,00 | 2.551,50 | 2.916,00 | 4.374,00 | 4.738,50 | 9.112,50 |
| 22.000.000,00 | 7.402,00 | 14.804,00 | 3.701,00 | 1.480,40 | 2.220,60 | 2.590,70 | 2.960,80 | 4.441,20 | 4.811,30 | 9.252,50 |
| 22.500.000,00 | 7.514,00 | 15.028,00 | 3.757,00 | 1.502,80 | 2.254,20 | 2.629,90 | 3.005,60 | 4.508,40 | 4.884,10 | 9.392,50 |
| 23.000.000,00 | 7.626,00 | 15.252,00 | 3.813,00 | 1.525,20 | 2.287,80 | 2.669,10 | 3.050,40 | 4.575,60 | 4.956,90 | 9.532,50 |
| 23.500.000,00 | 7.738,00 | 15.476,00 | 3.869,00 | 1.547,60 | 2.321,40 | 2.708,30 | 3.095,20 | 4.642,80 | 5.029,70 | 9.672,50 |
| 24.000.000,00 | 7.850,00 | 15.700,00 | 3.925,00 | 1.570,00 | 2.355,00 | 2.747,50 | 3.140,00 | 4.710,00 | 5.102,50 | 9.812,50 |
| 24.500.000,00 | 7.962,00 | 15.924,00 | 3.981,00 | 1.592,40 | 2.388,60 | 2.786,70 | 3.184,80 | 4.777,20 | 5.175,30 | 9.952,50 |
| 25.000.000,00 | 8.074,00 | 16.148,00 | 4.037,00 | 1.614,80 | 2.422,20 | 2.825,90 | 3.229,60 | 4.844,40 | 5.248,10 | 10.092,50 |
| 25.500.000,00 | 8.186,00 | 16.372,00 | 4.093,00 | 1.637,20 | 2.455,80 | 2.865,10 | 3.274,40 | 4.911,60 | 5.320,90 | 10.232,50 |
| 26.000.000,00 | 8.298,00 | 16.596,00 | 4.149,00 | 1.659,60 | 2.489,40 | 2.904,30 | 3.319,20 | 4.978,80 | 5.393,70 | 10.372,50 |
| 26.500.000,00 | 8.410,00 | 16.820,00 | 4.205,00 | 1.682,00 | 2.523,00 | 2.943,50 | 3.364,00 | 5.046,00 | 5.466,50 | 10.512,50 |

| Geschäfts-wert bis ...€ | 1,0 | 2,0 | 0,5 | 0,2 | 0,3 | 0,35 | 0,4 | 0,6 | 0,65 | 1,25 |
|---|---|---|---|---|---|---|---|---|---|---|
| 27.000.000,00 | 8.522,00 | 17.044,00 | 4.261,00 | 1.704,40 | 2.556,60 | 2.982,70 | 3.408,80 | 5.113,20 | 5.539,30 | 10.652,50 |
| 27.500.000,00 | 8.634,00 | 17.268,00 | 4.317,00 | 1.726,80 | 2.590,20 | 3.021,90 | 3.453,60 | 5.180,40 | 5.612,10 | 10.792,50 |
| 28.000.000,00 | 8.746,00 | 17.492,00 | 4.373,00 | 1.749,20 | 2.623,80 | 3.061,10 | 3.498,40 | 5.247,60 | 5.684,90 | 10.932,50 |
| 28.500.000,00 | 8.858,00 | 17.716,00 | 4.429,00 | 1.771,60 | 2.657,40 | 3.100,30 | 3.543,20 | 5.314,80 | 5.757,70 | 11.072,50 |
| 29.000.000,00 | 8.970,00 | 17.940,00 | 4.485,00 | 1.794,00 | 2.691,00 | 3.139,50 | 3.588,00 | 5.382,00 | 5.830,50 | 11.212,50 |
| 29.500.000,00 | 9.082,00 | 18.164,00 | 4.541,00 | 1.816,40 | 2.724,60 | 3.178,70 | 3.632,80 | 5.449,20 | 5.903,30 | 11.352,50 |
| 30.000.000,00 | 9.194,00 | 18.388,00 | 4.597,00 | 1.838,80 | 2.758,20 | 3.217,90 | 3.677,60 | 5.516,40 | 5.976,10 | 11.492,50 |
| 31.000.000,00 | 9.242,00 | 18.484,00 | 4.621,00 | 1.848,40 | 2.772,60 | 3.234,30 | 3.696,80 | 5.545,20 | 6.007,30 | 11.552,50 |
| 32.000.000,00 | 9.290,00 | 18.580,00 | 4.645,00 | 1.858,00 | 2.787,00 | 3.251,50 | 3.716,00 | 5.574,00 | 6.038,50 | 11.612,50 |
| 33.000.000,00 | 9.338,00 | 18.676,00 | 4.669,00 | 1.867,60 | 2.801,40 | 3.268,30 | 3.735,20 | 5.602,80 | 6.069,70 | 11.672,50 |
| 34.000.000,00 | 9.386,00 | 18.772,00 | 4.693,00 | 1.877,20 | 2.815,80 | 3.285,10 | 3.754,40 | 5.631,60 | 6.100,90 | 11.732,50 |
| 35.000.000,00 | 9.434,00 | 18.868,00 | 4.717,00 | 1.886,80 | 2.830,20 | 3.301,90 | 3.773,60 | 5.660,40 | 6.132,10 | 11.792,50 |
| 36.000.000,00 | 9.482,00 | 18.964,00 | 4.741,00 | 1.896,40 | 2.844,60 | 3.318,70 | 3.792,80 | 5.689,20 | 6.163,30 | 11.852,50 |
| 37.000.000,00 | 9.530,00 | 19.060,00 | 4.765,00 | 1.906,00 | 2.859,00 | 3.335,50 | 3.812,00 | 5.718,00 | 6.194,50 | 11.912,50 |
| 38.000.000,00 | 9.578,00 | 19.156,00 | 4.789,00 | 1.915,60 | 2.873,40 | 3.352,30 | 3.831,20 | 5.746,80 | 6.225,70 | 11.972,50 |
| 39.000.000,00 | 9.626,00 | 19.252,00 | 4.813,00 | 1.925,20 | 2.887,80 | 3.369,10 | 3.850,40 | 5.775,60 | 6.256,90 | 12.032,50 |
| 40.000.000,00 | 9.674,00 | 19.348,00 | 4.837,00 | 1.934,80 | 2.902,20 | 3.385,90 | 3.869,60 | 5.804,40 | 6.288,10 | 12.092,50 |
| 41.000.000,00 | 9.722,00 | 19.444,00 | 4.861,00 | 1.944,40 | 2.916,60 | 3.402,70 | 3.888,80 | 5.833,20 | 6.319,30 | 12.152,50 |
| 42.000.000,00 | 9.770,00 | 19.540,00 | 4.885,00 | 1.954,00 | 2.931,00 | 3.419,50 | 3.908,00 | 5.862,00 | 6.350,50 | 12.212,50 |
| 43.000.000,00 | 9.818,00 | 19.636,00 | 4.909,00 | 1.963,60 | 2.945,40 | 3.436,30 | 3.927,20 | 5.890,80 | 6.381,70 | 12.272,50 |
| 44.000.000,00 | 9.866,00 | 19.732,00 | 4.933,00 | 1.973,20 | 2.959,80 | 3.453,10 | 3.946,40 | 5.919,60 | 6.412,90 | 12.332,50 |
| 45.000.000,00 | 9.914,00 | 19.828,00 | 4.957,00 | 1.982,80 | 2.974,20 | 3.469,90 | 3.965,60 | 5.948,40 | 6.444,10 | 12.392,50 |
| 46.000.000,00 | 9.962,00 | 19.924,00 | 4.981,00 | 1.992,40 | 2.988,60 | 3.486,70 | 3.984,80 | 5.977,20 | 6.475,30 | 12.452,50 |
| 47.000.000,00 | 10.010,00 | 20.020,00 | 5.005,00 | 2.002,00 | 3.003,00 | 3.503,50 | 4.004,00 | 6.006,00 | 6.506,50 | 12.512,50 |
| 48.000.000,00 | 10.058,00 | 20.116,00 | 5.029,00 | 2.011,60 | 3.017,40 | 3.520,30 | 4.023,20 | 6.034,80 | 6.537,70 | 12.572,50 |
| 49.000.000,00 | 10.106,00 | 20.212,00 | 5.053,00 | 2.021,20 | 3.031,80 | 3.537,10 | 4.042,40 | 6.063,60 | 6.568,90 | 12.632,50 |
| 50.000.000,00 | 10.154,00 | 20.308,00 | 5.077,00 | 2.030,80 | 3.046,20 | 3.553,90 | 4.061,60 | 6.092,40 | 6.600,10 | 12.692,50 |
| 51.000.000,00 | 10.202,00 | 20.404,00 | 5.101,00 | 2.040,40 | 3.060,60 | 3.570,70 | 4.080,80 | 6.121,20 | 6.631,30 | 12.752,50 |
| 52.000.000,00 | 10.250,00 | 20.500,00 | 5.125,00 | 2.050,00 | 3.075,00 | 3.587,50 | 4.100,00 | 6.150,00 | 6.662,50 | 12.812,50 |
| 53.000.000,00 | 10.298,00 | 20.596,00 | 5.149,00 | 2.059,60 | 3.089,40 | 3.604,30 | 4.119,20 | 6.178,80 | 6.693,70 | 12.872,50 |

| Geschäfts-<br>wert bis …€ | 1,0 | 2,0 | 0,5 | 0,2 | 0,3 | 0,35 | 0,4 | 0,6 | 0,65 | 1,25 |
|---|---|---|---|---|---|---|---|---|---|---|
| **54.000.000,00** | 10.346,00 | 20.692,00 | 5.173,00 | 2.069,20 | 3.103,80 | 3.621,10 | 4.138,40 | 6.207,60 | 6.724,90 | 12.932,50 |
| **55.000.000,00** | 10.394,00 | 20.788,00 | 5.197,00 | 2.078,80 | 3.118,20 | 3.637,90 | 4.157,60 | 6.236,40 | 6.756,10 | 12.992,50 |
| **56.000.000,00** | 10.442,00 | 20.884,00 | 5.221,00 | 2.088,40 | 3.132,60 | 3.654,70 | 4.176,80 | 6.265,20 | 6.787,30 | 13.052,50 |
| **57.000.000,00** | 10.490,00 | 20.980,00 | 5.245,00 | 2.098,00 | 3.147,00 | 3.671,50 | 4.196,00 | 6.294,00 | 6.818,50 | 13.112,50 |
| **58.000.000,00** | 10.538,00 | 21.076,00 | 5.269,00 | 2.107,60 | 3.161,40 | 3.688,30 | 4.215,20 | 6.322,80 | 6.849,70 | 13.172,50 |
| **59.000.000,00** | 10.586,00 | 21.172,00 | 5.293,00 | 2.117,20 | 3.175,80 | 3.705,10 | 4.234,40 | 6.351,60 | 6.880,90 | 13.232,50 |
| **60.000.000,00** | 10.634,00 | 21.268,00 | 5.317,00 | 2.126,80 | 3.190,20 | 3.721,90 | 4.253,60 | 6.380,40 | 6.912,10 | 13.292,50 |

# IV. Gebühren des Gerichts für Eintragungen in das Handelsregister

**Verordnung über Gebühren in Handels-, Partnerschafts- und Genossenschaftsregistersachen
(Handelsregistergebührenverordnung – HRegGebV)**

Vom 30.9.2004, BGBl. I S. 2562

zuletzt geändert durch Artikel 20 G. vom 24. April 2015 (BGBl. I S. 642); gesetzliche Ermächtigungsgrundlage § 58 GNotKG.

**Hinweis:**

Die Handelsregistergebührenverordnung (HRegGebV) ist die Reaktion des deutschen Gesetzgebers auf die Fantask-Entscheidung des EuGH (Urt. 2.12.1997 – Rs. C-188/95 – Fantask, ZIP 1998, 206). Sie sieht für Eintragungen in das Handels-, Partnerschafts- oder Genossenschaftsregister die Erhebung von Gebühren vor, die den durchschnittlichen Personal- und Sachkosten für die Amtshandlung entsprechen. Die turnusmäßige, bundesweite Erfassung des Aufwandes der Registergerichte hat gem. der Ermächtigungsgrundlage in § 58 GNotKG zur aktuellen, zweiten Änderungsverordnung des Bundesministeriums der Justiz unter Zustimmung des Bundesrates geführt. Die Änderung hat eine deutliche Gebührenerhöhung für Eintragungen ab dem 1.1.2011 gebracht.

**§ 1 Gebührenverzeichnis**

(1) Für Eintragungen in das Handels-, Partnerschafts- oder Genossenschaftsregister, die Entgegennahme, Prüfung und Aufbewahrung der zum Handels- oder Genossenschaftsregister einzureichenden Unterlagen sowie die Übertragung von Schriftstücken in ein elektronisches Dokument nach § 9 Abs. 2 des Handelsgesetzbuchs und Artikel 61 Abs. 3 des Einführungsgesetzes zum Handelsgesetzbuch werden Gebühren nach dem Gebührenverzeichnis der Anlage zu dieser Verordnung erhoben.

(2) Satz 1 gilt nicht für die aus Anlass eines Insolvenzverfahrens von Amts wegen vorzunehmenden Eintragungen und für Löschungen nach Paragraph 395 des Gesetzes über das Verfahren in Familiensachen und in den Angelegenheiten der freiwilligen Gerichtsbarkeit.

**§ 2 Allgemeine Vorschriften**

(1) Neben der Gebühr für die Ersteintragung werden nur Gebühren für die gleichzeitig angemeldete Eintragung der Errichtung einer Zweigniederlassung und für die Eintragung einer Prokura gesondert erhoben.

(2) Betrifft dieselbe spätere Anmeldung mehrere Tatsachen, ist für jede Tatsache die Gebühr gesondert zu erheben. Das Eintreten oder das Ausscheiden einzutragender Personen ist hinsichtlich einer jeden Person eine besondere Tatsache.

(3) Als jeweils dieselbe Tatsache betreffend sind zu behandeln:

1. die Anmeldung einer zur Vertretung berechtigten Person und die gleichzeitige Anmeldung ihrer Vertretungsmacht oder deren Ausschlusses;

2. die Anmeldung der Verlegung

   a) der Hauptniederlassung,

   b) des Sitzes oder

   c) der Zweigniederlassung
   und die gleichzeitige Anmeldung der Änderung der inländischen Geschäftsanschrift;

3. mehrere Änderungen eines Gesellschaftsvertrags oder einer Satzung, die gleichzeitig angemeldet werden und nicht die Änderung eingetragener Angaben betreffen;

4. die Änderung eingetragener Angaben und die dem zugrunde liegende Änderung des Gesellschaftsvertrags oder der Satzung.

(4) Anmeldungen, die am selben Tag beim Registergericht eingegangen sind und dasselbe Unternehmen betreffen, werden als eine Anmeldung behandelt.

## § 2a Recht der Europäischen Union

Umwandlungen und Verschmelzungen nach dem Recht der Europäischen Union stehen hinsichtlich der Gebühren den Umwandlungen nach dem Umwandlungsgesetz gleich.

## § 3 Zurücknahme

(1) Wird eine Anmeldung zurückgenommen, bevor die Eintragung erfolgt oder die Anmeldung zurückgewiesen worden ist, sind 120 Prozent der für die Eintragung bestimmten Gebühren zu erheben. Bei der Zurücknahme einer angemeldeten Ersteintragung bleiben die Gebühren für die gleichzeitig angemeldete Eintragung der Errichtung einer Zweigniederlassung und für die Eintragung einer Prokura unberücksichtigt.

(2) Erfolgt die Zurücknahme spätestens am Tag bevor eine Entscheidung des Gerichts mit der Bestimmung einer angemessenen Frist zur Beseitigung eines Hindernisses (§ 382 Absatz 4 des Gesetzes über das Verfahren in Familiensachen und in den Angelegenheiten der freiwilligen Gerichtsbarkeit) unterzeichnet wird, beträgt die Gebühr 75 Prozent der für die Eintragung bestimmten Gebühr, höchstens jedoch 250 Euro. Der unterzeichneten Entscheidung steht ein gerichtliches elektronisches Dokument gleich (§ 14 Absatz 3 des Gesetzes über das Verfahren in Familiensachen und in den Angelegenheiten der freiwilligen Gerichtsbarkeit in Verbindung mit § 130b der Zivilprozessordnung). Betrifft eine Anmeldung mehrere Tatsachen, betragen in den Fällen der Sätze 1 und 2 die auf die zurückgenommenen Teile der Anmeldung entfallenden Gebühren insgesamt höchstens 250 Euro.

## § 4 Zurückweisung

Wird eine Anmeldung zurückgewiesen, sind 170 Prozent der für die Eintragung bestimmten Gebühren zu erheben. Bei der Zurückweisung einer angemeldeten Ersteintragung bleiben die Gebühren für die gleichzeitig angemeldete Eintragung der Errichtung einer Zweigniederlassung und für die Eintragung einer Prokura unberücksichtigt.

## § 5 Zurücknahme oder Zurückweisung in besonderen Fällen

Wird die Anmeldung einer sonstigen späteren Eintragung, die mehrere Tatsachen zum Gegenstand hat, teilweise zurückgenommen oder zurückgewiesen, ist für jeden zurückgenommenen oder zurückgewiesenen Teil von den Gebühren 1503, 2501 und 3501 des Gebührenverzeichnisses auszugehen. § 3 Absatz 2 bleibt unberührt.

### § 5a Übergangsvorschrift

Für Kosten, die vor dem Inkrafttreten einer Änderung der Rechtsverordnung fällig geworden sind, gilt das bisherige Recht.

### § 6 Übergangsvorschrift zum Gesetz über elektronische Handelsregister und Genossenschaftsregister sowie das Unternehmensregister

Für die Entgegennahme, Prüfung und Aufbewahrung eines Jahres-, Einzel- oder Konzernabschlusses und der dazu gehörenden Unterlagen für ein vor dem 1. Januar 2006 beginnendes Geschäftsjahr werden die Gebühren 5000 und 5001 des Gebührenverzeichnisses in der vor dem 1. Januar 2007 geltenden Fassung erhoben, auch wenn die Unterlagen erst nach dem 31. Dezember 2006 zum Handelsregister eingereicht werden.

### Schlussformel

Der Bundesrat hat zugestimmt.

HRegGebV

**Anlage (zu § 1)**

### Gebührenverzeichnis

| Nr. | Gebührentatbestand | Gebührenbetrag |
| --- | --- | --- |

### Teil 1
### Eintragungen in das Handelsregister Abteilung A
### und das Partnerschaftsregister

*Vorbemerkung 1:*

(1) Für Eintragungen, die juristische Personen (§ 33 HGB) und Europäische wirtschaftliche Interessenvereinigungen betreffen, bestimmen sich die Gebühren nach den für Eintragungen bei Gesellschaften mit bis zu 3 eingetragenen Gesellschaftern geltenden Vorschriften. Hinsichtlich der Gebühren für Eintragungen, die Zweigniederlassungen eines Unternehmens mit Hauptniederlassung oder Sitz im Ausland betreffen, bleibt der Umstand, dass es sich um eine Zweigniederlassung handelt, unberücksichtigt; die allgemein für inländische Unternehmen geltenden Vorschriften sind anzuwenden.

(2) Wird die Hauptniederlassung oder der Sitz in den Bezirk eines anderen Gerichts verlegt, wird für die Eintragung im Register der bisherigen Hauptniederlassung oder des bisherigen Sitzes keine Gebühr erhoben.

(3) Für Eintragungen, die Prokuren betreffen, sind ausschließlich Gebühren nach Teil 4 zu erheben.

(4) Für die Eintragung des Erlöschens der Firma oder des Namens sowie des Schlusses der Abwicklung einer Europäischen wirtschaftlichen Interessenvereinigung werden keine Gebühren erhoben; die Gebühren in Abschnitt 4 bleiben unberührt.

### Abschnitt 1
### Ersteintragung

Eintragung – außer aufgrund einer Umwandlung nach dem UmwG –

| | | |
| --- | --- | --- |
| 1100 | – eines Einzelkaufmanns . . . . . . . . . . . . . . . . . | 70,00 € |
| 1101 | – einer Gesellschaft mit bis zu 3 einzutragenden Gesellschaftern oder einer Partnerschaft mit bis zu 3 einzutragenden Partnern . . . . . . . . . . . . . . . | 100,00 € |
| 1102 | – einer Gesellschaft mit mehr als 3 einzutragenden Gesellschaftern oder einer Partnerschaft mit mehr als 3 einzutragenden Partnern: | |
| | Die Gebühr 1101 erhöht sich für jeden weiteren einzutragenden Gesellschafter oder jeden weiteren einzutragenden Partner um . . . . . . . . . . . . . . | 40,00 € |

Eintragung aufgrund einer Umwandlung nach dem UmwG

| | | |
| --- | --- | --- |
| 1103 | – eines Einzelkaufmanns . . . . . . . . . . . . . . . . . | 150,00 € |
| 1104 | – einer Gesellschaft mit bis zu 3 einzutragenden Gesellschaftern oder einer Partnerschaft mit bis zu 3 einzutragenden Partnern . . . . . . . . . . . . . . . | 180,00 € |
| 1105 | – einer Gesellschaft mit mehr als 3 einzutragenden Gesellschaftern oder einer Partnerschaft mit mehr als 3 einzutragenden Partnern: | |

| Nr. | Gebührentatbestand | Gebührenbetrag |
|-----|--------------------|----------------|

Die Gebühr 1104 erhöht sich für jeden weiteren einzutragenden Gesellschafter oder für jeden weiteren
einzutragenden Partner um . . . . . . . . . . . . . . . .        70,00 €

*Abschnitt 2*
*Errichtung einer Zweigniederlassung*

1200    Eintragung einer Zweigniederlassung . . . . . . . . . . . .        40,00 €

*Abschnitt 3*
*Verlegung der Hauptniederlassung oder des Sitzes*

*Vorbemerkung 1.3:*

Gebühren nach diesem Abschnitt sind nicht zu erheben, wenn das bisherige Gericht zuständig
bleibt; Abschnitt 5 bleibt unberührt.

Eintragung bei dem Gericht, in dessen Bezirk die Hauptniederlassung oder der Sitz verlegt worden ist, bei

1300    – einem Einzelkaufmann . . . . . . . . . . . . . . . . . .        60,00 €

1301    – einer Gesellschaft mit bis zu 3 eingetragenen Ge-
          sellschaftern oder einer Partnerschaft mit bis zu 3
          eingetragenen Partnern . . . . . . . . . . . . . . . . .        80,00 €

– einer Gesellschaft mit mehr als 3 eingetragenen
  Gesellschaftern oder einer Partnerschaft mit mehr
  als 3 eingetragenen Partnern:

1302    – – Die Gebühr 1301 erhöht sich für jeden weiteren
          eingetragenen Gesellschafter oder für jeden wei-
          teren eingetragenen Partner bis einschließlich
          zur 100. eingetragenen Person um . . . . . . . . . .        40,00 €

1303    – – Die Gebühr 1301 erhöht sich für jeden weiteren
          eingetragenen Gesellschafter oder für jeden wei-
          teren eingetragenen Partner ab der 101. einge-
          tragenen Person um . . . . . . . . . . . . . . . . . .        10,00 €

*Abschnitt 4*
*Umwandlung nach dem Umwandlungsgesetz*

Eintragung einer Umwandlung nach dem UmwG

1400    – in das Register des übertragenden oder formwech-
          selnden Rechtsträgers . . . . . . . . . . . . . . . . .        180,00 €

1401    – in das Register des übernehmenden Rechtsträgers . . .        180,00 €

Für Eintragungen über den Eintritt der Wirksamkeit werden keine besonderen Gebühren erhoben.

*Abschnitt 5*
*Sonstige spätere Eintragung*

*Vorbemerkung 1.5:*

Gebühren nach diesem Abschnitt werden nur für Eintragungen erhoben, für die Gebühren nach
den Abschnitten 1 bis 4 nicht zu erheben sind.

| Nr. | Gebührentatbestand | Gebührenbetrag |
|---|---|---|
| | Eintragung einer Tatsache bei | |
| 1500 | – einem Einzelkaufmann . . . . . . . . . . . . . . . . . . . . | 40,00 € |
| 1501 | – einer Gesellschaft mit bis zu 50 eingetragenen Gesellschaftern oder einer Partnerschaft mit bis zu 50 eingetragenen Partnern . . . . . . . . . . . . . . . . . | 60,00 € |
| 1502 | – einer Gesellschaft mit mehr als 50 eingetragenen Gesellschaftern oder einer Partnerschaft mit mehr als 50 eingetragenen Partnern . . . . . . . . . . . . . . . | 70,00 € |
| 1503 | Eintragung der zweiten und jeder weiteren Tatsache aufgrund derselben Anmeldung: | |
| | Die Gebühren 1500 bis 1502 betragen jeweils . . . . . . . . | 30,00 € |
| | Tatsachen ohne wirtschaftliche Bedeutung sind nicht als erste Tatsache zu behandeln. | |
| 1504 | Die Eintragung betrifft eine Tatsache ohne wirtschaftliche Bedeutung: | |
| | Die Gebühren 1500 bis 1502 betragen . . . . . . . . . . . | 30,00 € |

## Teil 2
## Eintragungen in das Handelsregister Abteilung B

*Vorbemerkung 2:*

(1) Hinsichtlich der Gebühren für Eintragungen, die Zweigniederlassungen eines Unternehmens mit Sitz im Ausland betreffen, bleibt der Umstand, dass es sich um eine Zweigniederlassung handelt, unberücksichtigt; die allgemein für inländische Unternehmen geltenden Vorschriften sind anzuwenden.

(2) Wird der Sitz in den Bezirk eines anderen Gerichts verlegt, wird für die Eintragung im Register des bisherigen Sitzes keine Gebühr erhoben.

(3) Für Eintragungen, die Prokuren betreffen, sind ausschließlich Gebühren nach Teil 4 zu erheben.

(4) Für die Eintragung der Löschung der Gesellschaft und des Schlusses der Abwicklung oder der Liquidation werden keine Gebühren erhoben; die Gebühren 2402 und 2403 bleiben unberührt.

### Abschnitt 1
### Ersteintragung

| 2100 | Eintragung einer Gesellschaft mit beschränkter Haftung einschließlich einer Unternehmergesellschaft – außer aufgrund einer Umwandlung nach dem UmwG –. . . | 150,00 € |
|---|---|---|
| 2101 | Es wird mindestens eine Sacheinlage geleistet: | |
| | Die Gebühr 2100 beträgt . . . . . . . . . . . . . . . . . . . | 240,00 € |
| 2102 | Eintragung einer Aktiengesellschaft, einer Kommanditgesellschaft auf Aktien oder eines Versicherungsvereins auf Gegenseitigkeit – außer aufgrund einer Umwandlung nach dem UmwG – . . . . . . . . . . . . . . | 300,00 € |
| 2103 | Es wird mindestens eine Sacheinlage geleistet: | |
| | Die Gebühr 2102 beträgt . . . . . . . . . . . . . . . . . . . | 360,00 € |

| Nr. | Gebührentatbestand | Gebührenbetrag |
|---|---|---|
| | Eintragung aufgrund einer Umwandlung nach dem UmwG | |
| 2104 | – einer Gesellschaft mit beschränkter Haftung . . . . . . . . | 260,00 € |
| 2105 | – einer Aktiengesellschaft oder einer Kommanditge-<br>sellschaft auf Aktien . . . . . . . . . . . . . . . . . . . . | 660,00 € |
| 2106 | – eines Versicherungsvereins auf Gegenseitigkeit . . . . . . | 460,00 € |

*Abschnitt 2*
*Errichtung einer Zweigniederlassung*

| 2200 | Eintragung einer Zweigniederlassung . . . . . . . . . . . . | 120,00 € |
|---|---|---|

*Abschnitt 3*
*Verlegung des Sitzes*

| 2300 | Eintragung bei dem Gericht, in dessen Bezirk der<br>Sitz verlegt worden ist . . . . . . . . . . . . . . . . . . . . | 140,00 € |
|---|---|---|
| | Die Gebühr wird nicht erhoben, wenn das bisherige<br>Gericht zuständig bleibt; Abschnitt 5 bleibt unberührt. | |

*Abschnitt 4*
*Besondere spätere Eintragung*

| | Eintragung | |
|---|---|---|
| 2400 | – der Nachgründung einer Aktiengesellschaft oder<br>des Beschlusses der Hauptversammlung einer Ak-<br>tiengesellschaft oder einer Kommanditgesellschaft<br>auf Aktien über Maßnahmen der Kapitalbeschaf-<br>fung oder der Kapitalherabsetzung oder der Durch-<br>führung der Kapitalerhöhung . . . . . . . . . . . . . . . . | 270,00 € |
| 2401 | – der Erhöhung des Stammkapitals durch Sacheinla-<br>ge oder der Erhöhung des Stammkapitals zum<br>Zwecke der Umwandlung nach dem UmwG . . . . . . . . | 210,00 € |
| | Eintragung einer Umwandlung nach dem UmwG | |
| 2402 | – in das Register des übertragenden oder formwech-<br>selnden Rechtsträgers . . . . . . . . . . . . . . . . . . . | 240,00 € |
| 2403 | – in das Register des übernehmenden Rechtsträgers . . . | 240,00 € |
| | Für Eintragungen über den Eintritt der Wirksamkeit<br>werden keine besonderen Gebühren erhoben. | |
| 2404 | Eintragung der Eingliederung oder des Endes der<br>Eingliederung einer Aktiengesellschaft . . . . . . . . . . . | 210,00 € |
| 2405 | Eintragung des Übertragungsbeschlusses im Fall<br>des Ausschlusses von Minderheitsaktionären (§ 327e AktG) | 210,00 € |

HRegGebV

| Nr. | Gebührentatbestand | Gebührenbetrag |
|---|---|---|

### Abschnitt 5
### Sonstige spätere Eintragung

*Vorbemerkung 2.5:*

Gebühren nach diesem Abschnitt werden nur für Eintragungen erhoben, für die Gebühren nach den Abschnitten 1 bis 4 nicht zu erheben sind.

| | | |
|---|---|---|
| 2500 | Eintragung einer Tatsache . . . . . . . . . . . . . . . . . . | 70,00 € |
| 2501 | Eintragung der zweiten und jeder weiteren Tatsache aufgrund derselben Anmeldung: | |
| | Die Gebühr 2500 beträgt jeweils . . . . . . . . . . . . . . . | 40,00 € |
| | Tatsachen ohne wirtschaftliche Bedeutung sind nicht als erste Tatsache zu behandeln. | |
| 2502 | Die Eintragung betrifft eine Tatsache ohne wirtschaftliche Bedeutung: | |
| | Die Gebühren 2500 und 2501 betragen . . . . . . . . . . . | 30,00 € |

### Teil 3
### Eintragungen in das Genossenschaftsregister

*Vorbemerkung 3:*

(1) Hinsichtlich der Gebühren für Eintragungen, die Zweigniederlassungen einer Europäischen Genossenschaft mit Sitz im Ausland betreffen, bleibt der Umstand, dass es sich um eine Zweigniederlassung handelt, unberücksichtigt; die allgemein für inländische Genossenschaften geltenden Vorschriften sind anzuwenden.

(2) Wird der Sitz in den Bezirk eines anderen Gerichts verlegt, wird für die Eintragung im Register des bisherigen Sitzes keine Gebühr erhoben.

(3) Für Eintragungen, die Prokuren betreffen, sind ausschließlich Gebühren nach Teil 4 zu erheben.

(4) Für die Eintragung des Erlöschens der Genossenschaft werden keine Gebühren erhoben; die Gebühren in Abschnitt 4 bleiben unberührt.

### Abschnitt 1
### Ersteintragung

| | Eintragung | |
|---|---|---|
| 3100 | – außer aufgrund einer Umwandlung nach dem UmwG . . | 210,00 € |
| 3101 | – aufgrund einer Umwandlung nach dem UmwG . . . . . . | 360,00 € |

### Abschnitt 2
### Errichtung einer Zweigniederlassung

| | | |
|---|---|---|
| 3200 | Eintragung einer Zweigniederlassung . . . . . . . . . . . . | 60,00 € |

### Abschnitt 3
### Verlegung des Sitzes

| | | |
|---|---|---|
| 3300 | Eintragung bei dem Gericht, in dessen Bezirk der Sitz verlegt worden ist . . . . . . . . . . . . . . . . . . . . | 210,00 € |
| | Die Gebühr wird nicht erhoben, wenn das bisherige Gericht zuständig bleibt; Abschnitt 5 bleibt unberührt. | |

| Nr. | Gebührentatbestand | Gebührenbetrag |
|-----|--------------------|----------------|

*Abschnitt 4*
*Umwandlung nach dem Umwandlungsgesetz*

Eintragung einer Umwandlung nach dem UmwG

| | | |
|---|---|---|
| 3400 | – in das Register des übertragenden oder formwechselnden Rechtsträgers . . . . . . . . . . . . . . . . . . | 300,00 € |
| 3401 | – in das Register des übernehmenden Rechtsträgers . . . | 300,00 € |

Für Eintragungen über den Eintritt der Wirksamkeit werden keine besonderen Gebühren erhoben.

*Abschnitt 5*
*Sonstige spätere Eintragung*

**Vorbemerkung 3.5:**

Gebühren nach diesem Abschnitt werden nur für Eintragungen erhoben, für die Gebühren nach den Abschnitten 1 bis 4 nicht zu erheben sind.

| | | |
|---|---|---|
| 3500 | Eintragung einer Tatsache . . . . . . . . . . . . . . . . . | 110,00 € |
| 3501 | Eintragung der zweiten und jeder weiteren Tatsache aufgrund derselben Anmeldung: | |
| | Die Gebühr 3500 beträgt jeweils . . . . . . . . . . . . . | 60,00 € |
| | Tatsachen ohne wirtschaftliche Bedeutung sind nicht als erste Tatsache zu behandeln. | |
| 3502 | Die Eintragung betrifft eine Tatsache ohne wirtschaftliche Bedeutung: | |
| | Die Gebühren 3500 und 3501 betragen . . . . . . . . . . | 30,00 € |

**Teil 4**
**Prokuren**

| | | |
|---|---|---|
| 4000 | Eintragung einer Prokura, Eintragung von Änderungen oder der Löschung einer Prokura . . . . . . . . . . . | 40,00 € |
| 4001 | Die Eintragungen aufgrund derselben Anmeldung betreffen mehrere Prokuren: | |
| | Die Gebühr 4000 beträgt für die zweite und jede weitere Prokura jeweils . . . . . . . . . . . . . . . . . . . . . | 30,00 € |
| | Eine Prokura, wegen der die Gebühr 4002 erhoben wird, ist nicht als erste Prokura zu behandeln. | |
| 4002 | Die Eintragung betrifft ausschließlich eine Tatsache ohne wirtschaftliche Bedeutung: | |
| | Die Gebühr 4000 beträgt . . . . . . . . . . . . . . . . . | 30,00 € |

**Teil 5**
**Weitere Geschäfte**

**Vorbemerkung 5:**

Mit den Gebühren 5000 bis 5006 wird auch der Aufwand für die Prüfung und Aufbewahrung der genannten Unterlagen abgegolten.

HRegGebV

| Nr. | Gebührentatbestand | Gebührenbetrag |
|-----|--------------------|----------------|

Entgegennahme

5000 – der Bescheinigung des Prüfungsverbands (§ 59
Abs. 1 GenG) . . . . . . . . . . . . . . . . . . . . . . . . .    30,00 €

5001 – der Bekanntmachung der Eröffnungsbilanz durch
die Liquidatoren (§ 89 Satz 3 GenG) . . . . . . . . . . .    30,00 €

5002 – der Liste der Gesellschafter (§ 40 GmbHG) . . . . . . .    30,00 €

5003 – der Liste der Mitglieder des Aufsichtsrats einschließlich der Bekanntmachung über die Einrei-
chung (§ 52 Abs. 3 Satz 2 GmbHG, § 106 AktG) . . . . . .    40,00 €

5004 – der Mitteilung über den alleinigen Aktionär (§ 42 AktG) . .    40,00 €

5005 – des Protokolls der Hauptversammlung (§ 130
Abs. 5 AktG) . . . . . . . . . . . . . . . . . . . . . . . . .    50,00 €

5006 – von Verträgen, eines Verschmelzungsplans oder
von entsprechenden Entwürfen nach dem UmwG . . . . .    50,00 €

5007 Übertragung von Schriftstücken in ein elektronisches
Dokument (§ 9 Abs. 2 HGB und Artikel 61 Abs. 3
EGHGB):

für jede angefangene Seite . . . . . . . . . . . . . . . . . .     2,00 €

Die Gebühr wird für die Dokumente jedes Register-
blatts gesondert erhoben. Mit der Gebühr wird auch
die einmalige elektronische Übermittlung der Doku-    – mindestens
mente an den Antragsteller abgegolten.    25,00 €

# B. Gebühren- und Geschäftswert-ABC
## (Stand: 30.8.2015)

| Gebührentatbestand | Geschäftswert | Gebührensatz |
|---|---|---|
| **Abtretung** | | |
| – von GmbH-Geschäftsanteilen: siehe bei GmbH | | |
| – von Grundpfandrechten: siehe bei Grundpfandrecht | | |
| – von Kommanditanteilen: siehe bei Kommanditgesellschaft | | |
| **Abtretungsanzeige** (an Grundpfandrechtsgläubiger über Abtretung der Darlehensauszahlungsansprüche des Käufers an Verkäufer) | Geschäftswert des zugrundeliegenden Kaufvertrags (§ 113 Abs. 1). | 0,5 Gebühr (Nr. 22200 Anm. Nr. 5 KV). Die Betreuungsgebühr Nr. 22200 KV fällt pro Verfahren (Urkunde) grds. nur einmal an, § 93 Abs. 1 S. 1. |
| **Aktiengesellschaft** | | |
| – Gründungsvertrag | Betrag des Grundkapitals oder höherer Ausgabewert der Aktien; aber Wert der Einlagen, falls diese höher sind (§ 97 Abs. 1). Ein genehmigtes Kapital (§ 202 Abs. 1 AktG) ist hinzuzurechnen. Höchstwert 10 Mio. EUR (§ 107 Abs. 1 S. 1). | 2,0 Gebühr, mind. 120 EUR (Nr. 21100 KV). |
| – Gründungsvertrag (Satzung) bei Ein-Personen-Aktiengesellschaft | Wie oben. | 1,0 Gebühr, mind. 60 EUR (Nr. 21200 KV). |
| – Beschluss über Bestellung des Aufsichtsrates und der Abschlussprüfer | 1 % des Grundkapitals, mindestens 30.000 EUR, höchstens 5 Mio. EUR (§ 108 Abs. 1 S. 1, Abs. 4 i.V.m. § 105 Abs. 4 Nr. 1). | 2,0 Gebühr, mind. 120 EUR (Nr. 21100 KV). |
| – Anmeldung zum Handelsregister (Entwurf mit Unterschriftsbeglaubigung) | Einzutragendes Grundkapital. Ein in der Satzung bestimmtes genehmigtes Kapital ist dem Grundkapital hinzuzurechnen (§ 105 Abs. 1 S. 1 Nr. 1). Höchstwert 1 Mio. EUR (§ 106). | 0,5 Gebühr, mind. 30 EUR (Nr. 24102 KV i.V.m. Nr. 21201 Nr. 5 KV i.V.m. § 92 Abs. 2). |
| – Gründungsprüfung durch Notar | Summe aller Einlagen, höchstens 10 Mio. EUR (§ 123). | 1,0 Gebühr, mindestens 1.000 EUR (Nr. 25206 KV). |
| – Entwurf Protokoll des Gründungsberichts der Gründer, des Gründungsprüfungsberichts des Vorstandes | Je nach Art und Umfang 10 bis 50 % des Ausgangswertes (§ 36 Abs. 1). | Je 1,0 Gebühr, mind. 60 EUR (Nr. 21200 KV i.V.m. Nr. 24201 KV i.V.m. § 92 Abs. 2). |

Gebühren-/
Geschäftswert-ABC

| Gebührentatbestand | Geschäftswert | Gebührensatz |
|---|---|---|
| – Beurkundung von Beschlüssen anlässlich einer Hauptversammlung | Wert der Beschlüsse, höchstens 5 Mio. EUR (§ 108 Abs. 1).<br><br>Hat ein Beschluss einen unbestimmten Geldwert, so beträgt der Geschäftswert 1 % des Grundkapitals, mindestens 30.000 EUR (§§ 108 Abs. 1 S. 1 i.V.m. § 105 Abs. 4 Nr. 1). Für mehrere Beschlüsse ist § 109 Abs. 2 S. 1 Nr. 4. S. 2 zu beachten. Die dort nicht aufgeführten Beschlüsse sind ein verschiedener Beurkundungsgegenstand nach § 86 Abs. 2, ihre Werte sind also gem. § 35 Abs. 1 zu addieren.<br><br>Hat ein Beschluss einen bestimmten Geldwert, so beträgt der Wert mindestens 30.000 EUR (§ 108 Abs. 1 S. 2 i.V.m. § 105 Abs. 1 S. 2). | 2,0 Gebühr (Nr. 21100 KV, mind. 120 EUR). |
| **Änderung beurkundeter Erklärungen** (Nachtrag) | Wert der Veränderungen des Rechtsverhältnisses, höchstens Wert des Rechtsverhältnisses (auch bei mehreren Änderungen, § 97 Abs. 2).<br><br>Bei unbestimmtem Wert ist der Geschäftswert nach billigem Ermessen zu bestimmen (§ 36 Abs. 1).<br><br>Wenn die Änderung selbst einen bestimmten Geldwert hat, so ist dieser maßgebend (§§ 36 Abs. 1, 97 Abs. 1). | Dieselbe Gebühr, die auch für die Beurkundung der geänderten Erklärung angefallen ist, bei Änderung eines Vertrags also 2,0, mind. 120 EUR (Nr. 21100 KV). |
| **Angebot zum Vertragsabschluss** | Wert gleich dem des abzuschließenden Vertrages; beim Kaufangebot also § 47. | 2,0 Gebühr, mind. 120 EUR (Nr. 21100 KV). Handelt es sich um ein nicht beurkundungspflichtiges Rechtsgeschäft, so fällt lediglich 1,0 Gebühr nach Nr. 21200 KV an, mind. 60 EUR. |
| **Ankaufsrecht** | Der Wert eines Ankaufsrechts ist der Wert des Gegenstands, auf den sich das Recht bezieht (§ 51 Abs. 1 S. 1). Ist der so bestimmte Wert nach den besonderen Umständen des Einzelfalls unbillig, kann ein niedrigerer Wert angenommen werden (§ 51 Abs. 3). | 2,0 Gebühr, mind. 120 EUR (Nr. 21100 KV). Dabei ist es gleichgültig, ob das Ankaufrecht als Angebot, aufschiebend bedingter Kaufvertrag oder als Vorvertrag ausgestaltet ist. |
| **Annahme als Kind** (Adoption) |  |  |
| – Antrag des Annehmenden | – Beim minderjährigen Kind: 5.000 EUR (§ 101). | 1,0 Gebühr, mind. 60 EUR (Nr. 21200 KV). |

| Gebührentatbestand | Geschäftswert | Gebührensatz |
|---|---|---|
| | – Beim volljährigen Kind: Der Geschäftswert ist nach billigem Ermessen zu bestimmen, wobei alle Umstände des Einzelfalls, insbesondere des Umfangs und der Bedeutung der Sache und der Vermögens- und Einkommensverhältnisses zu berücksichtigen sind; 1 Mio. EUR darf nicht überschritten werden (§ 36 Abs. 2). | |
| – Zustimmung zur Annahme als Kind in gesonderter Urkunde | Wie oben. | 0,5 Gebühr, mind. 30 EUR (Nr. 21201 Nr. 8 KV). |
| – Beschaffung Personenstandsurkunden für das Familiengericht durch den Notar | 5.000 EUR (Wert des Beurkundungsverfahrens, § 112 S. 1). | 0,3 Vollzugsgebühr (Nr. 22111 KV), höchstens jedoch 50 EUR pro eingeholter Urkunde (Nr. 22112 KV i.V.m. Vorbem. 2.2.1.1 Abs. 1 S. 2 Nr. 1 KV). |
| **Annahme eines Vertragsangebotes** | Wert gleich dem des abzuschließenden Vertrages; bei der Annahme eines Kaufangebots also § 47. | 0,5 Gebühr, mind. 30 EUR (Nr. 21101 Nr. 1 KV). |
| – mit Zwangsvollstreckungsunterwerfung (etwa bei Annahme durch Käufer) | Annahmeerklärung und Zwangsvollstreckungsunterwerfung sind derselbe Beurkundungsgegenstand (§ 109 Abs. 1 S. 4 Nr. 4). | 1,0 Gebühr, mind. 60 EUR (Nr. 21200 KV). Maßgebend ist der höchste Gebührensatz (§ 94 Abs. 2 S. 1). |
| **Anwaltsvergleich** | | |
| – Verfahren auf Vollstreckbarerklärung | Ohne Wert. | 60 EUR (Nr. 23800 KV). |
| – Erteilung einer vollstreckbaren Ausfertigung | | In der Regel gebührenfrei, es sei denn, die Voraussetzungen der Nr. 23803 KV liegen vor. |
| **Apostille** | Ohne Wert. | 25 EUR (Nr. 25207 KV). |
| **Aufhebung eines Vertrages** | Wert des aufgehobenen Vertrages zzt. der Aufhebung (§§ 97 Abs. 1, 96). | 1,0 Gebühr, mind. 60 EUR (Nr. 21102 Nr. 2 KV). |
| **Auflassung** | | |
| – Wenn derselbe Notar das zugrundeliegende Rechtsgeschäft beurkundet hat | Der Geschäftswert ist wie bei der Beurkundung des Grundgeschäfts zu bestimmen (z.B. bei Kauf nach § 47). | 0,5 Gebühr, mind. 30 EUR (Nr. 21101 Nr. 2 KV). |
| – Wenn ein anderer Notar das zugrundeliegende Rechtsgeschäft beurkundet hat | Wie oben. | 1,0 Gebühr, mind. 60 EUR (Nr. 21102 Nr. 1 KV). |

| Gebührentatbestand | Geschäftswert | Gebührensatz |
| --- | --- | --- |
| – Bei Mitbeurkundung mit Grundgeschäft | Wird Auflassung in einer Urkunde mit Grundgeschäft beurkundet, liegt derselbe Beurkundungsgegenstand vor (§ 109 Abs. 1 S. 1, 2). | |
| **Auseinandersetzung** | Auseinandersetzung Gesamthandsgemeinschaft: voller Wert des auseinandergesetzten Vermögens ohne Schuldenabzug (§§ 97 Abs. 1, 38). Aufhebung einer Bruchteilsgemeinschaft: je nach Lage des Falles entweder voller Wert nach § 97 Abs. 1 oder lediglich Wert des höheren der wechselseitig übertragenen Miteigentumsanteile gem. § 97 Abs. 3. | 2,0 Gebühr, mind. 120 EUR (Nr. 21100 KV). |
| **Ausschlagung der Erbschaft** | Wert des betroffenen Vermögens oder des betroffenen Bruchteils nach Abzug der Verbindlichkeiten zum Zeitpunkt der Beurkundung (§ 103). Bei einem überschuldeten Nachlass ist von einem Wert 0 auszugehen. | Bei Beurkundung oder Entwurf mit Unterschriftsbeglaubigung: 0,5 Gebühr, mind. 30 EUR (Nr. 21201 Nr. 7 KV i.V.m. Nr. 24102 KV i.V.m. § 92 Abs. 2). Bei reiner UB: 0,2 Gebühr, mind. 20 EUR, höchstens 70 EUR (Nr. 25100 KV). |
| **Ausschluss der Auseinandersetzung einer Bruchteilsgemeinschaft:** siehe Gemeinschaftsaufhebungsverbot | | |
| **Auswärtstätigkeit** | | 50 EUR für jede angefangene halbe Stunde der Abwesenheit (Nr. 26002 KV). Nimmt der Notar mehrere Geschäfte vor, so entsteht die Gebühr nur einmal; sie ist dann auf die einzelnen Geschäfte unter Berücksichtigung der für jedes Geschäft aufgewandten Zeit angemessen zu verteilen (Abs. 1 der Anm. zu Nr. 26002 KV). Neben dieser Gebühr wird kein Tages- und Abwesenheitsgeld nach Nr. 32008 KV erhoben (Abs. 3 der Anm. zu Nr. 26002 KV). Betrifft die Auswärtstätigkeit ausschließlich eine Verfügung von Todes wegen oder eine Vorsorgeverfügung, so beschränkt sich die Auswärtsgebühr auf 50 EUR (Nr. 26003 KV). |

| Gebührentatbestand | Geschäftswert | Gebührensatz |
|---|---|---|
| **Beglaubigung von Ablichtungen und Ausdrucken** | Ohne Wert. | 1 EUR für jede angefangene Seite, mind. 10 EUR (Nr. 25102 KV). Neben der Gebühr wird keine Dokumentenpauschale erhoben (Abs. 1 der Anm. zu Nr. 25102 KV). Die Gebühr wird nicht erhoben für die Erteilung beglaubigter Kopien oder Ausdrucke der vom Notar aufgenommenen oder entworfenen oder in Urschrift in seiner dauernden Verwahrung befindlichen Urkunden (Abs. 2 Nr. 1 der Anm. zu Nr. 25102 KV). Des Weiteren wird die Gebühr nicht erhoben für die Erteilung beglaubigter Kopien vorgelegter Vollmachten und Ausweise über die Berechtigung eines gesetzlichen Vertreters, die der vom Notar gefertigten Niederschrift gem. § 12 BeurkG beizulegen sind (Abs. 2 Nr. 2 der Anm. zu Nr. 25102 KV). Einer Kopie steht ein in ein elektronisches Dokument übertragenes Schriftstück gleich (Abs. 3 der Anm. zu Nr. 25102). |
| **Beglaubigung einer Unterschrift oder eines Handzeichens** | Der Geschäftswert bestimmt sich nach den für die Beurkundung geltenden Vorschriften (§ 121). | 0,2 Gebühr, mind. 20 EUR, höchstens 70 EUR (Nr. 25100 KV). Findet die Beglaubigung unter einem vom Notar gefertigten Entwurf statt, und erfolgt sie demnächst, so entsteht neben der Entwurfsgebühr für die erstmaligen Beglaubigungen, die an ein- und demselben Tag erfolgen, keine Beglaubigungsgebühren (Abs. 1 der Anm. zu Nr. 25100 KV i.V.m. Vorbem. 2.4.1 Abs. 2 KV). Mit der Gebühr ist die Beglaubigung mehrerer Unterschriften oder Handzeichen abgegolten, wenn diese in einem einzigen Vermerk erfolgt (Abs. 2 der Anm. zu Nr. 25100 KV). Die Beglaubigungsgebühr beträgt jedoch lediglich 20 EUR gem. Nr. 25101 KV, wenn die Beglaubigung betrifft: eine Erklärung, für die nach den Staatsschuldbuchgesetzen eine öffentliche Beglaubigung vorgeschrieben ist, oder eine Zustimmung gem. § 27 GBO sowie einen damit verbundenen |

| Gebührentatbestand | Geschäftswert | Gebührensatz |
|---|---|---|
| | | Löschungsantrag gem. § 13 GBO oder den Nachweis der Verwaltereigenschaft gem. § 26 Abs. 3 WEG. |
| – Versendung an Dritte | Ohne Wert. | 20 EUR (Nr. 22124 KV). |
| – Vollzug | Derjenige Wert, der maßgeblich wäre, wenn diese Urkunde Gegenstand eines Beurkundungsverfahrens wäre (§ 112 S. 2). | 1,0 Gebühr für die in Vorbem. 2.2.1.1 Abs. 1 S. 2 KV genannten Tätigkeiten, wenn die Gebühr für ein die Urkunde betreffendes Beurkundungsverfahren 2,0 betragen würde (Nr. 22120 KV). 0,5 Gebühr für die in Vorbem. 2.2.11 Abs. 1 S. 2 KV genannten Tätigkeiten, wenn die Gebühr für ein die Urkunde betreffendes Beurkundungsverfahren weniger als 2,0 betragen würde (Nr. 22121 KV). |
| **Benutzungsregelung unter Miteigentümern (§ 1010 BGB)** | 30 % des von der Beschränkung betroffenen Gegenstands (§ 51 Abs. 2). Ist der so bestimmte Wert nach den besonderen Umständen des Einzelfalls unbillig, kann ein höherer oder ein niedrigerer Wert angenommen werden (§ 51 Abs. 3). | Grds. 2,0 Gebühr nach Nr. 21100 KV, mind. 120 EUR; bei Mitbeurkundung im Kaufvertrag nur einmaliger Gebührenansatz für Kauf und Benutzungsregelung aus zusammengerechnetem Wert (§§ 86 Abs. 2, 35 Abs. 1). |
| **Beratung** | Der Geschäftswert für eine allgemeine Beratung bestimmt sich nach der allgemeinen Geschäftswertvorschrift des § 36. Könnte der Beratungsgegenstand auch Beurkundungsgegenstand sein, wird die Bestimmung nach billigem Ermessen dazu führen, dass der Geschäftswert mit dem im Fall einer Beurkundung identisch ist (Begr. RegE, BT-Drucks 17/11471, S. 230). | 0,3 bis 1,0 Gebühr (Nr. 24200 KV). 0,3 bis 0,5 Gebühr, wenn der Beratungsgegenstand auch Beurkundungsgegenstand sein könnte und die Beurkundungsgebühr 1,0 betragen würde (Nr. 24201 KV). 0,3 Gebühr, wenn der Beratungsgegenstand auch Beurkundungsgegenstand sein könnte und die Beurkundungsgebühr weniger als 1,0 betragen würde (Nr. 24202 KV). Die Beratungsgebühr entsteht nur für eine Beratung, soweit der Beratungsgegenstand nicht Gegenstand eines anderen gebührenpflichtigen Verfahrens oder Geschäfts ist (Abs. 1 der Anm. zu Nr. 24200 KV). Soweit derselbe Gegenstand demnächst Gegenstand eines anderen gebührenpflichtigen Verfahrens oder Geschäfts ist, ist die Beratungsgebühr auf die Gebühr für das andere Verfahren oder Geschäft anzurechnen (Abs. 2 der Anm. zu Nr. 24200 KV). |

| Gebührentatbestand | Geschäftswert | Gebührensatz |
| --- | --- | --- |
| | | Der Notar bestimmt die Gebühr aus dem Rahmen im Einzelfall unter Berücksichtigung des Umfangs der erbrachten Leistung nach billigem Ermessen (§ 92 Abs. 1). |
| Betrifft die Beratung die Vorbereitung oder Durchführung einer Hauptversammlung oder Gesellschafterversammlung, so bemisst sich der Geschäftswert nach der Summe der Geschäftswerte für die Beurkundung der in der Versammlung zu fassenden Beschlüsse; er beträgt aber höchstens 5 Mio. EUR (§ 120). | | 0,5 bis 2,0 Gebühr (Nr. 24203 KV). Die Gebühr entsteht, soweit der Notar die Gesellschaft über die im Rahmen eines Beurkundungsverfahrens bestehenden Amtspflichten hinaus berät (Anm. zu Nr. 24203 KV). |
| | | Der Notar bestimmt die Gebühr aus dem Rahmen im Einzelfall unter Berücksichtigung des Umfangs der erbrachten Leistung nach billigem Ermessen (§ 92 Abs. 1). |
| | | Diese spezielle Beratungsgebühr kann auch neben einer Gebühr für die Beurkundung Haupt- oder Gesellschafterversammlung anfallen. |
| | | Hat die allgemeine Beratung innerhalb eines Beurkundungsverfahrens durch persönliche oder schriftliche Beratung des Notars stattgefunden, und kommt es daraufhin nicht zur Beurkundung wegen vorzeitiger Beendigung des Beurkundungsverfahrens, so erhält der Notar eine Gebühr in Höhe der jeweiligen Beratungsgebühr (Nr. 21301 KV). Hierfür kann auf die vorstehenden Ausführungen zur allgemeinen Beratung verwiesen werden. |
| | | Ein Beratungsauftrag ist nicht erforderlich, vielmehr reicht ein Beurkundungsauftrag aus. |
| | | Vorzeitige Beendigung des Beurkundungsverfahrens liegt vor, wenn vor Unterzeichnung der Niederschrift durch den Notar der Beurkundungsauftrag zurückgenommen oder zurückgewiesen wird oder der Notar feststellt, dass nach seiner Überzeugung mit der beauftragten Beurkundung aus Gründen, die nicht in seiner Person liegen, nicht mehr zu rechnen ist (Vorbem. 2.1.3 Abs. 1 S. 1 KV). Wird das Verfahren länger als 6 Monate nicht mehr betrieben, ist in der Regel nicht mehr mit der Beurkundung zu rechnen (Vorbem. 2.1.3 Abs. 1 S. 2 KV). |

| Gebührentatbestand | Geschäftswert | Gebührensatz |
| --- | --- | --- |
| | | Führt der Notar nach der vorzeitigen Beendigung des Beurkundungsverfahrens demnächst auf der Grundlage der Beratung ein erneutes Beurkundungsverfahren durch, wird die Beratungsgebühr auf die Gebühr für das erneute Beurkundungsverfahren angerechnet (Vorbem. 2.3.1 Abs. 2 KV). |
| **Bescheinigungen** | | |
| – Legitimationsprüfung (Identifizierung) | Hilfswert 5.000 EUR (§ 36 Abs. 3). Grds. bestimmt sich der Geschäftswert bei nichtvermögensrechtlichen Angelegenheiten unter Berücksichtigung aller Umstände des Einzelfalls, insbesondere des Umfangs und der Bedeutung der Sache und der Vermögens- und Einkommensverhältnisse der Beteiligten nach billigem Ermessen; er beträgt höchstens 1 Mio. EUR. | 1,0 Gebühr (Nr. 25104 KV). |
| – Lebensbescheinigung | Wie oben. | 1,0 Gebühr (Nr. 25104 KV). |
| – Gesellschafterliste nach § 40 Abs. 2 S. 2 GmbHG | Der Geschäftswert ist wie bei der Beurkundung zu bestimmen (§ 113 Abs. 1). | 0,5 (Nr. 22200 Anm. Nr. 6 KV). Die Gebühr fällt an, wenn Umstände außerhalb der Urkunde zu prüfen sind. Es ist zu beachten, dass die Betreuungsgebühr Nr. 22200 KV in demselben notariellen Verfahren nur einmal erhoben wird (§ 93 Abs. 1 S. 1). |
| – Rangbescheinigung: siehe gesondertes Hauptstichwort „Rangbescheinigung" | | |
| – Satzungsbescheinigung gem. § 54 GmbHG: siehe bei GmbH | | |
| – Tatsachenbescheinigungen | Wirtschaftliche Bedeutung der Bescheinigung für Antragsteller (§ 36 Abs. 1). | 1,0 Gebühr (Nr. 25104 KV). |
| – Vertretungsbescheinigung | | |
| – nach § 21 Abs. 1 BNotO | Ohne Wert. | 15 EUR für jedes Registerblatt, dessen Einsicht zur Erteilung erforderlich ist (Nr. 25200 KV). |
| – nach § 21 Abs. 3 BNotO | Ohne Wert. | 15 EUR (Nr. 25214 KV). |
| – über Vorlage einer Privaturkunde | Ohne Wert. | 20 EUR (Nr. 25103 KV). |

| Gebührentatbestand | Geschäftswert | Gebührensatz |
|---|---|---|
| **Betreuungsverfügung** | Hilfswert 5.000 EUR (§ 36 Abs. 3). Grds. bestimmt sich der Geschäftswert bei nichtvermögensrechtlichen Angelegenheiten unter Berücksichtigung aller Umstände des Einzelfalls, insbesondere des Umfangs und der Bedeutung der Sache und der Vermögens- und Einkommensverhältnisse der Beteiligten nach billigem Ermessen; er beträgt höchstens 1 Mio. EUR. Bei Zusammenbeurkundung mit Vorsorgevollmacht siehe dort. | 1,0 Gebühr, mind. 60 EUR (Nr. 21200 KV). |
| **Bezugsurkunde:** siehe Verweisungsurkunde | | |
| **Bürgschaft** | | |
| – mit Schuldanerkenntnis – nur Bürgschaft | Wert ist Bürgschaftssumme; Bürgschaft und Schuldanerkenntnis sind derselbe Beurkundungsgegenstand gem. § 109 Abs. 1 S. 1–3. | 1,0 Gebühr, mind. 60 EUR (Nr. 21200 KV). |
| **Dienstbarkeit** | Der Geschäftswert für eine vertraglich bestellte Dienstbarkeit bestimmt sich gem. § 97 Abs. 3 entweder nach der Entschädigungszahlung des Berechtigten oder nach dem höheren Wert der Dienstbarkeit. Dienstbarkeiten werden, gleichgültig ob es sich um Grunddienstbarkeiten oder beschränkte persönliche Dienstbarkeiten handelt, grds. nach § 52 bewertet. Im Einzelfall kann auch die allgemeine Geschäftswertvorschrift des § 36 Abs. 1, 3 heranzuziehen sein. In einem Veräußerungsvertrag bestellte Grunddienstbarkeiten sind ein verschiedener Beurkundungsgegenstand (§ 110 Nr. 2b). Ansonsten gilt: Dienstbarkeiten im Kaufvertrag, die der Käufer dem Verkäufer oder Dritten einräumt, dem Kaufpreis als weitere Leistung gem. § 47 S. 2 hinzuzurechnen, wenn sie nicht Vertragsbedingungen sichern, z.B. Unterlassungsdienstbarkeit, die eine Nutzungsbeschränkung sichert; Dienstbarkeiten im Kaufvertrag, die der | Grds. fällt für die Beurkundung oder für die Entwurfsfertigung mit Unterschriftsbeglaubigung eine 0,5 Gebühr nach Nr. 21201 Nr. 4 KV an, die mind. 30 EUR beträgt (ggf. i.V.m. Nr. 24102 KV i.V.m. § 92 Abs. 2). Gehen die beurkundeten oder entworfenen Erklärungen über die Grundbucherklärungen hinaus, weil sie entweder die sachenrechtliche Einigung oder das zugrunde liegende Verpflichtungsgeschäft enthalten, so fällt eine 2,0 Gebühr an, die mind. 120 EUR beträgt (Nr. 21100 KV). |

| Gebührentatbestand | Geschäftswert | Gebührensatz |
|---|---|---|
| | Verkäufer dem Käufer einräumt, werden dem Kaufpreis nicht hinzugerechnet. | |
| **Dolmetscher:** siehe Fremde Sprache | | |
| **Ehevertrag** | | |
| – Vereinbarung der Gütertrennung oder Gütergemeinschaft | § 100 Abs. 1: Der Geschäftswert ist die Summe der Werte der gegenwärtigen Vermögen beider Ehegatten. Betrifft der Ehevertrag nur das Vermögen eines Ehegatten, ist nur dessen Vermögen maßgebend. Bei Ermittlung des Vermögens werden Verbindlichkeiten abgezogen, jedoch darf die Hälfte des Aktivvermögens nicht unterschritten werden. Verbindlichkeiten eines Ehegatten werden nur von seinem Vermögen abgezogen. § 100 Abs. 2: Betrifft der Ehevertrag nur bestimmte Vermögenswerte, auch wenn sie dem Anfangsvermögen hinzuzurechnen wären, oder bestimmte güterrechtliche Ansprüche, so ist deren Wert, höchstens jedoch der Wert nach § 100 Abs. 1 maßgebend. § 100 Abs. 3: Betrifft der Ehevertrag Vermögenswerte, die noch nicht zum Vermögen des Ehegatten gehören, werden sie mit 30 % ihres Werts berücksichtigt, wenn sie im Ehevertrag konkret bezeichnet sind. | 2,0 Gebühr, mind. 120 EUR (Nr. 21100 KV) |
| – Gütertrennung in Scheidungsvereinbarung | Wie oben. Eine anlässlich der Vermögensauseinandersetzung mitbeurkundete Grundstücksübertragung hat einen verschiedenen Beurkundungsgegenstand (§ 111 Nr. 2). Die übrigen Regelungsgegenstände einer Scheidungsvereinbarung oder eines Ehevertrages (Unterhaltsverzicht, Ausschluss Versorgungsausgleich und dergleichen, s. unten) haben ebenfalls einen verschiedenen Beurkundungsgegenstand nach § 111 Nr. 2. | 2,0 Gebühr, mind. 120 EUR (Nr. 21100 KV). |

| Gebührentatbestand | Geschäftswert | Gebührensatz |
|---|---|---|
| – Modifizierung des gesetzlichen Güterstandes | Grundsätzlich wie nach erstem Anstrich zu bewerten. Beschränkt sich die Modifizierung auf einer Befreiung von den Beschränkungen der §§ 1365, 1369 BGB, so beträgt der Geschäftswert nur 30 % des von der Beschränkung betroffenen Gegenstands (§ 51 Abs. 2). | 2,0 Gebühr, mind. 120 EUR (Nr. 21100 KV). |
| – Vereinbarungen zum Versorgungsausgleich | Schließen die Ehegatten den Versorgungsausgleich aus (vgl. § 6 Abs. 1 S. 1 Nr. 2 VersAusglG), so kann nur bei annähernd gleichen Anwartschaften vom Hilfswert des § 36 Abs. 3 in Höhe von 5.000 EUR ausgegangen werden. Ansonsten ist der Wert zu ermitteln. | Grds. 2,0 Gebühr, mind. 120 EUR, nach Nr. 21100 KV bei gesonderter Beurkundung; bei Mitbeurkundung in Ehevertrag oder Scheidungsvereinbarung ist jedoch für den ganzen Vertrag die 2,0 Gebühr nach Nr. 21100 KV nur einmal anzusetzen, jedoch aus dem zusammengerechneten Wert (§ 35 Abs. 1). |
| – Gegenseitiger Unterhaltsverzicht | Es liegt ein Austauschvertrag i.S.d. § 97 Abs. 3 vor, angesetzt werden darf daher nur der höchste der beiden Verzichte. Die Berechnung erfolgt nach § 52 Abs. 2, 6. Bei der Bewertung des Jahresbetrages kommt es darauf an, ob sich der Verzicht auf sichere oder auf nur mögliche Unterhaltsansprüche bezieht; Letztere sind unter Berücksichtigung des Eintritts der Unterhaltspflicht und der denkbaren Unterhaltshöhe nach § 36 Abs. 1, 3 zu schätzen. | Wie vor. |
| – Vereinbarungen zum Kindesunterhalt | Maßgeblich ist § 52 Abs. 2, 6. Die Berechnung erfolgt für jedes Kind gesondert. | Wie vor. |
| – Gegenseitiger Erb- und Pflichtteilsverzicht | Es liegt ein Austauschvertrag i.S.d. § 97 Abs. 3 vor, angesetzt werden darf daher nur der höchste der beiden Verzichte. Zur Bewertung des Erb- und Pflichtteilsverzicht siehe in dieser Übersicht unter den eigenständigen Schlagwörtern. | Wie vor. |
| – Gemeinsames Scheidungsbegehren | Hilfswert 5.000 EUR (§ 36 Abs. 3). Grds. bestimmt sich der Geschäftswert bei nichtvermögensrechtlichen Angelegenheiten unter Berücksichtigung aller Umstände des Einzelfalls, insbesondere des Umfangs und der Bedeutung der Sache und der | Wie vor. |

| Gebührentatbestand | Geschäftswert | Gebührensatz |
|---|---|---|
| | Vermögens- und Einkommensverhältnisse der Beteiligten nach billigem Ermessen; er beträgt höchstens 1 Mio. EUR. | |
| – Regelung der elterlichen Sorge | Wie vor. | Wie vor. |
| – Regelung zum Umgangsrecht | Wie vor. | Wie vor. |
| – Regelung über die Teilung des Hausrates | Bei konkreter Verteilungsregelung ist der Wert des Hausrats gem. § 97 Abs. 1 maßgebend. Ggfs. ist nach § 36 Abs. 1, 3 zu schätzen. Eine feststellende Erklärung, dass der Hausrat bereits geteilt ist, führt nicht zu einem Geschäftswertansatz 0, sondern ist wegen des Interesses an der Klarstellung gem. § 36 Abs. 3 mit höchstens 5.000 EUR zu bewerten (Zu § 30 Abs. 1, 2 KostO: OLG Hamm JurBüro 2011, 92 = ZNotP 2011, 317). | Wie vor. |
| – Vereinbarung über Ehewohnung | Wertermittlung nach §§ 99 Abs. 1, 36 Abs. 1. | Wie vor. |
| – Alleinige Übernahme der gesamten Scheidungskosten durch einen Ehegatten | Hälfte der Scheidungskosten (§ 97 Abs. 1). | Wie vor. |
| – Rechtswahl | Bei der Beurkundung einer Rechtswahl, die die allgemeinen oder güterrechtlichen Wirkungen der Ehe betrifft, beträgt der Geschäftswert 30 % des Werts, der sich in entsprechender Anwendung des § 100 ergibt (§ 104 Abs. 1). Zur Anwendung des § 100 s. erster Anstrich. Bei der Beurkundung einer Rechtswahl in sonstigen Fällen beträgt der Geschäftswert 30 % des Geschäftswerts für die Beurkundung des Rechtsgeschäfts, für das die Rechtswahl bestimmt ist. Die Rechtswahl ist stets ein besonderer Beurkundungsgegenstand (§ 111 Nr. 4). | Wie vor. |

**Eidesstattliche Versicherung**

| | | |
|---|---|---|
| – Allgemein | Wirtschaftliche Bedeutung der Sache für den Antragsteller (§ 36 Abs. 1); fehlt ein Anhaltspunkt für eine Schätzung, kommt Hilfswert nach § 36 Abs. 3 i.H.v. 5.000 EUR in Betracht. | 1,0 Gebühr (Nr. 23300 KV). Die mit der Tätigkeit verbundene Niederschrift wird durch die Gebühr mit abgegolten (Vorbem. 2.3 S. 1 KV). |

| Gebührentatbestand | Geschäftswert | Gebührensatz |
|---|---|---|
| | | Erledigt sich das Verfahren vorzeitig, so ermäßigt sich die Gebühr auf 0,3 (Nr. 23301 KV). |
| – in Erbscheinsanträgen oder Anträgen auf Erteilung eines Europäischen Nachlasszeugnisses | Wert des Nachlasses im Zeitpunkt des Erbfalls; vom Erblasser herrührende Verbindlichkeiten werden abgezogen (§ 40 Abs. 1 S. 1, 2). Ist in dem Erbschein lediglich die Hoferbfolge zu bescheinigen, ist Geschäftswert der Wert des Hofs; abweichend von § 40 S. 2 werden nur die auf dem Hof lastenden Verbindlichkeiten mit Ausnahme der Hypotheken, Grund- und Rentenschulden (§ 15 Abs. 2 der Höfeordnung) abgezogen (§ 40 Abs. 1 S. 3, 4). Geht es nur um das Erbrecht eines Miterben, bestimmt sich der Geschäftswert nur nach dem Anteil dieses Miterben (§ 40 Abs. 2 S. 1). Entsprechendes gilt, wenn ein weiterer Miterbe einer bereits beurkundeten eidesstattlichen Versicherung beitritt (§ 40 Abs. 2 S. 2). Erstrecken sich die Wirkungen eines Erbscheins nur auf einen Teil des Nachlasses, bleiben diejenigen Gegenstände, die von der Erbscheinswirkung nicht erfasst werden, bei der Berechnung des Geschäftswerts außer Betracht; Nachlassverbindlichkeiten werden nicht abgezogen (§ 40 Abs. 3 S. 1). Macht der Kostenschuldner glaubhaft, dass der Geschäftswert nach § 40 Abs. 1 niedriger ist, so ist dieser maßgebend (§ 40 Abs. 3 S. 2). In einem Verfahren, dass ein Zeugnis über die Ernennung eines Testamentsvollstreckers betrifft, beträgt der Geschäftswert 20 % des Nachlasses im Zeitpunkt des Erbfalls, wobei Nachlassverbindlichkeiten nicht abgezogen werden; die Absätze 2 und 3 des § 40 sind entsprechend anzuwenden (§ 40 Abs. 5). | 1,0 Gebühr (Nr. 23300 KV). Mitbeurkundeter Grundbuchberichtigungsantrag ist gesondert zu berechnen (Vorbem. 2.3.3 Abs. 2 KV; Anm. zu Nr. 21201 KV). Erledigt sich das Verfahren vorzeitig, so ermäßigt sich die Gebühr auf 0,3 (Nr. 23301 KV). |

| Gebührentatbestand | Geschäftswert | Gebührensatz |
| --- | --- | --- |
| **Einsichtnahme in das elektronische Handelsregister und Grundbuch** | | Es handelt sich um Auslagen, die gem. Nr. 32011 KV in voller Höhe, wie sie nach dem JVKostG anfallen, an den Kostenschuldner weitergegeben werden (zzgl. Umsatzsteuer). Sie betragen bei GB-Einsicht 8 EUR pro Abruf und bei HR-Einsicht 4,50 EUR. |
| **Elektronischer Rechtsverkehr** | | |
| – Elektronische Beglaubigung | Ohne Wert. | 1 EUR für jede angefangene Seite, mind. 10 EUR (Nr. 25102 KV). |
| | | Neben der Gebühr wird keine Dokumentenpauschale erhoben (Abs. 1 der Anm. zu Nr. 25102 KV). |
| | | Die Gebühr wird nicht erhoben für die Erteilung beglaubigter Kopien oder Ausdrucke der vom Notar aufgenommenen oder entworfenen oder in Urschrift in seiner dauernden Verwahrung befindlichen Urkunden (Abs. 2 Nr. 1 der Anm. zu Nr. 25102 KV). |
| | | Des Weiteren wird die Gebühr nicht erhoben für die Erteilung beglaubigter Kopien vorgelegter Vollmachten und Ausweise über die Berechtigung eines gesetzlichen Vertreters, die der vom Notar gefertigten Niederschrift gem. § 12 BeurkG beizulegen sind (Abs. 2 Nr. 2 der Anm. zu Nr. 25102 KV). |
| | | Einer Kopie steht ein in ein elektronisches Dokument übertragenes Schriftstück gleich (Abs. 3 der Anm. zu Nr. 25102 KV). |
| – Erstellen der XML-Strukturdaten | Wert des zugrunde liegenden Beurkundungsverfahrens (§ 112 S. 1). Liegt der zu vollziehenden Urkunde kein Beurkundungsverfahren zugrunde, ist der Geschäftswert derjenige Wert, der maßgeblich wäre, wenn diese Urkunde Gegenstand eines Beurkundungsverfahrens wäre. | 0,3 Gebühr, höchstens 250 EUR (Nr. 22114 KV), wenn der Notar eine Gebühr für das Beurkundungsverfahren oder für die Fertigung eines Entwurfs erhält, die das zugrunde liegende Geschäft betrifft (Vorbem. 2.2.1.1 Abs. 1 S. 1 KV). |
| | | 0,6 Gebühr, höchstens 250 EUR, wenn der Notar keine Gebühr für das Beurkundungsverfahren oder für die Fertigung eines Entwurfs erhalten hat, die das zu vollziehende Geschäft betrifft (Vorbem. 2.2.1.2 Nr. 1 KV). |
| | | Die Gebühr 0,3 Gebühr bzw. 0,6 Gebühr entsteht neben zusätzlich |

| Gebührentatbestand | Geschäftswert | Gebührensatz |
|---|---|---|
| | | zur allgemeinen Vollzugsgebühr (Anm. zu Nr. 22114 bzw. Anm. zu Nr. 22125 KV). |
| – Übermittlung der elektronischen Dateien | | Es handelt sich um Auslagen i.S. einer Dokumentenpauschale nach Nr. 32002 KV. Sie beträgt ohne Rücksicht auf die Größe der Vorlage je Datei 1,50 EUR für die in einem Arbeitsgang überlassenen, bereitgestellten oder in einem Arbeitsgang auf denselben Datenträger übertragenen Dokumente, insgesamt höchstens 5 EUR. Werden zum Zweck der Überlassung von elektronisch gespeicherten Dateien Dokumente zur auf Antrag von der Papierform in die elektronische Form übertragen, beträgt die Dokumentenpauschale nicht weniger, als die Dokumentenpauschale im Fall der Nr. 32000 für eine Schwarz-Weiß-Kopie betragen würde (Anm. zu Nr. 32002 KV). |

**Entwurf**

| Gebührentatbestand | Geschäftswert | Gebührensatz |
|---|---|---|
| – Außerhalb eines Beurkundungsverfahrens | Wert, der bei einer Beurkundung maßgeblich wäre (§ 119 Abs. 1). | 0,5 bis 2,0 Gebühr, mind. 120 EUR, wenn die Gebühr für das Beurkundungsverfahren 2,0 betragen würde (Nr. 24100 KV). 0,3 bis 1,0 Gebühr, mind. 60 EUR, wenn die Gebühr für das Beurkundungsverfahren 1,0 betragen würde (Nr. 24101 KV). 0,3 bis 0,5 Gebühr, mind. 30 EUR, wenn die Gebühr für das Beurkundungsverfahren 0,5 betragen würde (Nr. 24102 KV). Die Gebühren entstehen, wenn außerhalb eines Beurkundungsverfahrens ein Entwurf für ein bestimmtes Rechtsgeschäft oder eine bestimmte Erklärung im Auftrag eines Beteiligten gefertigt worden ist (Vorbem. 2.4.1 Abs. 1 S. 1 KV). Bei vollständiger Erstellung des Entwurfs ist die Höchstgebühr des Gebührenrahmens anzusetzen (§ 92 Abs. 2). Ansonsten bestimmt der Notar die Gebühr aus dem Rahmen im Einzelfall unter Berücksichtigung des Umfangs der erbrachten Leistung nach billigem Ermessen (§ 92 Abs. 1). |

| Gebührentatbestand | Geschäftswert | Gebührensatz |
|---|---|---|
| | | Entwurfsgebühren entstehen nicht, wenn der Entwurf im Rahmen einer Vollzugs- oder Betreuungstätigkeit gefertigt worden ist, und der Notar hierfür eine Vollzugs-Betreuungs- oder Treuhandgebühr erhält (Vorbem. 2.4.1 Abs. 1 S. 2 KV u. Vorbem. 2.2 Abs. 2 KV). |
| | | Die genannten Gebühren entstehen auch, wenn der Notar keinen Entwurf gefertigt, aber einen ihm vorgelegten Entwurf überprüft, geändert oder ergänzt hat (Vorbem. 2.4.1 Abs. 3 KV). |
| | | Wenn der Notar demnächst nach Fertigung eines Entwurfs auf der Grundlage dieses Entwurfs ein Beurkundungsverfahren durchführt, wird die Entwurfsgebühr auf die Gebühr für das Beurkundungsverfahren angerechnet (Vorbem. 2.4.1 Abs. 6 KV). |
| | | Beglaubigt der Notar, der den Entwurf gefertigt hat, demnächst unter dem Entwurf eine oder mehrere Unterschriften oder Handzeichen, entstehen für die erstmaligen Beglaubigungen, die an ein- und demselben Tag erfolgen, keine Gebühren (Vorbem. 2.4.1 Abs. 2 u. Abs. 1 der Anm. zu Nr. 25100 KV). |
| – Innerhalb eines Beurkundungsverfahrens | Wert des in Auftrag gegebenen Beurkundungsverfahrens (ggf. i.V.m. § 119 Abs. 1). | 0,5 bis 2,0 Gebühr, mind. 120 EUR bei vorzeitiger Beendigung des Beurkundungsverfahrens (Nr. 21302 KV). |
| | | 0,3 bis 1,0 Gebühr, mind. 60 EUR, bei vorzeitiger Beendigung des Beurkundungsverfahrens in den Fällen der Nr. 21102 KV (Verfügungsgeschäft wird durch einen Notar beurkundet, nicht bereits das Grundgeschäft beurkundet hat, oder Aufhebung eines Vertrags) und der Nr. 21200 KV (Beurkundungsverfahren betrifft ein einseitige Erklärung, Tatsachen oder Vorgänge). |
| | | 0,2 bis 0,5 Gebühr, mind. 30 EUR, bei vorzeitiger Beendigung des Beurkundungsverfahrens in den Fällen der Nr. 21101 KV (Vertragsannahme oder (Verfügungsgeschäft wird durch einen Notar beurkundet, der bereits das |

| Gebührentatbestand | Geschäftswert | Gebührensatz |
| --- | --- | --- |

Grundgeschäft beurkundet hat) und der Nr. 21201 KV (privilegierte Erklärungen, wie z.B. Grundbucherklärungen oder Handelsregisteranmeldungen).

Die Gebühren entstehen, wenn der Notar innerhalb eines Beurkundungsverfahrens einen Entwurf gefertigt hat, das Beurkundungsverfahren aber vorzeitig beendet worden ist.

Ein Entwurfsauftrag ist nicht erforderlich, vielmehr reicht ein Beurkundungsauftrag aus.

Vorzeitige Beendigung des Beurkundungsverfahrens liegt vor, wenn vor Unterzeichnung der Niederschrift durch den Notar der Beurkundungsauftrag zurückgenommen oder zurückgewiesen wird oder der Notar feststellt, dass nach seiner Überzeugung mit der beauftragten Beurkundung aus Gründen, die nicht in seiner Person liegen, nicht mehr zu rechnen ist (Vorbem. 2.1.3 Abs. 1 S. 1 KV). Wird das Verfahren länger als 6 Monate nicht mehr betrieben, ist in der Regel nicht mehr mit der Beurkundung zu rechnen (Vorbem. 2.1.3 Abs. 1 S. 2 KV).

Bei vollständiger Erstellung des Entwurfs ist die Höchstgebühr des Gebührenrahmens anzusetzen (§ 92 Abs. 2). Ansonsten bestimmt der Notar die Gebühr aus dem Rahmen im Einzelfall unter Berücksichtigung des Umfangs der erbrachten Leistung nach billigem Ermessen (§ 92 Abs. 1).

Die genannten Gebühren entstehen auch, wenn der Notar keinen Entwurf gefertigt, aber einen ihm vorgelegten Entwurf überprüft, geändert oder ergänzt hat (Vorbem. 2.1.3 Abs. 3 KV).

Führt der Notar nach der vorzeitigen Beendigung des Beurkundungsverfahrens demnächst auf der Grundlage des Entwurfs ein erneutes Beurkundungsverfahren durch, wird die Entwurfsgebühr auf die Gebühr für das erneute Beurkundungsverfahren angerechnet (Vorbem. 2.3.1 Abs. 2 KV).

Gebühren-/
Geschäftswert-ABC

| Gebührentatbestand | Geschäftswert | Gebührensatz |
| --- | --- | --- |
| – Serienentwurf (meist Bauträgervertrag) | Hälfte des Werts aller zum Zeitpunkt der Entwurfsfertigung beabsichtigten Einzelgeschäfte (§ 119 Abs. 2). Der Serienentwurf wird in Vorbem. 2.4.1 Abs. 5 KV definiert als Entwurf zur beabsichtigten Verwendung für mehrere gleichartige Rechtsgeschäfte oder Erklärungen. | Der Serienentwurf löst dieselbe Gebühr aus wie der Einzelentwurf, bei Verträgen also eine 2,0 Gebühr nach Nr. 21100 KV, mind. 120 EUR. Es wird demgemäß auf die vorstehenden Ausführungen bei „Entwurf außerhalb eines Beurkundungsverfahrens" verwiesen. Statt der üblichen Anrechnung der Entwurfsgebühr auf die Beurkundungsverfahrensgebühr bei Einzelentwürfen, ermäßigt sich die Gebühr für den Serienentwurf jeweils um die Gebühr für ein folgendes Beurkundungsverfahren (Nr. 24103 KV). Demgemäß ist der Notar berechtigt, dem Auftraggeber die Gebühren für die Fertigung eines Serienentwurfes bis zu einem Jahr nach Fälligkeit zu stunden (Vorbem. 2.4.1 Abs. 7 KV). Das Stundungsverfahren soll im Hinblick auf das Ermäßigungsverfahren nach Nr. 24103 KV Rückerstattungen vermeiden (Begr. RegE, BT-Drucks 17/11471, S. 229). |
| **Erbauseinandersetzung** (Zur amtlichen Vermittlung der Auseinandersetzung siehe Amtliche Vermittlung der Erbauseinandersetzung) | Bei der Teilauseinandersetzung Wert der auseinandergesetzten Gegenstände, bei der Gesamtauseinandersetzung Wert der ganzen Erbschaft (§ 97 Abs. 1). Kein Schuldenabzug (§ 38 S. 2). Die Bewertung der einzelnen Vermögensgegenstände des Nachlasses ist nach den allgemeinen Bewertungsvorschriften vorzunehmen (z.B. Grundbesitz nach § 46, land- oder forstwirtschaftliches Vermögen nach § 48). | 2,0 Gebühr, mind. 120 EUR (Nr. 21100 KV). |
| **Erbausschlagung:** siehe Ausschlagung der Erbschaft | | |
| **Erbbaurecht** | | |
| – Vertrag über die Begründung | Wertvergleich zwischen 80 % der Summe aus den Werten des belasteten Grundstücks und darauf errichteter Bauwerke (§ 49 Abs. 2) und dem gem. § 52 Abs. 2 kapitalisierten Erbbauzins (§ 43). Letzterer beschränkt sich auf den für die ersten 20 Jahre entfallen- | 2,0 Gebühr, mind. 120 EUR (Nr. 21100 KV). |

| Gebührentatbestand | Geschäftswert | Gebührensatz |
| --- | --- | --- |
|  | den Wert. Der höhere Wert ist maßgebend. Sofern die Ausübung des Erbbaurechts auf eine Grundstücksteilfläche beschränkt ist, sind die 80 % vom Wert dieser Teilfläche zugrunde zu legen (§ 49 Abs. 2 Hs. 2). Die Vereinbarung von Preisklauseln (Wertsicherungsklauseln) bleibt unberücksichtigt (§ 52 Abs. 7). Die Vereinbarung eines Vorkaufsrechtes am Erbbaurecht ist ein verschiedener Beurkundungsgegenstand nach § 86 Abs. 2. Grundlage für die Bewertung des Vorkaufsrechts ist nach § 51 Abs. 1 S. 2 der halbe Wert des Erbbaurechts, das sich nach § 49 Abs. 2 bemisst. Nicht zusätzlich zu bewerten sind hingegen das Vorkaufsrecht des Erbbauberechtigten am Grundstück, eine Bauverpflichtung, ein Heimfallrecht, Vereinbarungen zur Gebäudeerrichtung sowie Vereinbarungen über die Tragung der öffentlichen Lasten und Abgaben, da sie allesamt Inhalt des Erbbaurechtsvertrages sind. |  |
| – Kaufvertrag über ein bestehendes Erbbaurecht | Kaufpreis nach § 47 S. 1 nebst eventuellen Hinzurechnungsposten nach § 47 S. 2 (je i.V.m. § 49 Abs. 1) oder der höhere Wert des nach § 49 Abs. 2 zu bewertenden Erbbaurechts (§ 97 Abs. 3). Der Erbbauzins ist nicht hinzuzurechnen. | 2,0 Gebühr, mind. 120 EUR (Nr. 21100 KV). |
| – Zustimmung zur Veräußerung oder Belastung des Erbbaurechts | Bei gesonderter Erklärung: Hälfte des Geschäftswerts für die Beurkundung des Geschäfts, auf das sich die Zustimmung bezieht (§ 98 Abs. 1). Bei Zustimmungserklärungen aufgrund einer gegenwärtigen oder künftigen Mitberechtigung ermäßigt sich der nach § 98 Abs. 1 bestimmte Geschäftswert auf den Bruchteil, der dem Anteil der Mitberechtigung entspricht (§ 98 Abs. 2 S. 1). Bei Beurkundung zusammen mit Erbbaurechtsbestellung keine Bewertung, da derselbe Beur- | Beurkundung oder Entwurfsfertigung: 1,0 Gebühr, mind. 60 EUR (Nr. 21200 KV, ggf. i.V.m. Nr. 24101 KV i.V.m. § 92 Abs. 2). Unterschriftsbeglaubigung: 0,2 Gebühr, mind. 20 EUR, höchstens 70 EUR (Nr. 25100 KV). |

| Gebührentatbestand | Geschäftswert | Gebührensatz |
|---|---|---|
| | kundungsgegenstand vorliegt (§ 109 Abs. 1 S. 1–3, S. 5; § 94 Abs. 2 S. 1). | |
| – Aufhebung des Erbbaurechts | 80 % der Summe aus den Werten des belasteten Grundstücks und darauf errichteter Bauwerke; sofern die Ausübung des Rechts auf eine Teilfläche beschränkt ist, sind 80 % vom Wert dieser Teilfläche zugrunde zu legen (§ 49 Abs. 2). | 0,5 Gebühr, mind. 30 EUR (Nr. 21201 Nr. 4 KV) bei rein grundbuchlichen Löschungserklärungen; 2,0 Gebühr, mind. 120 EUR, nach Nr. 21100 KV bei vertraglicher Vereinbarung z.B. hinsichtlich des Entschädigungsanspruchs. Hingegen kommt Nr. 21102 Nr. 2 KV nicht zur Anwendung, weil es sich um die Aufhebung eines Rechts handelt, und nicht um die Aufhebung eines Vertrags. |
| – Vollzug (z.B. Einholung Genehmigung oder Löschungsunterlagen) | Wert des Beurkundungsverfahrens (§ 112) | 0,5 Gebühr (Nr. 22110 KV). Beschränkt sich der Vollzug allerdings auf die Einholung behördlicher Genehmigungen, so fällt gem. Nr. 22112 KV nur eine Gebühr i.H.v. 50 EUR pro eingeholter Genehmigung an, wenn sie niedriger ist als die 0,5 Gebühr nach Nr. 22110 KV. |
| **Erbscheinsantrag:** siehe bei Eidesstattliche Versicherung | | |
| **Erbteilsübertragung** | Wert des übertragenen Erbanteils ohne Schuldenabzug (§§ 97 Abs. 1, 38 S. 2) oder Wert der Gegenleistung, wenn diese höher sein sollte (§ 97 Abs. 3). | 2,0 Gebühr, mind. 120 EUR (Nr. 21100 KV). Anzeige nach §§ 2384, 2385 BGB: 0,5 Gebühr (Nr. 22200 Anm. Nr. 5 KV). Grundbuchberichtigung ist derselbe Beurkundungsgegenstand nach § 109 Abs. 1 S. 1–2, soweit sie aufgrund der Übertragung beantragt wird. Ein eventueller Berichtigungsantrag auf die Erbengemeinschaft stellt einen verschiedenen Beurkundungsgegenstand nach § 86 Abs. 2 dar. |
| **Erbvertrag** | | |
| – Beurkundung | § 102 Abs. 1: Geschäftswert bei der Beurkundung eines Erbvertrags ist, wenn über den ganzen Nachlass oder einen Bruchteil verfügt wird, der Wert des Vermögens oder der Wert des entsprechenden Bruchteils des Vermögens. Verbindlichkeiten des Erblassers werden abgezogen, jedoch darf dabei die Hälfte des | 2,0 Gebühr, mind. 120 EUR (Nr. 21100 KV) |

| Gebührentatbestand | Geschäftswert | Gebührensatz |
|---|---|---|
| | Aktivvermögens nicht unterschritten werden. Vermächtnisse und Auflagen werden nur bei Verfügung über einen Bruchteil und nur mit dem Anteil ihres Werts hinzugerechnet, der dem Bruchteil entspricht, über den nicht verfügt wird. | |
| | § 102 Abs. 2: Verfügt der Erblasser außer über die Gesamtrechtsnachfolge daneben über Vermögenswerte, die noch nicht zu seinem Vermögen gehören, jedoch in der Verfügung von Todes wegen konkret bezeichnet sind, wird deren Wert hinzugerechnet. Von dem Begünstigten zu übernehmende Verbindlichkeiten werden abgezogen, jedoch nur bis zur Hälfte des Vermögenswerts. Die Sätze 1 und 2 gelten bei gegenseitigen Erbverträgen nicht für Vermögenswerte, die bereits nach § 102 Abs. 1 berücksichtigt sind. | |
| | § 102 Abs. 3: Betrifft der Erbvertrag nur bestimmte Vermögenswerte, ist deren Wert maßgebend; § 102 Abs. 2 S. 2 gilt entsprechend. Für land- oder forstwirtschaftliches Vermögen erfolgt die Wertberechnung nach § 48 (vierfacher Einheitswert). | |
| – Änderungen oder Ergänzungen | Wie vor; ggf. nur Teilwert davon gem. § 36 Abs. 1. | 2,0 Gebühr, mind. 120 EUR (21100 KV). |
| – Aufhebung | Wie bei Abschluss des Erbvertrages. Die Aufhebung und die Errichtung einer neuen Verfügung von Todes wegen sind derselbe Beurkundungsgegenstand (§ 109 Abs. 2 S. 1 Nr. 2). Maßgebend ist die höchste Gebühr (§ 94 Abs. 2 S. 1), die nach dem höchsten Geschäftswert erhoben wird (§ 109 Abs. 2 S. 2). Jedoch erfolgt ein getrennter Gebührenansatz nach den Einzelwerten, wenn dies billiger ist (§ 94 Abs. 2 S. 2). | 1,0 Gebühr, mind. 60 EUR (Nr. 21102 Nr. 2 KV). |
| – Anfechtung, Rücktritt, Widerruf | Die Absätze 1 bis 3 des § 102 (siehe dazu näher unter dem Anstrich „Beurkundung") gelten entsprechend für die Beurkundung | 0,5 Gebühr, mind. 30 EUR (Nr. 21201 Nr. 1, 2 oder 3 KV). |

| Gebührentatbestand | Geschäftswert | Gebührensatz |
|---|---|---|
| | der Anfechtung oder des Widerrufs oder des Rücktritts (§ 102 Abs. 5 S. 1). Hat eine Erklärung des einen Teils nach § 102 Abs. 5 S. 1 die Unwirksamkeit von Verfügungen des anderen Teils zur Folge, ist der Wert der Verfügungen des anderen Teils dem Wert nach § 102 Abs. 5 S. 1 hinzuzurechnen (§ 102 Abs. 5 S. 2). Anfechtung, Rücktritt und Widerruf einerseits und die Errichtung einer neuen Verfügung von Todes wegen andererseits derselbe Beurkundungsgegenstand (§ 109 Abs. 2 S. 1 Nr. 2). Maßgebend ist die höchste Gebühr (§ 94 Abs. 2 S. 1), die nach dem höchsten Geschäftswert erhoben wird (§ 109 Abs. 2 S. 2). Jedoch erfolgt ein getrennter Gebührenansatz nach den Einzelwerten, wenn dies billiger ist (§ 94 Abs. 2 S. 2). | |
| – Rückgabe des Erbvertrages aus notarieller Verwahrung (vgl. § 2300 Abs. 2 BGB) | Der Geschäftswert für die Rückgabe eines Erbvertrags aus der notariellen Verwahrung bestimmt sich nach § 102 Abs. 1 bis 3 (§ 114). Siehe dazu näher unter dem Anstrich „Beurkundung". | 0,3 Gebühr (Nr. 23100 KV). Die mit der Tätigkeit verbundene Niederschrift wird durch die Gebühr mit abgegolten (Vorbem. 2.3 S. 1 KV). Wenn derselbe Notar demnächst nach der Rückgabe eines Erbvertrags eine erneute Verfügung von Todes wegen desselben Erblassers beurkundet, wird die Gebühr auf die Gebühr für das Beurkundungsverfahren angerechnet (S. 1 der Anm. zu Nr. 23100 KV). Bei einer Mehrheit von Erblassern erfolgt die Anrechnung nach Kopfteilen (S. 2 der Anm. zu Nr. 23100 KV). |
| **Erbverzicht** | Wert des Erbteils des Verzichtenden am Vermögen des künftigen Erblassers zum Zeitpunkt der Beurkundung, wobei Verbindlichkeiten nur bis zur Hälfte des Vermögens abgezogen werden (§ 102 Abs. 4 S. 1 i.V.m. Abs. 1 S. 1, 2). Bei Vereinbarung eines Erbverzichts zusammen mit erbvertraglichen Regelungen in einer Urkunde liegt ein verschiedener Beurkundungsgegenstand vor (§ 111 Nr. 1). | 2,0 Gebühr, mind. 120 EUR (Nr. 21100 KV). |

| Gebührentatbestand | Geschäftswert | Gebührensatz |
|---|---|---|
| **Erfolgloses Beurkundungs-verfahren ohne Beratung oder Beratung** | Ohne Wert. | 20 EUR (Nr. 21300 KV). Sie fällt an, wenn das beauftragte Beurkundungsverfahren vorzeitig beendet wird, ohne dass der Notar eine Beratung durchgeführt oder einen Entwurf gefertigt hat. Vorzeitige Beendigung des Beurkundungsverfahrens liegt vor, wenn vor Unterzeichnung der Niederschrift durch den Notar der Beurkundungsauftrag zurückgenommen oder zurückgewiesen wird oder der Notar feststellt, dass nach seiner Überzeugung mit der beauftragten Beurkundung aus Gründen, die nicht in seiner Person liegen, nicht mehr zu rechnen ist (Vorbem. 2.1.3 Abs. 1 S. 1 KV). Wird das Verfahren länger als 6 Monate nicht mehr betrieben, ist in der Regel nicht mehr mit der Beurkundung zu rechnen (Vorbem. 2.1.3 Abs. 1 S. 2 KV). |
| **Freiwillige Versteigerung von beweglichen Sachen und von Rechten** | Summe der Werte der betroffenen Sachen und Rechte (§ 117). | 3,0 Gebühr (Nr. 23700 KV). Die Gebühr entsteht für die Versteigerung von beweglichen Sachen, von Früchten auf dem Halm oder von Holz auf dem Stamm sowie von Forderungen oder sonstigen Rechten (Abs. 1 der Anm. zu Nr. 23700 KV). Die mit der Tätigkeit verbundene Niederschrift wird durch die Gebühr mit abgegolten (Vorbem. 2.3 S. 1 KV). Endet das Verfahren vor Aufforderung zur Abgabe von Geboten, so ermäßigt sich die Gebühr auf 0,5 (Nr. 23701 KV). |
| **Freiwillige Versteigerung von Grundstücken durch den Notar** | | |
| – Verfahren | Wert der zu versteigernden Grundstücke oder grundstücksgleichen Rechte (§ 116 Abs. 1 Nr. 1). | 0,5 Gebühr (Nr. 23600 KV). Die mit der Tätigkeit verbundene Niederschrift wird durch die Gebühr mit abgegolten (Vorbem. 2.3 Abs. 1 S. 1 KV). |
| – Aufnahme einer Schätzung | Wert der zu versteigernden Grundstücke oder grundstücksgleichen Rechte (§ 116 Abs. 1 Nr. 2). | 0,5 Gebühr (Nr. 23601 KV). Die mit der Tätigkeit verbundene Niederschrift wird durch die Gebühr mit abgegolten (Vorbem. 2.3 Abs. 1 S. 1 KV). |

| Gebührentatbestand | Geschäftswert | Gebührensatz |
|---|---|---|
| – Abhaltung eines Versteigerungstermins | Wert der zu versteigernden Grundstücke oder grundstücksgleichen Rechte (§ 116 Abs. 1 Nr. 3). | 1,0 Gebühr für jeden Termin (Nr. 23602 KV). Die mit der Tätigkeit verbundene Niederschrift wird durch die Gebühr mit abgegolten (Vorbem. 2.3 Abs. 1 S. 1 KV). |
| – Beurkundung des Zuschlags | Zusammengerechneter Wert der Gebote eines jeden Erstehers oder der höhere Wert der ihm zugeschlagenen Grundstücke oder grundstücksgleichen Rechte (§ 116 Abs. 2). | 1,0 Gebühr (Nr. 23603 KV). Die mit der Tätigkeit verbundene Niederschrift wird durch die Gebühr mit abgegolten (Vorbem. 2.3 Abs. 1 S. 1 KV). Die Beurkundung bleibt häufig gebührenfrei (s. dazu Anm. zu Nr. 23603). |
| – Beurkundung eines Kaufvertrags im Anschluss an eine nicht vom Notar durchgeführte freiwillige Grundstücksversteigerung: kein Fall des § 54, Bewertung siehe unter Kaufvertrag | | |
| **Fremde Sprache** | Ohne Wert. | 30 % der für das Beurkundungsverfahren, für eine Beglaubigung oder Bescheinigung zu erhebenden Gebühr, jedoch höchstens 5.000 EUR (Nr. 26001 KV). |
| **Gemeinschaftsaufhebungsverbot** (vgl. § 1010 BGB) | 30 % des betroffenen Gegenstands (§ 51 Abs. 2). Ist der so bestimmte Wert nach den besonderen Umständen des Einzelfalls unbillig, kann ein höherer oder ein niedrigerer Wert angenommen werden (§ 51 Abs. 3). | 2,0 Gebühr, mind. 120 EUR (Nr. 21100 KV). Erfolgt die Beurkundung nicht separat, sondern im Rahmen eines Kaufvertrages, so sind Kaufvertrag und Gemeinschaftsaufhebungsverbot verschiedene Beurkundungsgegenstände nach § 86 Abs. 2. Ihre Werte sind gem. § 35 Abs. 1 zu addieren und daraus nur eine einzige 2,0 Gebühr gem. Nr. 21100 KV zu erheben. |
| **Genehmigung** (Entwurf mit Unterschriftsbeglaubigung) | Grds. halber Wert des genehmigten Rechtsgeschäfts (§ 98 Abs. 1). Bei Genehmigung aufgrund einer gegenwärtigen oder künftigen Mitberechtigung ermäßigt sich der nach § 98 Abs. 1 bestimmte Geschäftswert auf den Bruchteil, der dem Anteil der Mitberechtigung entspricht (§ 98 Abs. 2 S. 1). Bei Gesamthandverhältnissen ist der Anteil entsprechend der Beteiligung an dem Gesamthand- | 1,0 Gebühr, mind. 60 EUR (Nr. 21200 KV i.V.m. Nr. 24101 KV i.V.m. § 92 Abs. 2). |

| Gebührentatbestand | Geschäftswert | Gebührensatz |
|---|---|---|
| | vermögen zu bemessen (§ 98 Abs. 2 S. 3). In allen Fällen beträgt der anzunehmende Geschäftswert höchstens 1 Mio. EUR (§ 98 Abs. 4). | |
| **Generalvollmacht:** siehe Vollmacht | | |
| **GmbH** | | |
| – Abtretung von GmbH-Geschäftsanteilen | Kaufpreis oder höherer Wert des Geschäftsanteils (§ 97 Abs. 3). Der Geschäftsanteil bemisst sich dabei nach § 54. Bei Anteilsübertragung im Konzern beträgt der Geschäftswert höchstens 10 Mio. EUR, sofern die Zielgesellschaft nicht überwiegend vermögensverwaltend tätig ist (§ 107 Abs. 2). | 2,0 Gebühr, mind. 120 EUR (Nr. 21100 KV). Ist das Grundgeschäft bereits anderweitig durch denselben Notar beurkundet worden, so beträgt die Gebühr nur 0,5, mind. 30 EUR (Nr. 21101 Nr. 2 KV). Ist das Grundgeschäft anderweitig durch einen anderen Notar beurkundet worden, so beträgt die Gebühr 1,0, mind. 60 EUR (Nr. 21102 Nr. 1). |
| – Bescheinigung Gesellschafterliste nach § 40 Abs. 2 S. 2 GmbHG: siehe bei Bescheinigungen | | |
| – Gesellschaftsvertrag (Mehr-Personen-GmbH) | Bargründung: Summe der Stammeinlagen, ein genehmigtes Kapital nach § 55a GmbHG ist hinzuzurechnen (§ 97 Abs. 1). Bei Sachgründung, insbesondere Einbringung eines Grundstücks oder eines Handelsgeschäftes, ergibt sich regelmäßig ein höherer Wert, da die auf dem eingebrachten Gegenstand lastenden Verbindlichkeiten gem. § 38 S. 1 nicht abgezogen werden. Der Mindestwert beträgt 30.000 EUR, der Höchstwert 10 Mio. EUR (§ 107 Abs. 1 S. 1). | 2,0 Gebühr, mind. 120 EUR (Nr. 21100 KV). |
| – Gesellschaftsvertrag (Ein-Personen-GmbH) | Wie oben. | 1,0 Gebühr, mind. 60 EUR (Nr. 21200 KV). |
| – Musterprotokoll als Gesellschaftsvertrag (vgl. § 2 Abs. 1a GmbHG) | Wie oben, aber: Bei Verwendung des gesetzlichen Musterprotokolls gilt der Mindestwert von 30.000 EUR nicht (§ 107 Abs. 1 S. 2). Dies wirkt sich vornehmlich bei der UG mit einem Stammkapital unter 25.000 EUR aus. | 2,0 Gebühr, mind. 120 EUR (Nr. 21100 KV). Bei Ein-Personen-Gründung 1,0 Gebühr, mind. 60 EUR (Nr. 21200 KV). |

| Gebührentatbestand | Geschäftswert | Gebührensatz |
|---|---|---|
| – Bestellung der Geschäftsführer im Gesellschaftsvertrag | | Bleibt als Inhalt des Gesellschaftsvertrags unbewertet. Das gilt insbesondere bei Verwendung des Musterprotokolls (Zur KostO: OLG Celle NotBZ 2010, 148 = ZNotP 2010, 199). |
| – Bestellung der Geschäftsführer durch Beschluss der Gesellschafter außerhalb des Gesellschaftsvertrags | 1 % des eingetragenen Stammkapitals, mindestens 30.000 EUR, höchstens 5 Mio. EUR (§ 108 Abs. 1 S. 1, Abs. 5, § 105 Abs. 4 Nr. 1). Bei Zusammenbeurkundung von Gesellschaftsvertrag und Bestellungsbeschluss in einer Urkunde liegen verschiedene Beurkundungsgegenstände vor (§ 110 Nr. 1). Da beide Rechtsgeschäfte demselben Gebührensatz von 2,0 gem. Nr. 21100 KV unterliegen, sind die Werte gem. § 35 Abs. 1 zu addieren und die 2,0 Gebühr nur einmal daraus zu erheben. | 2,0 Gebühr, mind. 120 EUR (Nr. 21100 KV). |
| – Anmeldung zum Handelsregister (Entwurf mit Unterschriftsbeglaubigung) | Stammkapital, mindestens 30.000 EUR (§ 105 Abs. 1 S. 1 Nr. 1), höchstens 1 Mio. EUR (§ 106). Bei Gründung unter Verwendung des gesetzlichen Musterprotokolls ist auch der Geschäftswert für die Handelsregisteranmeldung begünstigt: der Mindestwert von 30.000 EUR gilt nämlich nicht (§ 105 Abs. 6 S. 1). Dies wirkt sich vornehmlich bei der UG mit einem Stammkapital unter 25.000 EUR aus. | 0,5 Gebühr, mind. 30 EUR (Nr. 21201 Nr. 5 KV i.V.m. 24102 KV i.V.m. § 92 Abs. 2). |
| – Fertigung der Gesellschafterliste durch Notar | Wert der vollzogenen Urkunde (§ 112). Das dürfte nicht die Gründungsurkunde sein, sondern die Anmeldeurkunde (arg. § 8 Abs. 1 Nr. 3 GmbHG). | 0,3 Gebühr, höchstens 250 EUR (Nr. 22111 i.V.m. Nr. 22113 i.V.m. Vorbem. 2.2.1.1 Abs. 1 S. 2 Nr. 3 KV). |
| – Anmeldung von Veränderungen zum Handelsregister (Entwurf mit Unterschriftsbeglaubigung) | Soweit die Anmeldung keinen bestimmten Geldwert hat, 1 % des eingetragenen Stammkapitals, mindestens 30.000 EUR, höchstens 1 Mio. EUR (§ 105 Abs. 4 Nr. 1, § 106). Bei einer Satzungsänderung liegt nur eine einzige Anmeldung vor, auch wenn die Satzung in mehreren Punkten geändert oder völlig neu gefasst wird. | 0,5 Gebühr, mind. 30 EUR (Nr. 21201 Nr. 5 KV i.V.m. 24102 KV i.V.m. § 92 Abs. 2). |

| Gebührentatbestand | Geschäftswert | Gebührensatz |
|---|---|---|
| | Die Anmeldung mehrerer Veränderungen zur Vertretung sind verschiedenen Anmeldungsgegenstände und daher gem. § 111 Nr. 3 verschiedene Beurkundungsgegenstände. | |
| – Anmeldung ohne wirtschaftliche Bedeutung, z.B. Änderung der inländischen Geschäftsanschrift (Entwurf mit Unterschriftsbeglaubigung) | 5.000 EUR (§ 105 Abs. 5). | 0,5 Gebühr, mind. 30 EUR (Nr. 21201 Nr. 5 KV i.V.m. 24102 KV i.V.m. § 92 Abs. 2). |
| – Nachtrag/Änderung des Gesellschaftsvertrags | | |
| – vor Eintragung der GmbH | Bruchteil des Stammkapitals, abhängig von Umfang und Bedeutung der Abänderung (§§ 36 Abs. 1, 97 Abs. 2). Da es sich um einen Gesellschaftsvertrag handelt, beträgt der Höchstwert 10 Mio. EUR (§ 107 Abs. 1 S. 1). | 2,0 Gebühr, mind. 120 EUR (Nr. 21100 KV). |
| – nach Eintragung der GmbH | Bei Änderung des Stammkapitals Erhöhungsbetrag, mind. 30.000 EUR (§§ 97 Abs. 2, 108 Abs. 1 S. 2, 105 Abs. 1 S. 2), bei sonstigen Veränderungen 1 % des Stammkapitals, mind. 30.000 EUR (§§ 108 Abs. 1 S. 1, S. 2, 105 Abs. 4 Nr. 1). Da es sich um einen Änderungs*beschluss* handelt, beträgt der Höchstwert 5 Mio. EUR (§ 108 Abs. 5). | 2,0 Gebühr, mind. 120 EUR (Nr. 21100 KV). |
| – Kapitalerhöhung oder -herabsetzung | | |
| – Beschluss | Unterschiedsbetrag zwischen bereits eingetragenem und erhöhtem bzw. herabgesetztem Geldbetrag, mind. 30.000 EUR (§§ 97 Abs. 2, 108 Abs. 1 S. 2, 105 Abs. 1 S. 2). | 2,0 Gebühr, mind. 120 EUR (Nr. 21100 KV). Für eine in derselben Urkunde beurkundete Übernahmeerklärung nach § 55 Abs. 1 GmbHG fällt eine 1,0 Gebühr nach Nr. 21200 KV an. Da es sich um verschiedene Beurkundungsgegenstände nach § 110 Nr. 1 handelt, ist nach § 94 Abs. 1 zu berechnen. |
| – Handelsregisteranmeldung (Entwurf mit Unterschriftsbeglaubigung) | Unterschiedsbetrag zwischen bereits eingetragenem und erhöhtem bzw. herabgesetztem Geldbetrag, mind. 30.000 EUR (§ 105 Abs. 1 S. Nr. 3, S. 2), höchstens jedoch 1 Mio. EUR (§ 106). | 0,5 Gebühr, mind. 30 EUR (Nr. 21201 Nr. 5 KV i.V.m. 24102 KV i.V.m. § 92 Abs. 2). |

Gebühren-/
Geschäftswert-ABC

| Gebührentatbestand | Geschäftswert | Gebührensatz |
|---|---|---|
| – Satzungsbescheinigung nach § 54 GmbHG | | Abgegolten durch die Gebühr für die Beurkundung der Satzungsänderung (Vorbem. 2.1 Abs. 2 Nr. 4 KV). |
| – Anmeldung der Auflösung einer GmbH (Entwurf mit Unterschriftsbeglaubigung) | Es handelt sich in der Regel um drei verschiedene Anmeldungsgegenstände, die zu addieren sind: Auflösung der Gesellschaft, Abberufung des Geschäftsführers, Bestellung des Geschäftsführers oder eines Dritten zum Liquidator (§§ 105 Abs. 4 Nr. 1, 111 Nr. 3, 35 Abs. 1). Der Höchstwert beträgt 1 Mio. EUR (§ 106). | 0,5 Gebühr, mind. 30 EUR (Nr. 21201 Nr. 5 KV i.V.m. 24102 KV i.V.m. § 92 Abs. 2). |
| **Grundbuchberichtigung** (reine Grundbucherklärungen) | Grundsätzlich voller Wert des betroffenen Grundstückes nach § 46. Werden die Eigentumsverhältnisse nicht berührt (Namensberichtigung oder formwechselnde Umwandlung), ist gem. 36 Abs. 1 ein Teilwert von 10 – 30 % des Grundstückswertes anzusetzen. Für die Grundbuchberichtigung bei Gesellschafterwechsel einer BGB-Gesellschaft ist der Wert der betroffenen Mitgliedschaft anzusetzen. | 0,5 Gebühr, mind. 30 EUR (Nr. 21201 Nr. 4 KV i.V.m. 24102 KV i.V.m. § 92 Abs. 2). |
| **Grundbucheinsicht** | Ohne Wert. | Einsicht in das Grundbuch, in öffentliche Register und Akten einschließlich des Inhalts an den Beteiligten: 15 EUR (Nr. 25209 KV) Die Gebühr entsteht nur, wenn die Tätigkeit nicht mit einem gebührenpflichtigen Verfahren oder Geschäft zusammenhängt (Anm. zu Nr. 25209 KV). |
| **Grundpfandrecht** | | |
| – Abtretung | | |
|   – Briefrecht | Nominalwert des Grundpfandrechts, § 53 Abs. 1. | 0,5 Gebühr, mind. 30 EUR (Nr. 21201 Nr. 4 KV i.V.m. 24102 KV i.V.m. § 92 Abs. 2). |
|   – Buchrecht | Wie vor. | 0,5 Gebühr, mind. 30 EUR (Nr. 21201 Nr. 4 KV i.V.m. 24102 KV i.V.m. § 92 Abs. 2), wenn in Urkunde nur Grundbucherklärungen und keine schuldrechtlichen Erklärungen enthalten sind. 1,0 Gebühr, mind. 60 EUR (Nr. 21200 KV i.V.m. 24101 KV i.V.m. § 92 Abs. 2), wenn Anspruch aus persönlicher Haftung mit abgetreten wurde. |

| Gebührentatbestand | Geschäftswert | Gebührensatz |
|---|---|---|
| – Bestellung | | |
| – Regelfall: mit materiell-recht-lichen Erklärungen, z.B. Schuldanerkenntnis, Abtretung von Rückgewähransprüchen, Zweckerklärung, Zwangsvoll-streckungsunterwerfung (ding-lich oder persönlich) | Nennbetrag der Schuld (§ 53 Abs. 1). Nebenleistungen (Zin-sen) sind nach § 37 Abs. 1 nicht zu berücksichtigen.<br>Die Erklärungen haben densel-ben Beurkundungsgegenstand (§ 109 Abs. 1 S. 1–3, S. 4 Nr. 3,4 Abs. 2 S. 1 Nr. 3). | 1,0 Gebühr, mind. 60 EUR (Nr. 21200 KV). |
| – reine Grundbucherklärungen | Nennbetrag der Schuld (§ 53 Abs. 1). Nebenleistungen (Zin-sen) sind nach § 37 Abs. 1 nicht zu berücksichtigen. | 0,5 Gebühr, mind. 30 EUR (Nr. 21201 Nr. 4 KV). |
| – Überwachung eingeschränkte Zweckerklärung bei Bestellung aufgrund Finanzierungsvoll-macht | Wert wie bei der Beurkundung der Grundschuldbestellung (§ 113 Abs. 1). | 0,5 Gebühr (Nr. 22200 Anm. Nr. 5 KV).<br>Die Betreuungsgebühr kann pro Beurkundungsverfahren (= Urkun-de) nur einmal anfallen, § 93 Abs. 1 S. 1. |
| – Überprüfung oder Ergänzung eines Bestellungsformulars an-lässlich einer begehrten reinen Unterschriftsbeglaubigung: siehe bei Entwurf | | |
| – Entgegennahme vollstreck-bare Ausfertigung durch Notar in Vollmacht für Grundpfand-rechtsgläubiger (vgl. § 873 Abs. 2 Var. 4 BGB) | Wert wie bei der Beurkundung der Grundschuldbestellung (§ 113 Abs. 1). | 0,5 Gebühr (Nr. 22200 Anm. Nr. 7 KV).<br>Die Betreuungsgebühr kann pro Beurkundungsverfahren (= Urkun-de) nur einmal anfallen, § 93 Abs. 1 S. 1. |
| – Einholung Rangrücktrittsbewil-ligung eines vorrangigen Grundpfandrechts oder Lö-schungsbewilligung | Wert wie bei der Beurkundung der Grundschuldbestellung (§ 112). | 0,3 Gebühr (Nr. 22111 KV i.V.m. Vorbem. 2.2.1.1 Abs. 1 S. 2 Nr. 9 KV).<br>Dabei ist es gleichgültig, ob der Notar die Bewilligung ohne oder mit Entwurf einholt (Vorbem. 2.2 Abs. 2 KV).<br>Die Vollzugsgebühr kann pro Beur-kundungsverfahren (= Urkunde) nur einmal anfallen, § 93 Abs. 1 S. 1. |
| – Einholung behördliche/gericht-liche Genehmigung | Wert wie bei der Beurkundung der Grundschuldbestellung (§ 112). | 0,3 Gebühr, jedoch höchstens 50 EUR pro Genehmigung (Nr. 22111 KV i.V.m. Nr. 22112 KV i.V.m. Vorbem. 2.2.1.1 Abs. 1 S. 2 Nr. 1 KV).<br>Die Vollzugsgebühr kann pro Beur-kundungsverfahren (= Urkunde) nur einmal anfallen, § 93 Abs. 1 S. 1. |

Gebühren-/
Geschäftswert-ABC

| Gebührentatbestand | Geschäftswert | Gebührensatz |
| --- | --- | --- |
| – Grundpfandrecht und Rangerklärung | Nennbetrag des Grundpfandrechts (§ 53 Abs. 1). Es liegt derselbe Beurkundungsgegenstand vor (§ 109 Abs. 1 S. 4 Nr. 3 Hs. 1). Bewertet wird daher nur die Grundschuldbestellung, die Rangerklärung bleibt unbewertet. Das Gleiche gilt für einen Wirksamkeitsvermerk (§ 109 Abs. 1 S. 4 Nr. 3 Hs. 2 i.V.m. § 45 Abs. 2 S. 2). | 1,0 Gebühr, mind. 60 EUR (Nr. 21200 KV). |
| – Beurkundung Grundschuld und vertragliche Abreden (z.B. Darlehensvertrag) unter Mitwirkung des Gläubigers | Nennbetrag des Darlehensvertrags (§ 97 Abs. 1). Es liegt derselbe Beurkundungsgegenstand vor (§ 109 Abs. 1 S. 1–3). Angesetzt wird die höchste in Betracht kommende Gebühr nach § 94 Abs. 2, das ist die 2,0 Gebühr nach Nr. 21100 KV für den Darlehensvertrag. Der Darlehensvertrag als vorherrschendes Rechtsverhältnis regiert den Geschäftswert (§ 109 Abs. 1 S. 5). | 2,0 Gebühr, mind. 120 EUR (Nr. 21100 KV). |
| – Umwandlung einer Grundschuld | Von Buch- in Briefgrundschuld: Teilwert von 10–20 % des Grundschuldbetrages, § 36 Abs. 1. Bei Umwandlung einer nicht vollstreckbaren Grundschuld in eine sofort vollstreckbare Grundschuld: Nennbetrag nach § 53 Abs. 1. | 0,5 Gebühr, mind. 30 EUR (Nr. 21201 Nr. 4 KV). Bei Unterwerfungserklärung 1,0 Gebühr, mind. 60 EUR (Nr. 21200 KV). |
| – Rangbescheinigung: siehe gesondertes Hauptstichwort „Rangbescheinigung" | | |
| **Handelsgeschäft** | | |
| – Übertragung | Kaufpreis oder – wenn höher – Aktivvermögen des Betriebes (§§ 97 Abs. 1, 3, 38). | 2,0 Gebühr, mind. 120 EUR (Nr. 21100 KV). |
| – Anmeldung Einzelkaufmann zum Handelsregister (Entwurf mit Unterschriftsbeglaubigung) | Bei Erstanmeldung 30.000 EUR (§ 105 Abs. 3 Nr. 1); bei späterer Anmeldung ebenfalls 30.000 EUR (§ 105 Abs. 4 Nr. 4). | 0,5 Gebühr, mind. 30 EUR (Nr. 21201 Nr. 5 KV i.V.m. 24102 KV i.V.m. § 92 Abs. 2). |
| **Handelsregisteranmeldungen:** siehe bei Aktiengesellschaft, GmbH, Handelsgeschäft, Offene Handelsgesellschaft, Kommanditgesellschaft, Limited, Partnerschaftsgesellschaft und Elektronischer Rechtsverkehr | | |

| Gebührentatbestand | Geschäftswert | Gebührensatz |
|---|---|---|
| **Hofübergabe:** <br> siehe Übergabevertrag | | |
| **Identitätserklärung** (Bezeichnung Grundstück gem. § 28 S. 1 GBO nach Vermessung) | Teilwert des Grundstückswerts, 10 % bis 30 % erscheinen angemessen (§§ 36 Abs. 1, 46). | 0,5 Gebühr, mind. 30 EUR (Nr. 21201 Nr. 4 KV). <br> Dieselbe Gebühr fällt an, wenn der Notar die Identitätserklärung in Eigenurkunde abgibt (Nr. 25204 KV i.V.m. Nr. 24102 KV i.V.m. Nr. 21201 Nr. 4 KV i.V.m. § 92 Abs. 2). |
| **Kaufvertrag** <br> (über Grundbesitz) | Kaufpreis (§ 47 S. 1), soweit nicht der Verkehrswert höher ist, etwa bei einem Freundschaftspreis zwischen Angehörigen (§ 47 S. 3). <br> Die in der Kaufurkunde enthaltenen Erklärungen wie Auflassung, Auflassungsvormerkung, Zwangsvollstreckungsunterwerfung über den Kaufpreis oder die Besitzverschaffung, etc., sind zum Kauf derselbe Beurkundungsgegenstand nach § 109 Abs. 1 S. 1–3 und bleiben unbewertet. <br><br> – Eine Erhöhung des Geschäftswertes tritt ein, soweit der Käufer Verpflichtungen übernimmt, die er anstelle des Verkäufers zu erfüllen hat (§ 47 S. 2). Hierzu zählen unter anderem die Übernahme von bestehenden Lasten (z.B. Nießbrauchs- und Wohnrechte oder Grundpfandrechte, die ohne Anrechnung auf den Kaufpreis übernommen werden, Vermessungs- und Lastenfreistellungskosten sowie bereits fällige Erschließungskosten). <br><br> – Beim Kauf auf Rentenbasis bemisst sich der Geschäftswert nach § 52. <br><br> – Eine Bau- oder Investitionsverpflichtung ist eine hinzuzurechnende Gegenleistung i.S.v. § 47 S. 2, deren Wert sich nach § 50 bemisst (20 % des Verkehrswerts des unbebauten Grundstücks bei Wohngebäuden, 20 % der voraussicht- | 2,0 Gebühr, mind. 120 EUR (Nr. 21100 KV). |

| Gebührentatbestand | Geschäftswert | Gebührensatz |
|---|---|---|
| | lichen Herstellungskosten bei gewerblich genutzten Bauwerken und 20 % der Investitionssumme bei Investitionen).<br><br>– Bei einem Kauf mit Umsatzsteueroption des Verkäufers sind Kaufvertrag und Optionserklärung verschiedene Beurkundungsgegenstände (§ 110 Nr. 2c). Wegen des unterschiedlichen Gebührensatzes (2,0 für Kaufvertrag nach Nr. 21100 KV und 1,0 für Option nach Nr. 21200 KV) ist nach § 94 Abs. 1 zu verfahren.<br><br>– Belastungsvollmacht und Eigentümerzustimmung zur Löschung nicht übernommener Grundpfandrechte gem. § 27 GBO sind derselbe Beurkundungsgegenstand wie der Kaufvertrag (§ 109 Abs. 1 S. 4 Nr. 1b, c). Der Kaufvertrag regiert als vorherrschendes Rechtsverhältnis den Geschäftswert (§ 109 Abs. 1 S. 5). Der Kaufvertrag gibt auch den Gebührensatz nach § 94 Abs. 2 S. 1 vor, weil er mit 2,0 nach Nr. 21100 KV den höchsten in Betracht kommenden Gebührensatz hat. | |
| – Einholung von Löschungsunterlagen zur Lastenfreistellung | Wert wie bei der Beurkundung des Kaufvertrags (§ 112 S. 1) | 0,5 Gebühr (Nr. 22110 KV i.V.m. Vorbem. 2.2.1.1 Abs. 1 S. 2 Nr. 9 KV).<br>Dabei ist es gleichgültig, ob der Notar die Löschungsunterlagen ohne oder mit Entwurf einholt (Vorbem. 2.2 Abs. 2 KV).<br>Die Vollzugsgebühr kann pro Beurkundungsverfahren (= Urkunde) nur einmal anfallen, § 93 Abs. 1 S. 1. |
| – Treuhänderische Überwachung der Löschungsunterlagen | Wert des Sicherungsinteresses (§ 113 Abs. 2). Das ist regelmäßig der vom Ablösegläubiger geforderte Ablösebetrag. | 0,5 Gebühr (Nr. 22201 KV).<br>Die Treuhandgebühr entsteht für die Beachtung von Auflagen durch einen nicht unmittelbar an dem Beurkundungsverfahren Beteiligten, eine Urkunde oder Auszüge einer Urkunde nur unter bestimmten Bedingungen herauszugeben (S. 1 der Anm. zu Nr. 22201 KV). |

| Gebührentatbestand | Geschäftswert | Gebührensatz |
| --- | --- | --- |
| | | Die Gebühr entsteht für jeden Treuhandauftrag gesondert (S. 2 der Anm. zu Nr. 22201 KV). |
| – Vollzugstätigkeiten | Wert wie beim Beurkundungsverfahren (§ 112 S. 1). | Geschlossener Gebührenkatalog in Vorbem. 2.2.1.1 KV. Die Vollzugsgebühr kann pro Beurkundungsverfahren (= Urkunde) nur einmal anfallen, § 93 Abs. 1 S. 1. Ausgenommen ist die Vollzugstätigkeit XML-Datei, die gesondert anfällt (Anm. zu Nr. 22114 KV). |
| – Fälligkeitsmitteilung | Wert wie beim Beurkundungsverfahren (§ 113 Abs. 1). | 0,5 Gebühr (Nr. 22200 Anm. Nr. 2 KV). Die Betreuungsgebühr fällt pro Beurkundungsverfahren (= Urkunde) nur einmal an, § 93 Abs. 1 S. 1. Erfolgt die Kaufpreisabwicklung über Notaranderkonto, so fällt die Betreuungsgebühr neben der Verwahrungsgebühr (Nr. 25300 KV) an (Vorbem. 2.5.3 Abs. 1 KV i.V.m. Nr. 22200 Anm. Nr. 4 KV). |
| – Überwachung Eigentumsumschreibung | Wert wie beim Beurkundungsverfahren (§ 113 Abs. 1). | 0,5 Gebühr (Nr. 22200 Anm. Nr. 3 KV). Die Gebühr fällt an sowohl für die urkundstechnische Sperrung der Auflassung bis zur Zahlung des Kaufpreises als auch für die Aussetzung der Eintragungsbewilligung, die der Notar bei erfolgter Zahlung in Eigenurkunde gegenüber dem Grundbuchamt erklärt. Nicht etwa fällt daneben eine Gebühr für eine Eigenurkunde nach Nr. 25204 KV an; dies stellt zum einen die Anm. zu Nr. 25204 KV klar, zum anderen auch Vorbem. 2.2 Abs. 2 KV. Die Betreuungsgebühr fällt pro Beurkundungsverfahren (= Urkunde) nur einmal an, § 93 Abs. 1 S. 1. Erfolgt die Kaufpreisabwicklung über Notaranderkonto, so fällt die Betreuungsgebühr neben der Verwahrungsgebühr (Nr. 25300 KV) an (Vorbem. 2.5.3 Abs. 1 i.V.m. Nr. 22200 Anm. Nr. 4 KV). |

| Gebührentatbestand | Geschäftswert | Gebührensatz |
| --- | --- | --- |
| – Überwachung der Löschungsbewilligung des Käufers über seine Auflassungsvormerkung für den vorsorglichen Fall des gescheiterten Kaufs | Wert wie beim Beurkundungsverfahren (§ 113 Abs. 1) | 0,5 Gebühr (Nr. 22200 Anm. Nr. 3 KV).<br>Die Gebühr fällt an für die urkundstechnische Sperrung der sofort und unbedingt zur Löschung bewilligten Auflassungsvormerkung im Kaufvertrag.<br>Die Betreuungsgebühr fällt pro Beurkundungsverfahren (= Urkunde) nur einmal an, § 93 Abs. 1 S. 1. |
| – Maklerklauseln | Die Übernahme der vom Verkäufer geschuldeten Provision durch den Käufer ist weitere Gegenleistung zum Kaufpreis nach § 47 S. 2 und diesem hinzuzurechnen. Wird dagegen im Vertrag nur deklaratorisch erklärt, der Vertrag sei durch Vermittlung des Maklers zustande gekommen, ist dies nicht werterhöhend und löst auch keine Gebühr aus. | Bei Vertrag zugunsten Dritter grds. 2,0 Gebühr nach Nr. 21100 KV. Sie wird jedoch nie gesondert zum Kaufvertrag erhoben, sondern es findet, da Kaufvertrag und Maklerklausel ein verschiedener Beurkundungsgegenstand nach § 86 Abs. 2 sind, eine Werteaddition von Kaufpreis und Courtage nach § 35 Abs. 1 statt (§ 94 Abs. 1 ist nicht einschlägig, da beide Erklärungen demselben Gebührensatz unterliegen).<br>Verpflichten sich Käufer und/oder Verkäufer dem Makler gegenüber durch einseitige Schuldanerkenntnisse – mit oder ohne Zwangsvollstreckungsunterwerfung –, so fällt hierfür eine 1,0 Gebühr nach Nr. 21200 KV an, wobei gemäß § 94 Abs. 1 eine Vergleichsberechnung zu erfolgen hat; dabei wird häufig eine 2,0 Gebühr aus dem zusammengerechneten Wert günstiger sein. |

**Kommanditgesellschaft**

– Gesellschaftsvertrag und Änderung:
siehe bei Offene Handelsgesellschaft

| | | |
| --- | --- | --- |
| – Anmeldung zum Handelsregister (Entwurf mit Unterschriftsbeglaubigung) | Bei der Erstanmeldung ist die Summe der Kommanditeinlagen maßgebend; hinzuzurechnen sind 30.000 EUR für den ersten und 15.000 EUR für jeden weiteren persönlich haftenden Gesellschafter (§ 105 Abs. 1 S. 1 Nr. 5). Der Geschäftswert einer späteren Anmeldung beträgt, wenn kein bestimmter Geldbetrag einzutragen ist, 30.000 EUR; bei Eintritt oder Ausscheiden von mehr als zwei persönlich haftenden Gesellschaf- | 0,5 Gebühr, mind. 30 EUR (Nr. 21201 Nr. 5 KV i.V.m. 24102 KV i.V.m. § 92 Abs. 2). |

| Gebührentatbestand | Geschäftswert | Gebührensatz |
| --- | --- | --- |
| | tern sind als Wert 15.000 EUR für jeden weiteren eintretenden und ausscheidenden Gesellschafter anzunehmen (§ 105 Abs. 4 Nr. 3). | |
| – Registervollmacht eines Kommanditisten | Wert seiner im Handelsregister eingetragenen oder einzutragenden Kommanditeinlage, höchstens 1 Mio. EUR (§ 98). | Gleichgültig, ob Beurkundung oder Entwurf mit Unterschriftsbeglaubigung: 0,5 Gebühr, mind. 30 EUR (Nr. 21201 Nr. 5 KV i.V.m. 24102 KV i.V.m. § 92 Abs. 2). |
| – Veräußerung eines Kommanditanteils | Kaufpreis oder höherer Wert der Kommanditbeteiligung. Deren Wert ermittelt sich gem. § 54 nach dem Eigenkapital i.S.v. § 266 Abs. 3 HGB, das auf die Beteiligung entfällt. Dabei sind Grundstücke, Gebäude, grundstücksgleiche Rechte, Schiffe oder Schiffsbauwerke nach den für sie geltenden Bewertungsvorschriften zu berücksichtigen. Es findet mit anderen Worten eine Ersetzung der Buchwerte durch die Verkehrswerte statt. Diese Bewertung findet allerdings nur statt, wenn es sich bei der KG um eine nicht überwiegend vermögensverwaltend tätige Gesellschaft handelt. Andernfalls ist der auf die Beteiligung entfallende Wert des Gesellschaftsvermögens ohne Schuldenabzug maßgeblich. | 2,0 Gebühr, mind. 120 EUR (Nr. 21100 KV). |
| **Legalisation** | Ohne Wert. | Erwirkung der Apostille oder der Legalisation einschließlich der Beglaubigung durch den Präsidenten des Landgerichts: 25 EUR (Nr. 25207 KV). Erwirkung der Legalisation, wenn weitere Beglaubigungen notwendig sind: 50 EUR (Nr. 25208 KV). |
| **Limited (Ltd.)** Anmeldung einer Zweigniederlassung einer ausländischen Kapitalgesellschaft | Mindestens 30.000 EUR (§ 105 Abs. 1 S. 1 Nr. 1, S. 2). Die Vorschrift des § 41a Abs. 5 KostO, der eine Geschäftswertbegünstigung von Zweigniederlassung enthält, wurde nicht in das GNotKG übernommen. | 0,5 Gebühr, mind. 30 EUR (Nr. 21201 Nr. 5 KV i.V.m. 24102 KV i.V.m. § 92 Abs. 2), wenn der Notar den Entwurf der Anmeldung fertigt und die Unterschrift beglaubigt. Wenn der Notar nur die Unterschrift beglaubigt: 0,2 Gebühr, mind. 20 EUR, höchstens 70 EUR (Nr. 25100 KV). Im Übrigen siehe Elektronischer Rechtsverkehr. |

Gebühren-/Geschäftswert-ABC

| Gebührentatbestand | Geschäftswert | Gebührensatz |
| --- | --- | --- |

**Löschungen**

| | | |
| --- | --- | --- |
| – Grundbucherklärungen | Bei Hypothek, Schiffshypothek, Registerpfandrecht an einem Luftfahrzeug oder Grundschuld ist auf den Nennbetrag der Schuld abzustellen, unabhängig davon, ob das Grundpfandrecht noch valutiert (§ 53 Abs. 1 S. 1). Bei der Rentenschuld ist der Nennbetrag der Ablösesumme maßgebend (§ 53 Abs. 1 S. 2). Bei Vorkaufsrechten ist grds. der halbe Grundstückswert maßgeblich (§ 51 Abs. 1 S. 2). Bei wiederkehrenden Leistungen: Wert des Rechtes im Zeitpunkt der Abgabe der Löschungsbewilligung (§ 52). Der Wert eines durch Zeitablauf oder durch den Tod eines Berechtigten erloschenen Rechts beträgt 0 EUR (§ 52 Abs. 6 S. 4). Bei Vormerkungen zur Sicherung von Ankaufs- oder sonstigen Erwerbsrechten ist grds. der volle Grundstückswert anzusetzen (§§ 45 Abs. 3, 51 Abs. 1 S. 1). Ist der so bestimmte Wert nach den besonderen Umständen des Einzelfalls unbillig, kann ein niedrigerer Wert angenommen werden (§ 51 Abs. 3). Die Löschung eines Grundpfandrechts, bei dem bereits zumindest ein Grundstück aus der Mithaft entlassen worden ist, steht hinsichtlich der Geschäftswertbestimmung der Entlassung aus der Mithaft gleich (§ 44 Abs. 1 S. 2). Das heißt, bei Beurkundung, Entwurf oder Unterschriftsbeglaubigung betreffend eine Löschungsbewilligung über ein Gesamtgrundpfandrecht, das nicht mehr an allen Einheiten lastet, muss ein Wertvergleich zwischen dem Nennbetrag des Gesamtrechts nach § 53 Abs. 1 und dem Wert der noch belasteten Grundstücke nach § 46 durchgeführt werden. Der geringere Wert ist maßgebend. | 0,5 Gebühr, mind. 30 EUR (Nr. 21201 Nr. 4 KV i.V.m. 24102 KV i.V.m. § 92 Abs. 2), wenn der Notar den Entwurf der Löschungserklärung fertigt und die Unterschrift beglaubigt. Wenn der Notar nur die Unterschrift beglaubigt: 0,2 Gebühr, mind. 20 EUR, höchstens 70 EUR (Nr. 25100 KV). Bezieht sich die reine Unterschriftsbeglaubigung auf eine Löschungszustimmung nach § 27 GBO nebst Löschungsantrag, so fällt hierfür eine Festgebühr von 20 EUR an (Nr. 25101 Nr. 2 KV). |
| – Löschungsfähige Quittung | Wie oben. | 1,0 Gebühr, mind. 60 EUR (Nr. 21200 KV). |

| Gebührentatbestand | Geschäftswert | Gebührensatz |
|---|---|---|
| **Löschungsvormerkung** (§ 1179 BGB) | Betrag des Grundpfandrechts, dessen Löschung gesichert werden soll oder Wert des begünstigten Rechts; der niedrigere Wert ist maßgebend (§ 45 Abs. 2 i.V.m. Abs. 1). | 0,5 Gebühr, mind. 30 EUR (Nr. 21201 Nr. 4 KV i.V.m. 24102 KV i.V.m. § 92 Abs. 2), wenn der Notar den Entwurf der Löschungsvormerkung fertigt und die Unterschrift beglaubigt. Wenn der Notar nur die Unterschrift beglaubigt: 0,2 Gebühr, mind. 20 EUR, höchstens 70 EUR (Nr. 25100 KV). |
| **Mediation** | | Für die Tätigkeit des Notars als Mediator ist durch schriftlichen öffentlich-rechtlichen Vertrag eine Gegenleistung in Geld zu vereinbaren (§ 126 Abs. 1 S. 1, Abs. 2). Die Gegenleistung muss unter Berücksichtigung aller Umstände des Geschäfts, insbesondere des Umfangs und der Schwierigkeit, angemessen sein (§ 126 Abs. 1 S. 3). |
| **Mietvertrag** | Der Geschäftswert bei der Beurkundung eines Mietvertrages ist der Wert aller Leistungen des Mieters während der gesamten Vertragszeit (§ 99 Abs. 1 S. 1). Bei Mietverträgen von unbestimmter Vertragsdauer ist der auf die ersten fünf Jahre entfallende Wert der Leistungen maßgebend; ist jedoch die Auflösung des Vertrags erst zu einem späteren Zeitpunkt zulässig, ist dieser maßgebend (§ 99 Abs. 1 S. 2). In keinem Fall darf der Geschäftswert den auf die ersten 20 Jahre entfallenden Wert übersteigen (§ 99 S. 3). Wird der Mietvertrag zusammen mit einem Grundstückskaufvertrag in einer Urkunde abgeschlossen, so sind beide Verträge grds. Verschiedene Beurkundungsgegenstände nach § 86 Abs. 2; ihre Werte werden nach § 35 Abs. 1 addiert. Ist der Mietvertrag Teil eines sog. Sale-and-lease-back-Geschäfts, so wird man für alle Rechtsgeschäfte von verschiedenen Beurkundungsgegenständen nach § 86 Abs. 2 auszugehen haben. | 2,0 Gebühr, mind. 120 EUR (Nr. 21100 KV). |

| Gebührentatbestand | Geschäftswert | Gebührensatz |
| --- | --- | --- |

**Miteigentümervereinbarung**
nach § 1010: siehe Benutzungs-
regelung unter Miteigentümern
und Gemeinschaftsaufhebungs-
verbot

**Nachtragsurkunde:**
siehe Änderung beurkundeter
Erklärungen

**Nachverpfändung:** siehe
Pfandunterstellung

| Gebührentatbestand | Geschäftswert | Gebührensatz |
| --- | --- | --- |
| **Nebentätigkeiten** **(Betreuungsgebühr und Treu-handgebühr)** Für Abgrenzung zur Vollzugs-gebühr siehe bei Vollzug | Der Geschäftswert der Betreu-ungsgebühr nach Nr. 22200 KV ist wie bei der Beurkundung zu bestimmen (§ 113 Abs. 1). | 0,5 Betreuungsgebühr (Nr. 22200 KV). Der Gebührenkatalog für die Be-treuungsgebühr ist geschlossen, er besteht aus 7 Nummern. Die Betreuungsgebühr entsteht in demselben notariellen Verfahren oder bei der Fertigung eines Ent-wurfs nur einmal (§ 93 Abs. 1). |
| | Der Geschäftswert der Treuhand-gebühr nach Nr. 22201 KV ist der Wert des Sicherungsinteresses (§ 113 Abs. 2). | 0,5 Treuhandgebühr (Nr. 22201 KV). Die Treuhandgebühr entsteht für die Beachtung von Auflagen durch einen nicht unmittelbar an dem Be-urkundungsverfahren Beteiligten, eine Urkunde oder Auszüge einer Urkunde nur unter bestimmten Be-dingungen herauszugeben (S. 1 der Anm. zu Nr. 22201 KV). Die Treuhandgebühr entsteht für jeden Treuhandauftrag gesondert (S. 2 der Anm. zu Nr. 22201 KV). |
| **Notarielles Vermittlungsver-fahren** nach §§ 87 ff. Sa-chenRBerG | Die Höhe des Geschäftswerts hängt davon ab, ob das notarielle Vermittlungsverfahren mit oder ohne Vermittlung endet. Bei Beendigung ohne Vermittlung ist die Hälfte des nach den §§ 19 und 20 Abs. 1 und 6 Sachen-RBerG ermittelten Wertes maß-gebend, also grundsätzlich der hälftige Bodenwert (§ 100 Abs. 2 S. 3 i.V.m. S. 2 SachenRBerG). Bei Beendigung mit Vermittlung ist für den Geschäftswert der 20-fache des jährlichen Erbbau-zinses bzw. der vereinbarte Kauf-preis zugrunde zu legen, mindes-tens jedoch der hälftige Boden-wert nach §§ 19, 20 Abs. 1 und 6 SachenRBerG (§ 100 Abs. 2 S. 2 SachenRBerG). | Die einschlägigen Gebührenvor-schriften ergeben sich aus § 100 Abs. 1 SachenRBerG. Danach steht dem Notar grundsätzlich eine 4,0 Gebühr nach der Tabelle B des § 34 Abs. 2 GNotKG zu (§ 100 Abs. 1 S. 1 SachenRBerG). Ent-sprechend den notariellen Leistun-gen, die in einem solchen Vermitt-lungsverfahren entstehen können, wird diese Gebühr ermäßigt: Nur für den vom Gesetz angestrebten Abschluss des Vermittlungsverfah-rens (vgl. § 104 S. 1 SachenRBerG) durch Beurkun-dung des Vermittlungsvorschlags (§ 98 Abs. 2 S. 1 SachenRBerG) oder durch Anfertigung eines Ab-schlussprotokolls im Falle einer nicht erzielbaren Einigung (§ 99 |

| Gebührentatbestand | Geschäftswert | Gebührensatz |
| --- | --- | --- |

S. 1 SachenRBerG) hat der Notar die 4,0 Gebühr verdient. Ansonsten richtet sich die Ermäßigung nach dem erreichten Verfahrensstand: Eine 2,0 Gebühr ist verdient, wenn das Verfahren vor Ausarbeitung eines Vermittlungsvorschlags beendet wird (§ 100 Abs. 1 S. 2 Nr. 1 SachenRBerG); (ungeschriebene) Voraussetzung hierfür ist, dass entsprechend dem regelmäßigen Verfahrensgang der erste Verhandlungstermin (Erörterungstermin: §§ 92, 93 SachenRBerG) bereits stattgefunden hat. Nur noch eine 0,5 Gebühr billigt das Gesetz dem Notar zu, wenn sich das Verfahren bereits vor dem Erörterungstermin erledigt hat (§ 100 Abs. 1 S. 2 Nr. 2 SachenRBerG).

**Öffentlich-rechtlicher Vertrag**

Für die Tätigkeit des Notars als Mediator oder Schlichter ist durch öffentlich-rechtlichen Vertrag eine Gegenleistung in Geld zu vereinbaren (§ 126 Abs. 1 S. 1). Dasselbe gilt für notarielle Amtstätigkeiten, für die im GNotKG keine Gebühr bestimmt ist und die nicht mit anderen gebührenpflichtigen Tätigkeiten zusammenhängen (§ 126 Abs. 1 S. 2). Die Gegenleistung muss unter Berücksichtigung aller Umstände des Geschäfts, insbesondere des Umfangs und der Schwierigkeit, angemessen sein (§ 126 Abs. 1 S. 3).
Sofern nichts anderes vereinbart ist, werden die Auslagen nach den gesetzlichen Bestimmungen erhoben (§ 126 Abs. 1 S. 4). Der Vertrag bedarf der Schriftform (§ 126 Abs. 2). Die §§ 19, 88 bis 90 gelten entsprechend (§ 126 Abs. 3 S. 1). Der vollstreckbaren Ausfertigung der Kostenberechnung ist eine beglaubigte Kopie oder ein beglaubigter Ausdruck des öffentlich-rechtlichen Vertrags beizufügen (§ 126 Abs. 3 S. 2).

| Gebührentatbestand | Geschäftswert | Gebührensatz |
|---|---|---|
| **Offene Handelsgesellschaft** | | |
| – Gesellschaftsvertrag | Summe der Einlagen der Gesellschafter ohne Schuldenabzug, mindestens 30.000 EUR und höchstens 10 Mio. EUR (§ 107 Abs. 1 S. 1). Bei Einbringung eines bestehenden Handelsgeschäfts oder Gewerbebetriebes bestimmt sich der Wert dieser Einlage nach der durch die Bilanz ausgewiesenen Summe der Aktiven unter Abzug der Wertberichtigungsposten. In die OHG eingebrachte Grundstücke sind mit ihrem Wert gem. § 46 bzw. § 48 zu berücksichtigen. | 2,0 Gebühr, mind. 120 EUR (Nr. 21100 KV). Die im Gesellschaftsvertrag mitbeurkundete Auflassung bezüglich eines einzubringenden Grundstücks ist derselbe Beurkundungsgegenstand (§ 109 Abs. 1 S. 4 Nr. 2). Wenn eine OHG von Eltern und deren Kindern gegründet wird und die Eltern den Kindern die Einlage schenken, ist diese Schenkung ein verschiedener Beurkundungsgegenstand nach § 86 Abs. 2. |
| – Änderung des Gesellschaftsvertrages | Wertschätzung nach dem Ausmaß der Änderungen unter Berücksichtigung des Aktivvermögens der OHG (§§ 36 Abs. 1, 97 Abs. 1). | 2,0 Gebühr, mind. 120 EUR (Nr. 21100 KV). |
| – Veräußerung eines OHG-Anteils bzw. Gesellschafterwechsel | Kaufpreis bzw. Abfindung oder höherer Wert der OHG-Mitgliedschaft (§ 97 Abs. 3). Deren Wert ermittelt sich nach dem anteiligen Aktivvermögen der OHG (§ 38 S. 2). Die Spezialbestimmung des § 54 gilt nicht für OHG-Beteiligungen. | 2,0 Gebühr, mind. 120 EUR (Nr. 21100 KV). |
| – Anmeldung zum Handelsregister (Entwurf mit Unterschriftsbeglaubigung) | Für die Erstanmeldung einer OHG mit zwei Gesellschaftern 45.000 EUR; hat die Gesellschaft mehr als zwei Gesellschafter, erhöht sich der Wert für den dritten und jeden weiteren Gesellschafter um jeweils 15.000 EUR (§ 105 Abs. 3 Nr. 2). Für spätere Anmeldungen 30.000 EUR; bei Eintritt oder Ausscheiden von mehr als zwei Gesellschaftern sind als Geschäftswert 15.000 EUR für jeden eintretenden und ausscheidenden Gesellschafter anzunehmen (§ 105 Abs. 4 Nr. 3). | 0,5 Gebühr, mind. 30 EUR (Nr. 21201 Nr. 5 KV i.V.m. 24102 KV i.V.m. § 92 Abs. 2), wenn der Notar den Entwurf der Anmeldung fertigt und die Unterschrift beglaubigt. Wenn der Notar nur die Unterschrift beglaubigt: 0,2 Gebühr, mind. 20 EUR, höchstens 70 EUR (Nr. 25100 KV). |
| **Option** | Der Wert eines Ankaufsrechts oder eines sonstigen Erwerbs- oder Veräußerungsrechts ist der Wert des Gegenstands, auf den sich das Recht bezieht (§ 51 Abs. 1 S. 1). Der Wert eines Vor- | 2,0, mind. 120 EUR (Nr. 21100 KV). Dabei ist es gleichgültig, ob das Optionsrecht als Angebot, aufschiebend bedingter Kaufvertrag oder als Vorvertrag ausgestaltet ist. |

| Gebührentatbestand | Geschäftswert | Gebührensatz |
| --- | --- | --- |
| | kaufs- oder Wiederkaufsrechts ist die Hälfte des Werts nach § 51 Abs. 1 S. 1 (§ 51 Abs. 1 S. 2). Ist der so bestimmte Wert nach den besonderen Umständen des Einzelfalls unbillig, kann ein höherer oder ein niedrigerer Wert angenommen werden (§ 51 Abs. 3). | |
| **Pachtvertrag** | Der Geschäftswert bei der Beurkundung eines Pachtvertrages ist der Wert aller Leistungen des Pächters während der gesamten Vertragszeit (§ 99 Abs. 1 S. 1). Bei Pachtverträgen von unbestimmter Vertragsdauer ist der auf die ersten fünf Jahre entfallende Wert der Leistungen maßgebend; ist jedoch die Auflösung des Vertrags erst zu einem späteren Zeitpunkt zulässig, ist dieser maßgebend (§ 99 Abs. 1 S. 2). In keinem Fall darf der Geschäftswert den auf die ersten 20 Jahre entfallenden Wert übersteigen (§ 99 S. 3). Wird der Pachtvertrag zusammen mit einem Grundstückskaufvertrag in einer Urkunde abgeschlossen, so sind beide Verträge grds. Verschiedene Beurkundungsgegenstände nach § 86 Abs. 2; ihre Werte werden nach § 35 Abs. 1 addiert. | 2,0 Gebühr, mind. 120 EUR (Nr. 21100 KV). |
| **Partnerschaftsgesellschaft** (Anmeldung zum Partnerschaftsregister – Entwurf mit Unterschriftsbeglaubigung) | Für die Erstanmeldung einer Partnerschaftsgesellschaft mit zwei Gesellschaftern 45.000 EUR; hat die Gesellschaft mehr als zwei Gesellschafter, erhöht sich der Wert für den dritten und jeden weiteren Gesellschafter um jeweils 15.000 EUR (§ 105 Abs. 3 Nr. 2). Für spätere Anmeldungen 30.000 EUR; bei Eintritt oder Ausscheiden von mehr als zwei Partnern sind als Geschäftswert 15.000 EUR für jeden eintretenden und ausscheidenden Partner anzunehmen (§ 105 Abs. 4 Nr. 3). | 0,5 Gebühr, mind. 30 EUR (Nr. 21201 Nr. 5 KV i.V.m. 24102 KV i.V.m. § 92 Abs. 2), wenn der Notar den Entwurf der Anmeldung fertigt und die Unterschrift beglaubigt. Wenn der Notar nur die Unterschrift beglaubigt: 0,2 Gebühr, mind. 20 EUR, höchstens 70 EUR (Nr. 25100 KV). |
| **Patientenverfügung** | Hilfswert 5.000 EUR (§ 36 Abs. 3). Grds. bestimmt sich der Geschäftswert bei nichtvermögensrechtlichen Angelegen- | 1,0 Gebühr, mind. 60 EUR (Nr. 21200 KV). |

| Gebührentatbestand | Geschäftswert | Gebührensatz |
|---|---|---|
| | heiten unter Berücksichtigung aller Umstände des Einzelfalls, insbesondere des Umfangs und der Bedeutung der Sache und der Vermögens- und Einkommensverhältnisse der Beteiligten nach billigem Ermessen; er beträgt höchstens 1 Mio. EUR. Bei Zusammenbeurkundung mit Vorsorgevollmacht siehe dort. | |
| **Pfandfreigabe** | Vergleich zwischen dem Nennbetrag des Grundpfandrechts und dem Wert des freigegebenen Grundstücks, wobei der geringere Wert maßgebend ist (§ 44 Abs. 1 S. 1). Betrifft die Pfandfreigabe mehrere Grundpfandrechte, so ist der Wertvergleich für jedes Grundpfandrecht einzeln durchzuführen und hieraus die Summe gem. § 35 Abs. 1 zu bilden; denn es liegen verschiedene Beurkundungsgegenstände nach § 86 Abs. 2 vor. Werden hingegen mehrere Grundstücke bezüglich eines einzigen Grundpfandrechts freigegeben, so ist der Wertevergleich dergestalt durchzuführen, dass dem Nennbetrag des Grundpfandrechts die Wertesumme aller Grundstücke gegenübergestellt wird. | 0,5 Gebühr, mind. 30 EUR (Nr. 21201 Nr. 4 KV i.V.m. 24102 KV i.V.m. § 92 Abs. 2), wenn der Notar den Entwurf der Pfandfreigabe fertigt und die Unterschrift beglaubigt. Wenn der Notar nur die Unterschrift beglaubigt: 0,2 Gebühr, mind. 20 EUR, höchstens 70 EUR (Nr. 25100 KV). |
| **Pfandunterstellung** | Wertbestimmung wie bei Pfandfreigabe (§ 44 Abs. 1 S. 1) | 1,0 Gebühr, mind. 60 EUR (Nr. 21200 KV), wenn – wie im Regelfall – Unterwerfung unter die sofortige Zwangsvollstreckung gem. § 800 ZPO beurkundet wird. 0,5 Gebühr, mind. 30 EUR (Nr. 21201 Nr. 4 KV i.V.m. 24102 KV i.V.m. § 92 Abs. 2), wenn der Notar den Entwurf der Pfandfreigabe ohne Zwangsvollstreckungsunterwerfung fertigt und die Unterschrift beglaubigt. Wenn der Notar nur die Unterschrift beglaubigt: 0,2 Gebühr, mind. 20 EUR, höchstens 70 EUR (Nr. 25100 KV). |

| Gebührentatbestand | Geschäftswert | Gebührensatz |
|---|---|---|
| **Pflichtteilsverzicht** | Wert des entsprechenden Bruchteils des Nachlasses am Vermögen des künftigen Erblassers zum Zeitpunkt der Beurkundung, wobei Verbindlichkeiten nur bis zur Hälfte des Vermögens abgezogen werden (§ 102 Abs. 4 i.V.m. Abs. 1 S. 1, 2). Bei Vereinbarung eines Pflichtteilsverzichts zusammen mit erbvertraglichen Regelungen in einer Urkunde liegt ein verschiedener Beurkundungsgegenstand vor (§ 111 Nr. 1). | 2,0 Gebühr, mind. 120 EUR (Nr. 21100 KV). |
| **Rangbescheinigung** | Geschäftswert einer Mitteilung über die dem Grundbuchamt bei Einreichung eines Antrags vorliegenden weiteren Anträge einschließlich des sich daraus ergebenden Rangs für das beantragte Recht (Rangbescheinigung) ist der Wert des beantragten Rechts (§ 122). | 0,3 Gebühr (Nr. 25201 KV). |
| **Rangveränderung** | Bei Einräumung des Vorrangs oder des gleichen Rangs ist Geschäftswert der Wert des vortretenden Rechts, höchstens jedoch der Wert des zurücktretenden Rechts (§ 45 Abs. 1). Dasselbe gilt für einen Wirksamkeitsvermerk (§ 45 Abs. 2 S. 2). Wird die Rangänderung oder der Wirksamkeitsvermerk zusammen mit der Neubestellung eines Grundpfandrechts beurkundet, so liegt derselbe Beurkundungsgegenstand vor (§ 109 Abs. 1 S. 4 Nr. 3). Bewertet wird daher nur die Grundschuldbestellung, die Rangerklärung bzw. der Wirksamkeitsvermerk bleibt unbewertet. | 0,5 Gebühr, mind. 30 EUR (Nr. 21201 Nr. 4 KV i.V.m. 24102 KV i.V.m. § 92 Abs. 2), wenn der Notar den Entwurf der Rangerklärung bzw. des Wirksamkeitsvermerks fertigt und die Unterschrift beglaubigt. Wenn der Notar nur die Unterschrift beglaubigt: 0,2 Gebühr, mind. 20 EUR, höchstens 70 EUR (Nr. 25100 KV). |

**Sachenrechtsbereinigung**
siehe Notarielles Vermittlungsverfahren

**Scheidungsvereinbarungen**
siehe Ehevertrag

| Gebührentatbestand | Geschäftswert | Gebührensatz |
|---|---|---|
| **Schiedsspruch mit vereinbartem Wortlaut nach § 1053 ZPO** | | |
| – Verfahren über Antrag auf Vollstreckbarerklärung | Wert des für vollstreckbar erklärten Anspruches (§ 118). | 2,0 Gebühr (Nr. 23801 KV). Endet das gesamte Verfahren durch Zurücknahme des Antrags, so ermäßigt sich die Gebühr auf 1,0 (Nr. 23802 KV). |
| – Erteilung einer vollstreckbaren Ausfertigung | Wert des vollstreckbaren Anspruchs (§ 118). | In der Regel gebührenfrei, es sei denn, die Voraussetzungen der Nr. 23803 KV liegen vor. |
| – Vollstreckungsklauselumschreibung | Höhe des Betrages, weswegen die Zwangsvollstreckung aus der umgeschriebenen Ausfertigung betrieben werden kann (§ 118). | 0,5 Gebühr (Nr. 23803 KV). |
| **Schuldanerkenntnis/Schuldversprechen** | Wert der anerkannten bzw. versprochenen Schuld (§ 97 Abs. 1). Eine hierüber erklärte Zwangsvollstreckungsunterwerfung ist derselbe Beurkundungsgegenstand (§ 109 Abs. 2 S. 1 Nr. 3). | 1,0 Gebühr, mind. 60 EUR (Nr. 21200 KV); denn obwohl Vertrag, wird in aller Regel nur die Erklärung des Anerkennenden beurkundet. |
| **Siegelung** | Der Geschäftswert für die Aufnahme von Vermögensverzeichnissen sowie für Siegelungen und Entsiegelungen ist der Wert der verzeichneten oder versiegelten Gegenstände (§ 115 S. 1). Dies gilt auch für die Mitwirkung als Urkundsperson bei der Aufnahme von Vermögensverzeichnissen (§ 115 S. 2). Verbindlichkeiten sind nicht abzuziehen (§ 38). | 2,0 (Nr. 23500 KV) für das Verfahren über die Aufnahme eines Vermögensverzeichnisses einschließlich der Siegelung. Die Gebühr entsteht nicht, wenn die Aufnahme des Vermögensverzeichnisses Teil eines beurkundeten Vertrags ist (Anm. zu Nr. 23500 KV). Die mit der Tätigkeit verbundene Niederschrift wird durch die Gebühr mit abgegolten (Vorbem. 2.3 Abs. 1 S. 1 KV). Bei vorzeitiger Beendigung des Verfahrens ermäßigt sich die Gebühr auf 0,5 (Nr. 23501 KV). 1,0 Gebühr (Nr. 23502 KV) für die Mitwirkung als Urkundsperson bei der Aufnahme eines Vermögensverzeichnisses einschließlich der Siegelung. 0,5 Gebühr (Nr. 25303 KV) für die Siegelung, die nicht mit den Gebühren Nr. 23500 KV oder 23502 KV abgegolten ist, und Entsiegelung (Nr. 23503 KV). |
| **Sorgeerklärung** | Hilfswert 5.000 EUR (§ 36 Abs. 3). Grds. bestimmt sich der Geschäftswert bei nichtvermögensrechtlichen Angelegenheiten unter Berücksichtigung al- | 1,0 Gebühr, mind. 60 EUR (Nr. 21200 KV). |

| Gebührentatbestand | Geschäftswert | Gebührensatz |
|---|---|---|
| | ler Umstände des Einzelfalls, insbesondere des Umfangs und der Bedeutung der Sache und der Vermögens- und Einkommensverhältnisse der Beteiligten nach billigem Ermessen; er beträgt höchstens 1 Mio. EUR. | |
| **Tauschvertrag** | Wert der höheren Gegenleistung maßgeblich, soweit ein Wertunterschied besteht (§ 97 Abs. 3); ansonsten nur Wert der Leistungen eines Vertragsteils anzusetzen. | 2,0 Gebühr, mind. 120 EUR (Nr. 21100 KV). Eventuell kommen Vollzugsgebühr (siehe dazu unter Vollzug) und/ oder Betreuungsgebühren (siehe dazu unter Nebentätigkeiten) hinzu. |
| **Teilungserklärung** siehe Wohnungseigentum | | |
| **Teilungsverfahren** | Geschäftswert in Teilungssachen zur Vermittlung der Auseinandersetzung des Nachlasses und des Gesamtguts einer Gütergemeinschaft nach Beendigung der ehelichen, lebenspartnerschaftlichen oder fortgesetzten Gütergemeinschaft nach § 342 Abs. 2 Nr. 1 FamFG ist gem. § 118a S. 1 der Wert des den Gegenstand der Auseinandersetzung bildenden Nachlasses oder Gesamtguts oder des von der Auseinandersetzung betroffenen Teils davon. Die Werte mehrerer selbstständiger Vermögensmassen, die in demselben Verfahren auseinandergesetzt werden, werden zusammengerechnet (§ 118a S. 2). Trifft die Auseinandersetzung des Gesamtguts einer Gütergemeinschaft mit der Auseinandersetzung des Nachlasses eines Ehegatten oder Lebenspartners zusammen, wird der Wert des Gesamtguts und des übrigen Nachlasses zusammengerechnet (§ 118a S. 3). | Verfahrensgebühr: 6,0 (Nr. 23900 KV). Soweit das Verfahren vor Eintritt in die Verhandlung durch Zurücknahme oder auf andere Weise endet, ermäßigt sich die Gebühr Nr. 23900 KV auf 1,5 (Nr. 23901 KV). Soweit der Notar das Verfahren vor Eintritt in die Verhandlung wegen Unzuständigkeit an einen anderen Notar verweist, ermäßigt sich die Gebühr Nr. 23900 KV auf 1,5, höchstens 100 EUR (Nr. 23902 KV). Die Gebühr Nr. 23900 KV ermäßigt sich auf 3,0 (Nr. 23903 KV), wenn das Verfahren nach Eintritt in die Verhandlung: 1. ohne Bestätigung der Auseinandersetzung abgeschlossen wird oder 2. wegen einer Vereinbarung der Beteiligten über die Zuständigkeit an einen anderen Notar verwiesen wird. |
| **Testament** | | |
| – Errichtung eines Einzeltestamentes | § 102 Abs. 1: Geschäftswert bei der Beurkundung einer Verfügung von Todes wegen ist, wenn über den ganzen Nachlass oder einen Bruchteil verfügt wird, der Wert des Vermögens oder der Wert des entsprechenden | 1,0 Gebühr, mind. 60 EUR (Nr. 21200 KV). |

| Gebührentatbestand | Geschäftswert | Gebührensatz |
|---|---|---|
| | Bruchteils des Vermögens. Verbindlichkeiten des Erblassers werden abgezogen, jedoch darf dabei die Hälfte des Aktivvermögens nicht unterschritten werden. Vermächtnisse und Auflagen werden nur bei Verfügung über einen Bruchteil und nur mit dem Anteil ihres Werts hinzugerechnet, der dem Bruchteil entspricht, über den nicht verfügt wird. | |
| | § 102 Abs. 2: Verfügt der Erblasser außer über die Gesamtrechtsnachfolge daneben über Vermögenswerte, die noch nicht zu seinem Vermögen gehören, jedoch in der Verfügung von Todes wegen konkret bezeichnet sind, wird deren Wert hinzugerechnet. Von dem Begünstigten zu übernehmende Verbindlichkeiten werden abgezogen, jedoch nur bis zur Hälfte des Vermögenswerts, d.h. es muss mind. die Hälfte des Vermögens verbleiben. Die Sätze 1 und 2 gelten bei gemeinschaftlichen Testamenten nicht für Vermögenswerte, die bereits nach § 102 Abs. 1 berücksichtigt sind. | |
| | § 102 Abs. 3: Betrifft die Verfügung von Todes wegen nur bestimmte Vermögenswerte, ist deren Wert maßgebend; § 102 Abs. 2 S. 2 gilt entsprechend. Für land- oder forstwirtschaftliches Vermögen erfolgt die Wertberechnung nach § 48 (vierfacher Einheitswert). | |
| | Wenn in einem Testament nur nichtvermögensrechtliche Bestimmungen (z.B. Anordnung einer Testamentsvollstreckung etc.) getroffen werden, sind diese nach § 51 Abs. 2 zu bewerten: 30 % des von der Testamentsvollstreckung betroffenen Gegenstands. | |
| – Gemeinschaftliches Testament | Wie oben. | 2,0 Gebühr, mind. 120 EUR (Nr. 21100 KV). |
| – Widerruf, Aufhebung, Anfechtung (s. unter Erbvertrag) | | |

| Gebührentatbestand | Geschäftswert | Gebührensatz |
| --- | --- | --- |
| **Übergabevertrag** | Bei einer unentgeltlichen Grundstücksüberlassung bemisst sich der Geschäftswert nach § 46. Der Wert eines im Wege vorweggenommener Erbfolge abgeschlossenen teilentgeltlichen Grundstücksübergabevertrages wird nach § 97 Abs. 3 ermittelt durch Vergleich zwischen der Leistung des Übergebers und dem Wert der Gegenleistung des Erwerbers; der höhere Wert ist maßgebend. Bei einer landwirtschaftlichen Übergabe ist – unter den Voraussetzungen des § 48 – die Leistung des Übergebers mit dem 4fachen Einheitswert anzusetzen. Ist dieser Wert höher als der Verkehrswert, so ist der Verkehrswert maßgebend (vgl. § 48 Abs. 1 S. 1 „höchstens das Vierfache des letzten Einheitswerts"). Häufig ist jedoch die Gegenleistung des Erwerbers höher als der 4fache Einheitswert und daher maßgeblich (§ 97 Abs. 3). Ein Schuldenabzug ist gem. § 38 nicht vorzunehmen, auch nicht bei Übergabe eines Gewerbebetriebes oder eines Handelsgeschäftes. Ist die Austauschleistung des Erwerbers ein Wohnungsrecht, eine Leibrente, eine dauernde Last oder eine sonst wiederkehrende Leistung, so wird der Geschäftswert nach § 52 berechnet; dabei gibt es ein Verwandtenprivileg gem. § 24 Abs. 3 KostO nicht mehr. Preisklauseln (Wertsicherungsklauseln) werden nicht berücksichtigt (§ 52 Abs. 7). Ein mitbeurkundeter Erb- oder Pflichtteilsverzicht von Geschwistern des Erwerbers („weichende Erben") hat einen verschiedenen Beurkundungsgegenstand nach § 86 Abs. 2. Zu seinem Wert siehe bei „Erbverzicht" bzw. „Pflichtteilsverzicht". | 2,0 Gebühr, mind. 120 EUR (Nr. 21100 KV). Ggf. zusätzlich Vollzugsgebühr (siehe dazu unter „Vollzug") und Betreuungsgebühr (siehe dazu unter „Nebentätigkeiten"). |

| Gebührentatbestand | Geschäftswert | Gebührensatz |
|---|---|---|

**Umwandlung**

– Verschmelzung

  – Vertrag | Zu vergleichen ist das Aktivvermögen des übertragenden Rechtsträgers mit dem Wert der ggf. gewährten Beteiligung (§ 97 Abs. 3); der Mindestwert beträgt 30.000 EUR, der Höchstwert 10 Mio. EUR (§ 107 Abs. 1 S. 1). Mitbeurkundete Verzichtserklärungen bleiben unbewertet, weil sie zum Vertrag derselbe Beurkundungsgegenstand nach § 109 Abs. 1 S. 1–3 sind. Werden Verschmelzungsvertrag und Zustimmungsbeschluss in einer Urkunde beurkundet, liegen verschiedene Beurkundungsgegenstände vor (§ 110 Nr. 1); die Werte sind gem. § 35 Abs. 1 zu addieren und die 2,0 Gebühr ist nach Nr. 21100 KV aus der Wertesumme zu erheben. | 2,0 Gebühr, mind. 120 EUR (Nr. 21100 KV).

  – Zustimmungsbeschluss | Aktivvermögen des übertragenden Rechtsträgers (§ 108 Abs. 3 S. 1). Mehrere Zustimmungsbeschlüsse haben denselben Beurkundungsgegenstand (§ 109 Abs. 2 S. 1 Nr. 4 Buchst. g). Der Mindestwert beträgt 30.000 EUR (§ 108 Abs. 1 S. 2 i.V.m. § 105 Abs. 1 S. 2), der Höchstwert beträgt 5 Mio. EUR (§ 108 Abs. 5). Werden Zustimmungsbeschluss und Verschmelzungsvertrag in einer Urkunde beurkundet, liegen verschiedene Beurkundungsgegenstände vor (§ 110 Nr. 1); die Werte sind gem. § 35 Abs. 1 zu addieren und die 2,0 Gebühr ist nach Nr. 21100 KV aus der Wertesumme zu erheben. | 2,0 Gebühr, mind. 120 EUR (Nr. 21100 KV).

  – Handelsregisteranmeldung(en) (Entwurf mit Unterschriftsbeglaubigung) | Bei Kapitalgesellschaft: 1 % des Grund- oder Stammkapitals, mindestens 30.000 EUR, höchstens 1 Mio. EUR (§ 105 Abs. 1 bzw. 4 Nr. 1, § 106); bei Personengesellschaften als beteiligten Rechtsträgern siehe die hierfür einschlägigen Bestimmungen des § 105 Abs. 1 oder 3. | 0,5 Gebühr, mind. 30 EUR (Nr. 21201 Nr. 5 KV i.V.m. 24102 KV i.V.m. § 92 Abs. 2), wenn der Notar den Entwurf der Anmeldung fertigt und die Unterschrift beglaubigt. Wenn der Notar nur die Unterschrift beglaubigt: 0,2 Gebühr, mind. 20 EUR, höchstens 70 EUR (Nr. 25100 KV).

| Gebührentatbestand | Geschäftswert | Gebührensatz |
|---|---|---|
| – Verzichtserklärungen | Teilwert aus dem Anteil bzw. den Anteilen der Verzichtenden (§ 36 Abs. 1). Ca. 10 bis 30 % dürften angemessen sein. | 1,0 Gebühr, mind. 60 EUR (Nr. 21200 KV). Aber: Verzichtserklärungen bleiben in der Regel unbewertet, weil sie im Hinblick auf den kostengünstigsten Weg zusammen mit dem Vertrag beurkundet werden müssen; hierzu sind sie aber derselbe Beurkundungsgegenstand nach § 109 Abs. 1 S. 1–3. |
| – Spaltung | | |
| – Spaltungsvertrag oder -plan | Bei Abspaltungen oder Ausgliederungen ist der Wert des übergehenden Vermögens maßgebend oder eine höhere Beteiligung (§ 97 Abs. 3). Der Mindestwert beträgt 30.000 EUR, der Höchstwert 10 Mio. EUR (§ 107 Abs. 1 S. 1). | 2,0 Gebühr, mind. 120 EUR (Nr. 21100 KV) bei Spaltungs- und Übernahmevertrag; 1,0 Gebühr, mind. 60 EUR (Nr. 21200 KV) bei Spaltungsplan. |
| – Zustimmungsbeschlüsse | Bei Abspaltungen oder Ausgliederungen ist der Wert des übergehenden Vermögens maßgebend (§ 108 Abs. 3 S. 2). Mehrere Zustimmungsbeschlüsse haben denselben Beurkundungsgegenstand (§ 109 Abs. 2 S. 1 Nr. 4 Buchst. g). Der Mindestwert beträgt 30.000 EUR (§ 108 Abs. 1 S. 2 i.V.m. § 105 Abs. 1 S. 2), der Höchstwert beträgt 5 Mio. EUR (§ 108 Abs. 5). Werden Zustimmungsbeschluss und Spaltungsvertrag oder Spaltungsplan in einer Urkunde beurkundet, liegen verschiedene Beurkundungsgegenstände vor (§ 110 Nr. 1). Bei identischem Gebührensatz ist nach § 35 Abs. 1 zu verfahren (Werteaddition). Bei unterschiedlichen Gebührensätzen ist eine Vergleichsberechnung nach § 94 Abs. 1 vorzunehmen. | Grds. wie bei Verschmelzung. |
| – Verzichtserklärungen | Grds. wie bei Verschmelzung. | Grds. wie bei Verschmelzung. |
| – Entwurf Handelsregisteranmeldung mit Unterschriftsbeglaubigung | Grds. wie bei Verschmelzung. | Grds. wie bei Verschmelzung. |

| Gebührentatbestand | Geschäftswert | Gebührensatz |
|---|---|---|
| – Formwechsel | | |
| – Formwechselbeschluss | Aktivvermögen des formwechselnden Rechtsträgers (§ 108 Abs. 3 S. 1). Der Mindestwert beträgt 30.000 EUR (§ 108 Abs. 1 S. 2 i.V.m. § 105 Abs. 1 S. 2), der Höchstwert beträgt 5 Mio. EUR (§ 108 Abs. 5). | 2,0 Gebühr, mind. 120 EUR (Nr. 21100 KV). |
| – Zustimmungsbeschluss | Grds. wie bei Verschmelzung. | Grds. wie bei Verschmelzung. |
| – Verzichtserklärungen | Grds. wie bei Verschmelzung. | 1,0 Gebühr, mind. 60 EUR (Nr. 21200 KV). Werden die Verzichtserklärungen in einer Urkunde mit dem Formwechselbeschluss beurkundet, so liegen verschiedene Beurkundungsgegenstände nach § 110 Nr. 1 vor. Wegen der verschiedenen Gebührensätze ist nach § 94 Abs. 1 zu verfahren. |
| – Entwurf Handelsregisteranmeldung mit Unterschriftsbeglaubigung | Grds. wie bei Verschmelzung. | Grds. wie bei Verschmelzung. |
| **Unterhaltsverpflichtung** gegenüber Kindern jeden Alters (unabhängig davon, ob deren Eltern miteinander verheiratet waren oder nicht) | | Gebührenfrei (Vorbem. 2 Abs. 3 KV). Bei Unterhaltsverpflichtung in Scheidungsvereinbarung gilt dies nicht (siehe insoweit bei „Ehevertrag"). |
| **Unternehmergesellschaft** (haftungsbeschränkt): siehe GmbH | | |
| **Unterschriftsbeglaubigung:** siehe Beglaubigung einer Unterschrift | | |
| **Unterwerfung unter die sofortige Zwangsvollstreckung in besonderer Urkunde** (ohne gleichzeitige Beurkundung des zugrundeliegenden Geschäfts) | Voller Forderungsbetrag (§ 97 Abs. 1). | 1,0 Gebühr, mind. 60 EUR (Nr. 21200 KV). |
| **Unzeittätigkeit** | Ohne Wert. | Tätigkeiten, die auf Verlangen der Beteiligten an Sonntagen und allgemeinen Feiertagen, an Sonnabenden vor 8 und nach 13 Uhr sowie an den übrigen Werktagen außerhalb der Zeit von 8 bis 18 Uhr vorgenommen werden: 30 % der für das Verfahren oder das Geschäft zu erhebenden Gebühr, höchstens 30 EUR (Nr. 26000 KV). |

| Gebührentatbestand | Geschäftswert | Gebührensatz |
| --- | --- | --- |
| **Vaterschaftsanerkenntnis** | | Gebührenfrei (Vorbem. 2 Abs. 3 KV). |
| **Verein** | | |
| – Erstanmeldung zum Vereins-register (Entwurf mit Unter-schriftsbeglaubigung) | Grds. § 36 Abs. 1. Hilfswert nach § 36 Abs. 3: 5.000 EUR. Höchst-wert: 1 Mio. EUR (§ 106). | 0,5 Gebühr, mind. 30 EUR (Nr. 21201 Nr. 5 KV i.V.m. 24102 KV i.V.m. § 92 Abs. 2), wenn der Notar den Entwurf der Anmeldung fertigt und die Unterschrift beglaubigt. Wenn der Notar nur die Unterschrift beglaubigt: 0,2 Gebühr, mind. 20 EUR, höchstens 70 EUR (Nr. 25100 KV). |
| – Anmeldung von Veränderun-gen | Grds. wie bei der Erstanmeldung Jedoch hat jede Veränderung ei-nen verschiedenen Beurkun-dungsgegenstand nach § 111 Nr. 3. Demgemäß kann der Hilfs-wert nach § 36 Abs. 3 in Höhe von 5.000 EUR bei Bestellung neuer und Ausscheiden alter Vorstands-mitglieder für jede wechselnde Person gesondert anfallen (Zur KostO: OLG Hamm RNotZ 2009, 554 = MittBayNot 2009, 486). | Wie vor. |
| **Verlosung** | | |
| – Verlosung durch Notar | Wert der verlosten Gegenstände bzw. bei Geldlotterien der zu ver-losende Betrag; steht ein solcher nicht fest, ist er nach billigem Er-messen zu bestimmen, § 36 Abs. 1. Ggfs. Ist auf den Hilfswert nach § 36 Abs. 3 in Höhe von 5.000 EUR zurückzugreifen. | 2,0 (Nr. 23200 KV). Die Gebühr entsteht auch, wenn der Notar Prü-fungstätigkeiten übernimmt (Anm. zu Nr. 23200 KV). Die mit der Tätigkeit verbundene Niederschrift wird durch die Ge-bühr mit abgegolten (Vorbem. 2.3 Abs. 1 S. 1 KV). Endet das Verlosungsverfahren vorzeitig, ermäßigt sich die Gebühr auf 0,5 (Nr. 23201 KV). |
| – Reine Beurkundung des Ver-losungshergangs | Wie vor. | 1,0 Gebühr, mind. 60 EUR (Nr. 21200 KV). |
| **Vermögensverzeichnis:** siehe Siegelung | | |
| **Verpfändung Eigentumsver-schaffungsanspruch** | Betrag der Forderung (Kaufpreis nach § 47 S. 1) bzw. Wert des Pfandes (in der Regel Nominal-betrag des Grundpfandrechts), wenn dieser geringer ist (§ 53 Abs. 1). Bei gleichzeitig bestelltem Grund-pfandrecht liegt derselbe Beur-kundungsgegenstand nach § 109 Abs. 1 S. 1–3 vor. | 1,0 Gebühr, mind. 60 EUR (Nr. 21200 KV). |

| Gebührentatbestand | Geschäftswert | Gebührensatz |
|---|---|---|
| – Verpfändung Anspruch aus erklärter Auflassung | Wie vor. | 2,0 Gebühr, mind. 120 EUR (Nr. 21100 KV). |
| – Löschungserklärung über Pfändungsvermerk im Grundbuch | Wie oben. | 0,5 Gebühr, mind. 30 EUR (Nr. 21201 Nr. 4 KV i.V.m. 24102 KV i.V.m. § 92 Abs. 2), wenn der Notar den Entwurf der Löschungserklärung fertigt und die Unterschrift beglaubigt. Wenn der Notar nur die Unterschrift beglaubigt: 0,2 Gebühr, mind. 20 EUR, höchstens 70 EUR (Nr. 25100 KV). |

**Verwahrung**

| | | |
|---|---|---|
| – von Geld, Wertpapieren und Kostbarkeiten | Der Geschäftswert bei der Verwahrung von Geldbeträgen bestimmt sich nach der Höhe des jeweils ausgezahlten Betrages (§ 124 S. 1). Bei der Entgegennahme von Wertpapieren und Kostbarkeiten zur Verwahrung ist Geschäftswert der Wert der Wertpapiere oder Kostbarkeiten (§ 124 S. 2). | Verwahrung von Geldbeträgen: 1,0 Gebühr je Auszahlung (Nr. 25300 KV). Bei Beträgen von mehr als 13 Mio. EUR beträgt die Gebühr 0,1 % des Auszahlungsbetrages. Entgegennahme von Wertpapieren und Kostbarkeiten zur Verwahrung: 1,0 Gebühr (Nr. 25301 KV). Bei Werten von mehr als 13 Mio. EUR beträgt die Gebühr 0,1 % des Werts. Durch die Gebühr wird die Verwahrung mit abgegolten (Anm. zur Nr. 25301 KV). Die Verwahrungsgebühren entstehen neben Gebühren für Betreuungstätigkeiten gesondert (Vorbem. 2.5.3 Abs. 1; s. auch Nr. 22200 Anm. Nr. 4 KV). Der allgemeine Höchstwert von 60 Mio. EUR gilt nicht (Vorbem. 2.5.3 Abs. 2 KV). |
| – von anderen Gegenständen | Wert der Gegenstände. Steht er nicht fest, ist er nach billigem Ermessen zu bestimmen (§ 36 Abs. 1). Ggf. ist auf den Hilfswert des § 36 Abs. 3 i.H.v. 5.000 EUR zurückzugreifen. | Vereinbarung eines öffentlich-rechtlichen Vertrags nach § 126. |

**Verwalter**

| | | |
|---|---|---|
| – Zustimmung des Verwalters einer Wohnungseigentumsanlage zur Veräußerung eines Wohnungs- oder Teileigentums (§ 12 WEG) | Halber Wert der Veräußerungsurkunde (§ 98 Abs. 1), höchstens 1 Mio. EUR (§ 98 Abs. 4). Wird Verwalterzustimmung im Veräußerungsvertrag erklärt, fällt hierfür keine gesonderte Gebühr an, weil sie zum Veräußerungsvertrag denselben Beurkundungsgegenstand hat (§ 109 Abs. 1 S. 1–3). | 1,0 Gebühr, mind. 60 EUR (Nr. 21200 KV i.V.m. 24101 KV i.V.m. § 92 Abs. 2), wenn der Notar den Entwurf der Verwalterzustimmung fertigt und die Unterschrift beglaubigt. Aber: Fertigt der Notar den Entwurf innerhalb des Vollzugs der Veräußerungsurkunde, so erhält der Notar lediglich die Vollzugsgebühr, jedoch keine geson- |

| Gebührentatbestand | Geschäftswert | Gebührensatz |
|---|---|---|
| | | derte Entwurfsgebühr (Vorbem. 2.2 Abs. 2 KV sowie Vorbem. 2.4.1 Abs. 1 S. 2 KV). Wenn der Notar nur die Unterschrift beglaubigt: 0,2 Gebühr, mind. 20 EUR, höchstens 70 EUR (Nr. 25100 KV). |
| – Verwalterbestellungsprotokoll gem. § 26 Abs. 3 WEG (Unterschriftsbeglaubigung) | Ohne Wert | 20 EUR (Nr. 25101 Nr. 3 KV) |
| **Verweisungsurkunde nach § 13a BeurkG** (auch Grundlagen-, Bezugs-, Mutter- oder Stammurkunde genannt) | 10 bis 30 % des Bezugswertes, etwa der Gesamtbaukosten (§ 36 Abs. 1). | 1,0 Gebühr, mind. 60 EUR (Nr. 21200 KV). |
| **Vollmacht** | Bei der Beurkundung einer Vollmacht zum Abschluss eines bestimmten Rechtsgeschäfts ist Geschäftswert die Hälfte des Geschäftswerts für die Beurkundung des Geschäfts, auf das sich die Vollmacht bezieht (§ 98 Abs. 1). Bei Vollmachten aufgrund einer gegenwärtigen oder künftigen Mitberechtigung ermäßigt sich der nach § 98 Abs. 1 bestimmte Geschäftswert auf den Bruchteil, der dem Anteil der Mitberechtigung entspricht (§ 98 Abs. 2 S. 1). Bei Gesamthandverhältnissen ist der Anteil entsprechend der Beteiligung an dem Gesamthandvermögen zu bemessen (§ 98 Abs. 2 S. 3). Der Geschäftswert bei der Beurkundung einer allgemeinen Vollmacht ist nach billigem Ermessen zu bestimmen; dabei sind der Umfang der erteilten Vollmacht und das Vermögen des Vollmachtgebers angemessen zu berücksichtigen (§ 98 Abs. 3 S. 1). Der zu bestimmende Geschäftswert darf die Hälfte des Vermögens des Auftraggebers nicht übersteigen (§ 98 Abs. 3 S. 2). Dies gilt auch für eine Vorsorgevollmacht nach Art einer Generalvollmacht. In allen Fällen beträgt der anzunehmende Geschäftswert höchstens 1 Mio. EUR (§ 98 Abs. 4). | 1,0 Gebühr, mind. 60 EUR (Nr. 21200 KV). Wird allerdings das Grundgeschäft (Auftrag, Geschäftsbesorgung) unter Beteiligung des Beauftragten mitbeurkundet, so fällt eine 2,0 Gebühr, mind. 120 EUR nach Nr. 21100 KV an. Bei Vorsorgevollmacht fällt eine 0,5 Betreuungsgebühr nach Nr. 22200 Anm. Nr. 3 KV an, wenn der Notar die Ausfertigung der Vollmacht erst nach Vorlage eines ärztlichen Zeugnisses erteilen soll. Ihr Wert bestimmt sich nach dem Wert der Vollmachtsurkunde (§ 113 Abs. 1). Die Übermittlung von Anträgen an das Zentrale Vorsorgeregister sind gebührenfrei (Vorbem. 2.1 Abs. 2 Nr. 1 bzw. 2 KV). Vom Notar verauslagte Registrierungsgebühren kann er als Auslagen auf die Beteiligten umlegen (Nr. 32015 KV). |

| Gebührentatbestand | Geschäftswert | Gebührensatz |
|---|---|---|
| | Enthält die Urkunde über die Vorsorgevollmacht auch eine Betreuungsverfügung und eine Patientenverfügung, so sind Betreuungsverfügung und Patientenverfügung derselbe Beurkundungsgegenstand (§ 109 Abs. 2 S. 1 Nr. 1); die Vorsorgevollmacht ist zu ihnen allerdings ein verschiedener Beurkundungsgegenstand (§ 110 Nr. 3). Alle drei Erklärungen unterliegen demselben Gebührensatz (1,0 Gebühr, mind. 60 EUR nach Nr. 21200 KV). | |
| | Eine Belastungsvollmacht im Grundstückskaufvertrag ist zum Kaufvertrag derselbe Beurkundungsgegenstand und bleibt unbewertet (§ 109 Abs. 1 S. 4 Nr. 1 Buchst. c); denn der Kaufvertrag regiert als vorherrschendes Rechtsverhältnis den Geschäftswert (§ 109 Abs. 1 S. 5). | |
| **Vollstreckbarerklärung** | | |
| – Verfahren über die Vollstreckbarerklärung eines Anwaltsvergleichs nach § 796a ZPO: siehe bei „Anwaltsvergleich" | | |
| – Verfahren über die Vollstreckbarerklärung eines Schiedsspruchs mit vereinbartem Wortlaut nach § 1053 ZPO: siehe bei „Schiedsspruch mit vereinbartem Wortlaut" | | |
| – Verfahren über die Ausstellung einer Bestätigung nach § 1079 ZPO oder über die Ausstellung einer Bescheinigung nach § 1110 ZPO | Ohne Wert. | 20 EUR (Nr. 23805 KV). |
| – Verfahren über einen Antrag auf Vollstreckbarerklärung einer notariellen Urkunde nach § 55 Abs. 3 AVAG, nach § 35 Abs. 3 AUG oder nach § 3 Abs. 4 IntErbRVG | Ohne Wert. | 240 EUR (Nr. 23806 KV). Endet das gesamte Verfahren durch Zurücknahme des Antrags, so ermäßig sich die Gebühr auf 90 EUR (Nr. 23807 KV). |
| – Verfahren über die Ausstellung einer Bescheinigung nach § 57 AVAG oder § 27 IntErbRVG oder für die Ausstellung des Formblatts oder der Bescheinigung nach § 71 Abs. 1 AUG | Ohne Wert. | 15 EUR (Nr. 23808 KV). |

| Gebührentatbestand | Geschäftswert | Gebührensatz |
|---|---|---|
| **Vollstreckungsklausel (Titelergänzende Klausel oder Klauselumschreibung)** | Der Geschäftswert bestimmt sich nach den Ansprüchen, die Gegenstand der vollstreckbaren Ausfertigung sein sollen (§ 118). | 0,5 Gebühr (Nr. 23803 KV). Die Gebühr fällt an für das Verfahren über die Erteilung einer vollstreckbaren Ausfertigung, wenn der Eintritt einer Tatsache oder eine Rechtsnachfolge zu prüfen ist (§§ 726 bis 729 ZPO). Eine Rechtsnachfolge liegt nicht vor bei einer reinen Namensänderung, wie z.B. Heirat oder Umfirmierung; die hierzu vorgenommene Klauselumschreibung bleibt gebührenfrei. Weitere vollstreckbare Ausfertigung (§§ 797 Abs. 3, 733 ZPO): Festgebühr von 20 EUR (Nr. 23804 KV). |
| **Vollzug** Für Abgrenzung zur Betreuungs- und Treuhandgebühr siehe bei „Nebentätigkeiten" | Der Geschäftswert für den Vollzug ist der Geschäftswert des zugrunde liegenden Beurkundungsverfahrens (§ 112 S. 1). Liegt der zu vollziehenden Urkunde kein Beurkundungsverfahren zugrunde, ist der Geschäftswert derjenige Wert, der maßgeblich wäre, wenn diese Urkunde Gegenstand eines Beurkundungsverfahrens wäre (§ 112 S. 2). | Vollzugsgebühren nach den Nrn. 22110 ff. KV. Der Gebührenkatalog für die Vollzugsgebühr ist geschlossen. Die Vollzugsgebühr entsteht in demselben notariellen Verfahren oder bei der Fertigung eines Entwurfs nur einmal (§ 93 Abs. 1). Ausgenommen ist die spezielle Vollzugsgebühr für die Erzeugung einer XML-Datei; sie fällt neben der allgemeinen Vollzugsgebühr gesondert an (Anm. zu Nr. 22114 KV sowie Anm. zu Nr. 22125 KV). |
| **Vorkaufsrecht** (über Grundbesitz) | Grundsätzlich halber Grundstückswert (§ 51 Abs. 1 S. 2). Ist der so bestimmte Wert nach den besonderen Umständen des Einzelfalls unbillig, kann ein höherer oder ein niedrigerer Wert angenommen werden (§ 51 Abs. 3). | 2,0 Gebühr, mind. 120 EUR (Nr. 21100 KV) bei Vereinbarung des schuldrechtlichen Bestellungsgeschäfts (bedarf nach § 311b Abs. 1 S. 1 BGB der Beurkundung) oder der sachenrechtlichen Einigung. Wird lediglich die Eintragungsbewilligung für ein dingliches Vorkaufsrecht beurkundet oder entworfen, fällt eine 0,5 Gebühr, mind. 30 EUR, an (Nr. 21201 Nr. 4 KV i.V.m. Nr. 24102 KV i.V.m. § 92 Abs. 2). |
| **Vorsorgevollmacht:** siehe Vollmacht | | |
| **Vorvertrag** | Grundsätzlich Wert des Gegenstands, auf den sich das Vorkaufsrecht bezieht (§ 51 Abs. 1 S. 1). Ist der so bestimmte Wert nach den besonderen Umständen des Einzelfalls unbillig, kann ein niedrigerer Wert angenommen werden (§ 51 Abs. 3). | 2,0 Gebühr, mind. 120 EUR (Nr. 21100 KV). |

| Gebührentatbestand | Geschäftswert | Gebührensatz |
|---|---|---|
| **Vorzeitige Beendigung des Beurkundungsverfahrens** | | |
| – Noch keine Tätigkeit des Notars | | 20 EUR (Nr. 21300 KV). |
| – Beratung durch Notar | Siehe unter dem Hauptstichwort „Beratung". | Nr. 21301 KV: Beratungsgebühr (s. dazu näher unter dem Hauptstichwort „Beratung"). |
| – Entwurfsfertigung | Siehe unter dem Hauptstichwort „Entwurf". | Nrn. 21302 – 21304 KV: Entwurfsgebühr (s. dazu näher unter dem Hauptstichwort „Entwurf"). |
| **Wechselprotest** | Wechselsumme ohne Nebenleistungen (§§ 36 Abs. 1, 97 Abs. 1). | Verfahren über die Aufnahme eines Wechsel- und Scheckprotests: 0,5 Gebühr (Nr. 23400 KV). Die Gebühr fällt auch dann an, wenn ohne Aufnahme des Protestes an den Notar gezahlt oder ihm die Zahlung nachgewiesen wird (Anm. zu Nr. 23400 KV). Verfahren über die Aufnahme eines jeden Protests wegen Verweigerung der Ehrenannahme oder wegen unterbliebener Ehrenzahlung, wenn der Wechsel Notadressen enthält: 0,3 Gebühr (Nr. 23401 KV). Mit den Gebühren ist auch die Fertigung einer Niederschrift abgegolten (Vorbem. 2.3 Abs. 1 S. 1 KV). Neben den Gebühren werden die Gebühren Nr. 25300 KV (Verwahrung von Geldbeträgen) und Nr. 26002 KV (Auswärtsgebühr) nicht erhoben (Vorbem. 2.3.4 KV). |
| **Wiederkehrende Leistungen und Nutzungen** | Wiederkehrende Nutzungen oder Leistungen bestimmen sich nach § 52. Dies ist die Nachfolgevorschrift zu § 24 und zu § 22 KostO. § 52 Abs. 1 bestimmt den Anwendungsbereich der Norm (Begr. RegE, BT-Drucks 17/11471, zu § 52, S. 171). Danach bestimmt sich der Wert einer Dienstbarkeit, einer Reallast oder eines sonstigen Rechts oder Anspruchs auf wiederkehrende oder dauernde Nutzungen oder Leistungen einschließlich des Unterlassens oder Duldens nach dem Wert, den das Recht für den Berechtigten oder das herrschende Grundstück hat. | |

| Gebührentatbestand | Geschäftswert | Gebührensatz |
|---|---|---|

Die maßgeblichen Vervielfältiger lauten: – Rechte von bestimmter Dauer: Zeitraum der Dauer, höchstens die ersten 20 Jahre (§ 52 Abs. 4); bei auf Lebensdauer beschränkten Rechten höchstens Wert nach Lebensalter gem. § 52 Abs. 4:

- Bis zu 30 Jahre: die ersten 20 Jahre
- Über 30 Jahre: die ersten 15 Jahre
- Über 50 Jahre bis zu 70 Jahre: die ersten 10 Jahre
- Über 70 Jahre: die ersten 5 Jahre;
  - Rechte von unbeschränkter Dauer: die ersten 20 Jahre (§ 52 Abs. 3 S. 1);
  - Rechte von unbestimmter Dauer: die ersten 10 Jahre, soweit sich aus § 52 Abs. 4 nichts anderes ergibt (§ 52 Abs. 3 S. 2).

Das Verwandtenprivileg des § 24 Abs. 3 KostO wurde nicht übernommen.

Nach der Hilfsvorschrift des § 52 Abs. 5 wird der Jahreswert mit 5 % des Werts des betroffenen Gegenstands oder Teils des betroffenen Gegenstands angenommen, sofern nicht ein anderer Wert festgestellt werden kann.

Der nach § 52 Abs. 1 bis 5 ermittelte Wert kann unter Billigkeitserwägungen korrigiert werden (§ 52 Abs. 6 S. 3). Dabei bestimmt das Gesetz sogleich den Billigkeitsgrund: Der Geschäftswert ist niedriger anzunehmen, weil im Zeitpunkt des Geschäfts der Beginn des Rechts noch nicht feststeht oder das Recht in anderer Weise bedingt ist.

Preisklauseln (Wertsicherungsklauseln) werden – anders als noch in der KostO – nicht berücksichtigt (§ 52 Abs. 7).

| Gebührentatbestand | Geschäftswert | Gebührensatz |
|---|---|---|
| **Wohnungs- und Teileigentum** | | |
| – Begründung durch Vertrag gem. § 3 WEG | Wert des bebauten Grundstücks (§ 42 Abs. 1 S. 1). Ist das Grundstück noch nicht bebaut, ist dem Grundstückswert der Wert des zu errichtenden Bauwerks hinzuzurechnen (§ 42 Abs. 1 S. 2). Die wechselseitige Einräumung von Vorkaufsrechten ist ein verschiedener Beurkundungsgegenstand nach § 86 Abs. 2. | 2,0 Gebühr, mind. 120 EUR (Nr. 21100 KV). |
| – Begründung durch Teilungserklärung nach § 8 WEG | Wie vor. | 1,0 Gebühr, mind. 60 EUR (Nr. 21200 KV), jedenfalls wenn zugleich Gemeinschaftsordnung mit erklärt; reine dingliche Aufteilung ohne Gemeinschaftsordnung löst lediglich 0,5 Gebühr, mind. 30 EUR, nach Nr. 21201 Nr. 4 KV aus. |
| – Einholung der Abgeschlossenheitsbescheinigung | Wert des Beurkundungsverfahren (§ 112 S. 1). | 0,5 Vollzugsgebühr nach Nr. 22110 KV bei vertraglicher Begründung; 0,3 Vollzugsgebühr nach Nr. 22111 KV bei einseitiger Begründung mit oder ohne Gemeinschaftsordnung. In allen Fällen beträgt die Gebühr höchstens 50 EUR (Nr. 22112 KV i.V.m. Vorbem. 2.2.1.1 Abs. 1 S. 2 Nr. 1 KV). |
| – Veräußerung von Wohnungs- oder Teileigentum | Kaufpreis bzw. Wert des Wohnungs- oder Teileigentums (§§ 47, 46). Bei der Ermittlung des Geschäftswertes ist das Wohngeld nicht zu berücksichtigen. | 2,0 Gebühr, mind. 120 EUR (Nr. 21100 KV). |
| – Verwalterbestellung: siehe bei Verwalter | | |
| – Verwalterzustimmung nach § 12 WEG (gesondert): siehe bei Verwalter | | Wird Verwalterzustimmung im Veräußerungsvertrag erklärt, fällt hierfür keine gesonderte Gebühr an, weil sie zum Veräußerungsvertrag derselben Beurkundungsgegenstand ist (§ 109 Abs. 1 S. 1–3). |

**Zustimmung:**
siehe Genehmigung

# C. Gerichtskosten-ABC

## Schnellübersicht

Gebührensätze

**Dauerbetreuung, Dauerpflegschaft**
Gebür Nr. 11101, 11104 (Tabelle A) . . . . . . . . . . . Jahresgebühr für jedes angefangene Kalenderjahr: 5,00 EUR je angefangene 5.000 Euro des zu berücksichtigenden Vermögens; mindestens 50 Euro

**Dokumentenpauschale**
Gebühr Ziffer 31000
für die ersten 50 Seiten je Seite . . . . . . . . . . . . . . 0,50 EUR
für jede weitere Seite . . . . . . . . . . . . . . . . . . . . 0,15 EUR

für die Überlassung von elektronisch gespeicherten Dateien anstelle der Ausfertigungen, Ablichtungen und Ausdrucke
je Datei . . . . . . . . . . . . . . . . . . . . . . . . . . . . 1,50 EUR
Dokumentenpauschalefrei siehe Ziffer 31000 Nr. 2.(3)

**Eigentümer** Eintragung
Wert § 46 GNotKG
Gebühr Ziff. 14110 . . . . . . . . . . . . . . . . . . . . . 1,0

**Einzelpflegschaften**
Betreuung und Pflegschaft für einzelne Rechtshandlungen 0,5,
Wert § 63 GNotKG höchstens eine
Gebühr 111103, bzw. 11105 . . . . . . . . . . . . . . . . Gebühr 11101, bzw. 11104

**Erbbaurecht** Eintragung
Wert § 49 Abs. 2 GNotKG
Gebühr Ziff. 14121 . . . . . . . . . . . . . . . . . . . . . 1,0

**Erbschafts-** Wert § 103 Abs. 1 GNotKG
**ausschla-** Gebühr Ziff. 21201 Nr. 7 . . . . . . . . . . . . . . . . . 0,5, mindestens
**gung** 30 EUR

**Erbschein** Erteilung
Wert § 40 Abs. 1 GNotKG
Gebühr Ziff. 12210 . . . . . . . . . . . . . . . . . . . . . 1,0
Antrag mit eidesstattlicher Versicherung
Wert § 40 Abs. 1 GNotKG
Gebühr Ziff. 15212 . . . . . . . . . . . . . . . . . . . . . 0,5

**Erklärungen** gegenüber dem Nachlassgericht
Gebühr Ziff. 12410 . . . . . . . . . . . . . . . . . . . . . 15 EUR

Gerichtskosten-ABC

Gebührensätze

Ernennung und Entlassung von Testamentsvollstreckern
Wert § 65 GNotKG
Gebühr Ziff. 12420 . . . . . . . . . . . . . . . . . . . . . .       0,5

Eröffnung einer Verfügung von Todes wegen
Gebühr Ziff. 12101 . . . . . . . . . . . . . . . . . . . . . .     75 EUR

Genossenschaftsregister Eintragung
siehe dazu S. 43 (IV. Gebühren des Gerichts für Eintragungen in das Handelsregister)

Grundbuchausdruck
Ausdruck oder unbegl. Kopie Ziff. 17000 . . . . . . . . .     10 EUR

Amtl. Ausdruck oder begl. Kopie Ziff. 17001 . . . . . . .     20 EUR

Elektr. Übermittlung einer Datei anstelle eines Ausdrucks:
– unbegl. Datei Ziff. 17002 . . . . . . . . . . . . . . . . .      5 EUR
– begl. Datei Ziff. 17003 . . . . . . . . . . . . . . . . . .     10 EUR

Güterrechtsregister Eintragung
Verfahren über Eintragung aufgrund eines Ehe- oder
Lebenspartnerschaftsvertrages
Gebühr Ziff. 13200 . . . . . . . . . . . . . . . . . . . . . .    100 EUR

Sonstige Eintragungen
Gebühr Ziff. 13201 . . . . . . . . . . . . . . . . . . . . . .     50 EUR

Handelsregister Eintragung
siehe dazu S. 43 (IV. Gebühren des Gerichts für
Eintragungen in das Handelsregister)

Hypothek (Grundschuld)
Eintragung
Wert § 53 Abs. 1 GNotKG
Gebühr Ziff. 14121 . . . . . . . . . . . . . . . . . . . . . .      1,0

Hypothek (Grundschuld) Brief
Eintragung
Wert § 53 Abs. 1 GNotKG
Gebühr Ziff. 14120 . . . . . . . . . . . . . . . . . . . . . .      1,3

Löschungen in Abteilung III des Grundbuchs
Wert § 53 Abs. 1 GNotKG
Gebühr 14140 . . . . . . . . . . . . . . . . . . . . . . . . .      0,5

im Übrigen
Gebühr Ziff. 14143 . . . . . . . . . . . . . . . . . . . . . .     25 EUR

Löschungsvormerkung Eintragung
Wert § 45 Abs. 2 GNotKG
Gebühr Ziff. 14130 . . . . . . . . . . . . . . . . . . . . . .      0,5

Gebührensätze

**Mithaft (Pfand) Entlassung Eintragung**
Wert § 44 Abs. 1 GNotKG
Gebühr Ziff. 14142 . . . . . . . . . . . . . . . . . . . .                      0,3

**Nachlasspflegschaft**
Gebühr Ziff. 12311 . . . . . . . . . . . . . . . . . . . .          Jahresgebühr;
5 EUR je angefange-
nen 5.000 EUR des
Nachlasswertes,
mindestens
100 EUR

**Nachlasssicherung**
Wert § 36 GNotKG
Gebühr Ziff. 12310 . . . . . . . . . . . . . . . . . . . .                      0,5

**Partnerschaftsregister Eintragung**
siehe dazu S. 43 (IV. Gebühren des Gerichts für
Eintragungen in das Handelsregister)

**Reallast**      Eintragung
Wert § 52 GNotKG
Gebühr Ziff. 14121 . . . . . . . . . . . . . . . . . . . .                      1,0

**Sonstige Grundbucheintragung**
Gebühr Ziff. 14160 . . . . . . . . . . . . . . . . . . . .                   50 EUR

**Todeserklärung**
Aufgebotsverfahren
Wert § 36 Abs. 3 GNotKG
Gebühr Ziff. 15210 . . . . . . . . . . . . . . . . . . . .                      1,0

**Veränderungen dinglicher Rechte Eintragung**
Wert, je Recht §§ 49 Abs. 2, 52 GNotKG
Gebühr Ziff. 14130 . . . . . . . . . . . . . . . . . . . .                      0,5

**Vereinsregister Eintragungen**
für die erste Eintragung des Vereins
Gebühr Ziff. 13100 . . . . . . . . . . . . . . . . . . . .                   75 EUR
für alle späteren Anmeldungen
Gebühr Ziff. 13101 . . . . . . . . . . . . . . . . . . . .                   50 EUR
für Löschung der Gesamteintragung
Gebühr Ziff. 13101 (3) . . . . . . . . . . . . . . . . . .          keine Gebühr

**Verfahren auf Vermögensauskunft**
– Gerichtskosten: keine Gebühr
– Gerichtsvollzieherkosten bei erfolgreicher Abnahme: KV
260 GVKostG                                                        33 EUR

Gebührensätze

| | |
|---|---|
| Vermerke | von Rechten des Grundstückeigentümers |
| | Gebühr Ziff. 14160 . . . . . . . . . . . . . . . . . . . . . . 50 EUR |

Verwahrung von Verfügungen von Todes wegen
Gebühr Ziff. 12100 . . . . . . . . . . . . . . . . . . . . .          50 EUR

Vorkaufsrecht Eintragung
Wert § 51 Abs. 1 S. 2 GNotKG
Gebühr Ziff. 14121 . . . . . . . . . . . . . . . . . . . . .          1,0

Vormerkung Eintragung
Wert § 45 Abs. 3 GNotKG
Gebühr Ziff. 14150 . . . . . . . . . . . . . . . . . . . . .          0,5

Widerspruch Eintragung
Gebühr Ziff. 14151 . . . . . . . . . . . . . . . . . . . . .          50 EUR

Wohnungs- und Teileigentum
Eintragung der vertraglichen Einräumung von Sonder-
eigentum
Wert § 42 Abs. 1 GNotKG
Gebühr Ziff. 14112 . . . . . . . . . . . . . . . . . . . . .          1,0

Zurücknahme von Anträgen vor Entscheidung
Ziff. 14401 . . . . . . . . . . . . . . . . . . . . . . . . . .          0,25 Gebühr,
mindestens 15 EUR,
höchstens 250 EUR

Zurückweisung von Antragsgeschäften
Ziff. 14400 . . . . . . . . . . . . . . . . . . . . . . . . . .          0,5 Gebühr
mindestens 15 EUR,
höchstens 400 EUR

Zuschreibung von Grundstücken
Ziff. 14160 Nr. 3 . . . . . . . . . . . . . . . . . . . . . . .          50 EUR

# D. Erbschaft-/Schenkungsteuer

Seit dem 1.1.2009 gilt ein neues Erbschaftssteuerrecht, welches durch das Wachstums-beschleunigungsgesetz zum 1.1.2010 wieder überarbeitet wurde.

## I. Steuerklassen und Freibeträge

| Steuerklasse | Begünstigte | Freibetrag in EUR |
|---|---|---|
| I | Ehegatten und eingetragene Lebens-partner | 500.000; im Erbfall zusätzl. Versor-gungsfreibetrag 256.000; selbstgenutztes Wohneigen-tum bleibt steuerfrei (10-jäh-rige Eigennutzung nach Erb-fall erforderlich) |
| | Kinder, Stiefkinder, Enkelkinder, Stiefenkelkinder, wenn der die Verwandtschaft vermittelnde Eltern-teil – also das Kind des Erblassers – be-reits verstorben ist | 400.000; Wohnimmobilie bleibt bis zu 200 qm Wohnfläche steuer-frei, sofern Kinder bzw. Kin-der verstorbener Kinder er-ben |
| | alle übrigen Enkel und Stiefenkel | 200.000 |
| | Urenkel | 100.000 |
| | Eltern und Großeltern bei Erbschaften | 100.000 |
| II | Eltern und Großeltern bei Schenkungen, Geschwister, Neffen, Nichten, Stiefeltern, Schwiegerkinder, Schwiegereltern, ge-schiedene Ehegatten, Lebenspartner ei-ner aufgehobenen Lebenspartnerschaft | 20.000 |
| III | alle übrigen Beschenkten und Erwerber | 20.000 |

# II. Steuersätze

| Wert des Vermögens in EUR | in % je Steuerklasse | | |
|---|---|---|---|
| | *Steuerkl. I* | *Steuerkl. II* | *Steuerkl. III* |
| 75.000 | 7 | 15 | 30 |
| 300.000 | 11 | 20 | 30 |
| 600.000 | 15 | 25 | 30 |
| 6.000.000 | 19 | 30 | 30 |
| 13.000.000 | 23 | 35 | 50 |
| 26.000.000 | 27 | 40 | 50 |
| über 26.000.000 | 30 | 43 | 50 |

# E. Sterbetafel 2010/2012

**Deutschland**

**Männlich**

| Vollendetes Alter in Jahren | Durchschnittliche Lebens-erwartung im Alter x in Jahren | Vollendetes Alter in Jahren | Durchschnittliche Lebens-erwartung im Alter x in Jahren |
|---|---|---|---|
| x | $e_x$ | x | $e_x$ |
| 0 | 77,72 | 30 | 48,55 |
| 1 | 77,01 | 31 | 47,58 |
| 2 | 76,03 | 32 | 46,61 |
| 3 | 75,05 | 33 | 45,65 |
| 4 | 74,06 | 34 | 44,68 |
| 5 | 73,07 | 35 | 43,72 |
| 6 | 72,07 | 36 | 42,75 |
| 7 | 71,08 | 37 | 41,79 |
| 8 | 70,09 | 38 | 40,83 |
| 9 | 69,09 | 39 | 39,87 |
| 10 | 68,10 | 40 | 38,92 |
| 11 | 67,11 | 41 | 37,97 |
| 12 | 66,11 | 42 | 37,02 |
| 13 | 65,12 | 43 | 36,08 |
| 14 | 64,13 | 44 | 35,14 |
| 15 | 63,14 | 45 | 34,21 |
| 16 | 62,15 | 46 | 33,28 |
| 17 | 61,16 | 47 | 32,36 |
| 18 | 60,18 | 48 | 31,45 |
| 19 | 59,21 | 49 | 30,55 |
| 20 | 58,24 | 50 | 29,65 |
| 21 | 57,27 | 51 | 28,77 |
| 22 | 56,30 | 52 | 27,90 |
| 23 | 55,34 | 53 | 27,03 |
| 24 | 54,37 | 54 | 26,18 |
| 25 | 53,40 | 55 | 25,34 |
| 26 | 52,43 | 56 | 24,51 |
| 27 | 51,46 | 57 | 23,69 |
| 28 | 50,49 | 58 | 22,87 |
| 29 | 49,52 | 59 | 22,07 |

| Vollendetes Alter in Jahren | Durchschnittliche Lebens- erwartung im Alter x in Jahren | Vollendetes Alter in Jahren | Durchschnittliche Lebens- erwartung im Alter x in Jahren |
|---|---|---|---|
| x | $e_x$ | x | $e_x$ |
| 60 ........ | 21,28 | 80 ........ | 7,68 |
| 61 ........ | 20,50 | 81 ........ | 7,18 |
| 62 ........ | 19,72 | 82 ........ | 6,70 |
| 63 ........ | 18,96 | 83 ........ | 6,24 |
| 64 ........ | 18,21 | 84 ........ | 5,80 |
| 65 ........ | 17,46 | 85 ........ | 5,38 |
| 66 ........ | 16,73 | 86 ........ | 4,99 |
| 67 ........ | 16,00 | 87 ........ | 4,62 |
| 68 ........ | 15,28 | 88 ........ | 4,28 |
| 69 ........ | 14,57 | 89 ........ | 3,96 |
| 70 ........ | 13,87 | 90 ........ | 3,66 |
| 71 ........ | 13,18 | 91 ........ | 3,39 |
| 72 ........ | 12,50 | 92 ........ | 3,15 |
| 73 ........ | 11,83 | 93 ........ | 2,93 |
| 74 ........ | 11,18 | 94 ........ | 2,73 |
| 75 ........ | 10,54 | 95 ........ | 2,55 |
| 76 ........ | 9,92 | 96 ........ | 2,39 |
| 77 ........ | 9,33 | 97 ........ | 2,25 |
| 78 ........ | 8,76 | 98 ........ | 2,13 |
| 79 ........ | 8,21 | 99 ........ | 2,01 |
| | | 100......... | 1,90 |

# Sterbetafel 2010/2012

**Deutschland**

**Weiblich**

| Vollendetes Alter in Jahren | Durchschnittliche Lebens- erwartung im Alter x in Jahren | Vollendetes Alter in Jahren | Durchschnittliche Lebens- erwartung im Alter x in Jahren |
|---|---|---|---|
| x | $e_x$ | x | $e_x$ |
| 0 ........ | 82,80 | 30 ........ | 53,36 |
| 1 ........ | 82,06 | 31 ........ | 52,37 |
| 2 ........ | 81,08 | 32 ........ | 51,39 |
| 3 ........ | 80,09 | 33 ........ | 50,41 |
| 4 ........ | 79,10 | 34 ........ | 49,42 |
| 5 ........ | 78,11 | 35 ........ | 48,44 |
| 6 ........ | 77,12 | 36 ........ | 47,47 |
| 7 ........ | 76,12 | 37 ........ | 46,49 |
| 8 ........ | 75,13 | 38 ........ | 45,51 |
| 9 ........ | 74,14 | 39 ........ | 44,54 |
| 10 ........ | 73,14 | 40 ........ | 43,57 |
| 11 ........ | 72,15 | 41 ........ | 42,60 |
| 12 ........ | 71,15 | 42 ........ | 41,63 |
| 13 ........ | 70,16 | 43 ........ | 40,66 |
| 14 ........ | 69,16 | 44 ........ | 39,70 |
| 15 ........ | 68,17 | 45 ........ | 38,75 |
| 16 ........ | 67,18 | 46 ........ | 37,79 |
| 17 ........ | 66,19 | 47 ........ | 36,85 |
| 18 ........ | 65,20 | 48 ........ | 35,90 |
| 19 ........ | 64,21 | 49 ........ | 34,97 |
| 20 ........ | 63,22 | 50 ........ | 34,04 |
| 21 ........ | 62,24 | 51 ........ | 33,11 |
| 22 ........ | 61,25 | 52 ........ | 32,19 |
| 23 ........ | 60,26 | 53 ........ | 31,28 |
| 24 ........ | 59,28 | 54 ........ | 30,37 |
| 25 ........ | 58,29 | 55 ........ | 29,46 |
| 26 ........ | 57,30 | 56 ........ | 28,57 |
| 27 ........ | 56,32 | 57 ........ | 27,67 |
| 28 ........ | 55,33 | 58 ........ | 26,78 |
| 29 ........ | 54,34 | 59 ........ | 25,90 |

| Vollendetes Alter in Jahren | Durchschnittliche Lebens- erwartung im Alter x in Jahren | Vollendetes Alter in Jahren | Durchschnittliche Lebens- erwartung im Alter x in Jahren |
|---|---|---|---|
| x | $e_x$ | x | $e_x$ |
| 60 ........ | 25,03 | 80 ........ | 9,17 |
| 61 ........ | 24,15 | 81 ........ | 8,55 |
| 62 ........ | 23,29 | 82 ........ | 7,95 |
| 63 ........ | 22,43 | 83 ........ | 7,37 |
| 64 ........ | 21,58 | 84 ........ | 6,83 |
| 65 ........ | 20,74 | 85 ........ | 6,31 |
| 66 ........ | 19,90 | 86 ........ | 5,83 |
| 67 ........ | 19,07 | 87 ........ | 5,37 |
| 68 ........ | 18,25 | 88 ........ | 4,95 |
| 69 ........ | 17,42 | 89 ........ | 4,57 |
| 70 ........ | 16,61 | 90 ........ | 4,21 |
| 71 ........ | 15,80 | 91 ........ | 3,89 |
| 72 ........ | 14,99 | 92 ........ | 3,60 |
| 73 ........ | 14,20 | 93 ........ | 3,33 |
| 74 ........ | 13,43 | 94 ........ | 3,09 |
| 75 ........ | 12,67 | 95 ........ | 2,87 |
| 76 ........ | 11,92 | 96 ........ | 2,67 |
| 77 ........ | 11,20 | 97 ........ | 2,50 |
| 78 ........ | 10,50 | 98 ........ | 2,33 |
| 79 ........ | 9,83 | 99 ........ | 2,19 |
|  |  | 100........ | 2,06 |

# F. Anlage zu § 14 Abs. 1 BewG

### Kapitalwert
### einer lebenslänglichen Nutzung oder Leistung im Jahresbetrag von
### einem Euro für Bewertungsstichtage ab 1. Januar 2015

Der Kapitalwert ist nach der am 2. Oktober 2012 veröffentlichten Sterbetafel 2009/2011 des Statistischen Bundesamtes unter Berücksichtigung von Zwischenzinsen und Zinseszinsen mit 5,5 Prozent errechnet worden. Der Kapitalwert der Tabelle ist der Mittelwert zwischen dem Kapitalwert für jährlich vorschüssige und jährlich nachschüssige Zahlungsweise. Die Vervielfältiger zur Berechnung des Kapitalwerts lebenslänglicher Nutzungen oder Leistungen sind auch für Bewertungsstichtage ab dem 1.1.2015 anzuwenden (laut BMF-Schreiben vom 21.11.2014). Ab dem 1.1.2016 wird es neue Kapitalwerte, herausgegeben vom Bundesministerium der Finanzen, veröffentlicht im Bundessteuerblatt, geben.

| Vollendetes Lebensalter | Männer | | Frauen | |
|---|---|---|---|---|
| | Durchschnittliche Lebenserwartung | Kapitalwert | Durchschnittliche Lebenserwartung | Kapitalwert |
| 0 | 77,72 | 18,391 | 82,73 | 18,459 |
| 1 | 77,02 | 18,379 | 81,99 | 18,450 |
| 2 | 76,04 | 18,363 | 81,01 | 18,438 |
| 3 | 75,06 | 18,346 | 80,02 | 18,424 |
| 4 | 74,07 | 18,328 | 79,03 | 18,410 |
| 5 | 73,08 | 18,308 | 78,04 | 18,396 |
| 6 | 72,09 | 18,288 | 77,05 | 18,380 |
| 7 | 71,09 | 18,266 | 76,05 | 18,363 |
| 8 | 70,10 | 18,244 | 75,06 | 18,346 |
| 9 | 69,11 | 18,220 | 74,06 | 18,328 |
| 10 | 68,11 | 18,195 | 73,07 | 18,308 |
| 11 | 67,12 | 18,168 | 72,08 | 18,288 |
| 12 | 66,12 | 18,140 | 71,08 | 18,266 |
| 13 | 65,13 | 18,110 | 70,09 | 18,244 |
| 14 | 64,14 | 18,079 | 69,09 | 18,220 |
| 15 | 63,15 | 18,046 | 68,10 | 18,194 |
| 16 | 62,16 | 18,012 | 67,11 | 18,168 |
| 17 | 61,17 | 17,975 | 66,12 | 18,140 |
| 18 | 60,20 | 17,938 | 65,13 | 18,110 |
| 19 | 59,22 | 17,898 | 64,14 | 18,079 |
| 20 | 58,25 | 17,856 | 63,16 | 18,047 |
| 21 | 57,28 | 17,812 | 62,17 | 18,012 |
| 22 | 56,31 | 17,765 | 61,18 | 17,976 |
| 23 | 55,34 | 17,717 | 60,20 | 17,938 |
| 24 | 54,37 | 17,665 | 59,21 | 17,897 |
| 25 | 53,40 | 17,611 | 58,22 | 17,855 |
| 26 | 52,43 | 17,554 | 57,24 | 17,810 |
| 27 | 51,46 | 17,494 | 56,25 | 17,762 |
| 28 | 50,49 | 17,430 | 55,26 | 17,712 |
| 29 | 49,52 | 17,364 | 54,28 | 17,660 |
| 30 | 48,56 | 17,294 | 53,29 | 17,605 |
| 31 | 47,59 | 17,220 | 52,31 | 17,547 |
| 32 | 46,62 | 17,142 | 51,32 | 17,485 |

| | Männer | | Frauen | |
|---|---|---|---|---|
| Vollendetes Lebensalter | Durchschnittliche Lebenserwartung | Kapitalwert | Durchschnittliche Lebenserwartung | Kapitalwert |
| 33 | 45,66 | 17,061 | 50,34 | 17,420 |
| 34 | 44,69 | 16,975 | 49,36 | 17,352 |
| 35 | 43,72 | 16,884 | 48,38 | 17,281 |
| 36 | 42,76 | 16,789 | 47,40 | 17,205 |
| 37 | 41,80 | 16,689 | 46,42 | 17,126 |
| 38 | 40,84 | 16,584 | 45,45 | 17,043 |
| 39 | 39,88 | 16,473 | 44,47 | 16,954 |
| 40 | 38,93 | 16,358 | 43,50 | 16,862 |
| 41 | 37,98 | 16,237 | 42,53 | 16,765 |
| 42 | 37,03 | 16,109 | 41,57 | 16,664 |
| 43 | 36,08 | 15,975 | 40,60 | 16,557 |
| 44 | 35,15 | 15,837 | 39,64 | 16,445 |
| 45 | 34,22 | 15,691 | 38,69 | 16,328 |
| 46 | 33,29 | 15,539 | 37,74 | 16,205 |
| 47 | 32,37 | 15,380 | 36,79 | 16,076 |
| 48 | 31,47 | 15,217 | 35,85 | 15,941 |
| 49 | 30,56 | 15,044 | 34,91 | 15,800 |
| 50 | 29,67 | 14,867 | 33,98 | 15,653 |
| 51 | 28,79 | 14,683 | 33,06 | 15,500 |
| 52 | 27,92 | 14,492 | 32,13 | 15,337 |
| 53 | 27,06 | 14,294 | 31,22 | 15,170 |
| 54 | 26,21 | 14,090 | 30,31 | 14,995 |
| 55 | 25,37 | 13,879 | 29,41 | 14,813 |
| 56 | 24,54 | 13,661 | 28,51 | 14,622 |
| 57 | 23,72 | 13,435 | 27,62 | 14,424 |
| 58 | 22,90 | 13,200 | 26,73 | 14,216 |
| 59 | 22,10 | 12,960 | 25,84 | 13,998 |
| 60 | 21,31 | 12,713 | 24,96 | 13,772 |
| 61 | 20,53 | 12,458 | 24,10 | 13,541 |
| 62 | 19,76 | 12,196 | 23,23 | 13,296 |
| 63 | 18,99 | 11,923 | 22,38 | 13,045 |
| 64 | 18,23 | 11,643 | 21,53 | 12,783 |
| 65 | 17,48 | 11,354 | 20,68 | 12,508 |
| 66 | 16,74 | 11,058 | 19,84 | 12,224 |
| 67 | 16,01 | 10,754 | 19,01 | 11,930 |
| 68 | 15,30 | 10,447 | 18,18 | 11,624 |
| 69 | 14,58 | 10,123 | 17,35 | 11,303 |
| 70 | 13,89 | 9,801 | 16,53 | 10,972 |
| 71 | 13,20 | 9,467 | 15,72 | 10,630 |
| 72 | 12,52 | 9,125 | 14,92 | 10,278 |
| 73 | 11,86 | 8,782 | 14,13 | 9,915 |
| 74 | 11,21 | 8,431 | 13,36 | 9,546 |
| 75 | 10,58 | 8,079 | 12,60 | 9,166 |
| 76 | 9,97 | 7,727 | 11,87 | 8,787 |
| 77 | 9,38 | 7,376 | 11,15 | 8,398 |
| 78 | 8,82 | 7,032 | 10,45 | 8,005 |
| 79 | 8,28 | 6,690 | 9,78 | 7,615 |
| 80 | 7,77 | 6,358 | 9,13 | 7,223 |

| Vollendetes Lebensalter | Männer | | Frauen | |
|---|---|---|---|---|
| | Durchschnittliche Lebenserwartung | Kapitalwert | Durchschnittliche Lebenserwartung | Kapitalwert |
| 81 | 7,28 | 6,030 | 8,51 | 6,837 |
| 82 | 6,81 | 5,708 | 7,91 | 6,450 |
| 83 | 6,36 | 5,392 | 7,34 | 6,071 |
| 84 | 5,93 | 5,082 | 6,80 | 5,701 |
| 85 | 5,52 | 4,780 | 6,29 | 5,342 |
| 86 | 5,13 | 4,487 | 5,81 | 4,994 |
| 87 | 4,76 | 4,203 | 5,37 | 4,668 |
| 88 | 4,43 | 3,945 | 4,96 | 4,357 |
| 89 | 4,12 | 3,698 | 4,58 | 4,063 |
| 90 | 3,84 | 3,472 | 4,25 | 3,802 |
| 91 | 3,56 | 3,242 | 3,94 | 3,553 |
| 92 | 3,32 | 3,042 | 3,68 | 3,341 |
| 93 | 3,10 | 2,857 | 3,43 | 3,134 |
| 94 | 2,89 | 2,678 | 3,19 | 2,933 |
| 95 | 2,71 | 2,523 | 2,97 | 2,747 |
| 96 | 2,54 | 2,375 | 2,78 | 2,584 |
| 97 | 2,38 | 2,235 | 2,60 | 2,428 |
| 98 | 2,23 | 2,103 | 2,43 | 2,279 |
| 99 | 2,10 | 1,987 | 2,28 | 2,147 |
| 100 und darüber | 1,98 | 1,879 | 2,14 | 2,022 |

BewG Anlage 1 zu

# G. Notarielle Fachprüfung

# I. Gebührensatzung (NotFGebS)

Auf Grund von § 7h Absatz 2 der Bundesnotarordnung (BNotO) hat die Vertreterversammlung der Bundesnotarkammer die folgende Satzung beschlossen:

Satzung über die Gebühren in Angelegenheiten des Prüfungsamtes für die notarielle Fachprüfung bei der Bundesnotarkammer (NotFGebS) vom 30. November 2009 (DNotZ 2009, 881), geändert durch Satzung vom 1. Dezember 2010 (DNotZ 2011, 1):

## I. Einleitung

### § 1   Zweck der Satzung

Diese Satzung regelt auf Grund von § 7h Absatz 2 Bundesnotarordnung die Höhe der Gebühren für die notarielle Fachprüfung und das erfolglose Widerspruchsverfahren, die Einzelheiten der Gebührenerhebung sowie die Vergütung des Leiters und der Bediensteten des Prüfungsamtes, der Mitglieder der Aufgabenkommission und der Prüfer.

## II. Gebühren

### § 2   Höhe der Prüfungsgebühr

(1) Die Gebühr für die Abnahme der notariellen Fachprüfung beträgt 3 000 Euro.

(2) Neben der Prüfungsgebühr werden Auslagen nicht erhoben.

### § 3   Höhe der Gebühr für erfolglose Widerspruchsverfahren

Die Gebühr für ein erfolgloses Widerspruchsverfahren beträgt

1. wenn sich der Widerspruch gegen eine Entscheidung über den Antrag auf Zulassung zur notariellen Fachprüfung (§ 7a Absatz 1 Bundesnotarordnung) richtet, 375 Euro,

2. wenn sich der Widerspruch gegen eine Entscheidung im Prüfungsverfahren richtet, 750 Euro.

### § 4   Gebührenschuldner

(1) Zur Zahlung der Gebühr ist verpflichtet:

1. im Fall des § 2 derjenige, der die Zulassung zur notariellen Fachprüfung beantragt,

2. im Fall des § 3 derjenige, der den Widerspruch eingelegt hat,

3. in beiden Fällen, wer kraft Gesetzes für die Gebührenschuld eines anderen haftet.

(2) Mehrere Gebührenschuldner haften als Gesamtschuldner.

## III. Vergütungen

### § 5 Vergütung des Leiters des Prüfungsamtes

Die Vergütung des Leiters des Prüfungsamtes ist der Besoldung eines Bundesbeamten der Besoldungsgruppe B 3 anzugleichen. Dies umfasst zusätzlich auch die Sicherstellung von Versorgungsanwartschaften und die Absicherung im Krankheits-, Pflege- und Geburtsfall. Abweichend von Satz 1 kann die Vergütung auch der Besoldung eines Bundesbeamten nach Besoldungsgruppe A 16 angeglichen werden.

### § 6 Vergütung der Bediensteten des Prüfungsamtes

(1) Die Vergütung des ständigen Vertreters des Leiters ist der Besoldung eines Bundesbeamten der Besoldungsgruppe A 15 anzugleichen. Dies umfasst zusätzlich auch die Sicherstellung von Versorgungsanwartschaften und die Absicherung im Krankheits-, Pflege- und Geburtsfall. Abweichend von Satz 1 kann die Vergütung auch der Besoldung eines Bundesbeamten nach Besoldungsgruppe A 14 angeglichen werden.

(2) Die Vergütung der übrigen Bediensteten des Prüfungsamtes soll sich an der Entgelttabelle des Tarifvertrages für den öffentlichen Dienst des Bundes (TVöD Bund) in der jeweils gültigen Fassung orientieren. Bei der Eingruppierung sind die individuelle Eignung und Befähigung des Bediensteten sowie Art und Umfang der ihm zugewiesenen Aufgaben zu berücksichtigen.

### § 7 Vergütung der Mitglieder der Aufgabenkommission

(1) Die Mitglieder der Aufgabenkommission erhalten für die Teilnahme an Sitzungen der Aufgabenkommission und an sonstigen Sitzungen und Tagungen ein Tagegeld in Höhe von 50 Euro. Darüber hinaus werden ihre notwendigen Auslagen erstattet.

(2) Für die Tätigkeit als Berichterstatter der Aufgabenkommission bei der Vorbereitung von Aufgabenvorschlägen für die notarielle Fachprüfung erhält ein Mitglied

1. für jeden betreuten Aufgabenvorschlag für die schriftliche Prüfung 100,– €

2. für jeden betreuten Aufgabenvorschlag für den Vortrag in der mündlichen Prüfung 50,– €.

(3) Wird die Aufgabenkommission in einem Widerspruchs- oder Klageverfahren vom Prüfungsamt zur Stellungnahme aufgefordert, erhält das Mitglied, das die Stellungnahme angefertigt hat, eine Vergütung von 50 Euro.

### § 8 Vergütung für die Einreichung von Aufgabenvorschlägen

(1) Ein auf Anforderung des Prüfungsamtes eingereichter Aufgabenvorschlag für eine schriftliche Prüfungsaufgabe wird mit 1 000 Euro vergütet, wenn er umfassende Lösungshinweise enthält und zur Verwendung in der Prüfung geeignet ist. Wird der Aufgabenvorschlag in der notariellen Fachprüfung verwendet, erhöht sich die Vergütung um 500 Euro.

(2) Ein auf Anforderung des Prüfungsamtes eingereichter Aufgabenvorschlag für einen Aktenvortrag wird mit 500 Euro vergütet, wenn er umfassende Lösungshinweise enthält und zur Verwendung in der mündlichen Prüfung geeignet ist. Wird der Aufgabenvorschlag in der notariellen Fachprüfung verwendet, erhöht sich die Vergütung um 250 Euro.

(3) Über die Eignung von Aufgabenvorschlägen zur Verwendung in der Prüfung entscheidet die Aufgabenkommission.

(4) Ein Mitglied der Aufgabenkommission, das einen Aufgabenvorschlag nach Absatz 1 oder Absatz 2 eingereicht hat, darf an der Entscheidung der Aufgabenkommission über die Eignung seines Aufgabenvorschlags nach Absatz 3 nicht mitwirken.

### § 9   Vergütung der Prüfer in der schriftlichen Prüfung

(1) Für die Bewertung einer Aufsichtsarbeit nach § 7b Absatz 2 Satz 1 Bundesnotarordnung beträgt die Vergütung je Prüfer 30 Euro.

(2) Für die Entscheidung nach § 7b Absatz 2 Satz 5 Bundesnotarordnung durch einen weiteren Prüfer beträgt die Vergütung 30 Euro.

(3) Über die Vergütung nach den Absätzen 1 und 2 hinaus sind den Prüfern die notwendigen Auslagen zu erstatten.

(4) Für die Stellungnahme eines Prüfers in einem Widerspruchs- oder Klageverfahren gegen eine Prüfungsentscheidung beträgt die Vergütung 50 Euro.

### § 10   Vergütung der Mitglieder des Prüfungsausschusses

(1) Die Vergütung des Vorsitzenden des Prüfungsausschusses in der mündlichen Prüfung beträgt je Prüfling 80 Euro.

(2) Die Vergütung der übrigen Mitglieder des Prüfungsausschusses beträgt je Prüfling 60 Euro.

(3) Über die Vergütung nach den Absätzen 1 und 2 hinaus sind den Mitgliedern des Prüfungsausschusses die notwendigen Auslagen zu erstatten.

(4) Wird der Prüfungsausschuss in einem Widerspruchs- oder Klageverfahren vom Prüfungsamt zur Stellungnahme aufgefordert, erhält das Mitglied, das die Stellungnahme angefertigt hat, eine Vergütung von 50 Euro.

### § 11   Vergütung der sonstigen am Prüfungsverfahren beteiligten Personen

(1) Die Vergütung einer aufsichtführenden Person in den schriftlichen und mündlichen Prüfungsterminen beträgt 25 Euro je Stunde.

(2) Die Vergütung des örtlichen Prüfungsleiters in den schriftlichen Prüfungsterminen beträgt 50 Euro je Prüfungstag.

(3) Den in den Absätzen 1 und 2 genannten Personen werden zusätzlich zu ihrer Vergütung die notwendigen Auslagen erstattet.

### IV. Schlussvorschrift

§ 12 Inkrafttreten

...

Notarielle Fachprüfung

# II. Satzung über die Zahlung von Aufwandsentschädigungen und Auslagenersatz für die Mitglieder des Verwaltungsrates bei dem Prüfungsamt für die notarielle Fachprüfung bei der Bundesnotarkammer (NotFVES)

### § 1 Zweck der Satzung

Diese Satzung regelt aufgrund von § 2 Abs. 5 Satz 3 Notarfachprüfungsverordnung Voraussetzungen und Höhe der Zahlungen von Aufwandsentschädigungen und Auslagenersatz für die Teilnahme an den Sitzungen des Verwaltungsrates bei dem Prüfungsamt für die notarielle Fachprüfung bei der Bundesnotarkammer (Prüfungsamt).

### § 2 Höhe der Aufwandsentschädigung

Die Mitglieder des Verwaltungsrates erhalten für die Teilnahme an den Sitzungen des Verwaltungsrates und an sonstigen Sitzungen und Tagungen ein Tagegeld nach Maßgabe von § 6 Bundesreisekostengesetz.

### § 3 Erstattungsfähige Auslagen

Über die Aufwandsentschädigung gemäß § 2 hinaus erhalten die Mitglieder des Verwaltungsrates für die Teilnahme an Sitzungen des Verwaltungsrates und an sonstigen Sitzungen und Tagungen Erstattung ihrer notwendigen Auslagen. Als notwendige Auslagen gelten:

1. Reisekosten für die Reise vom Wohnort oder von der Dienststelle des Mitglieds zum Ort der Sitzung und zurück nach Maßgabe von §§ 4 und 5 Bundesreisekostengesetz in der am Tag der Sitzung geltenden Fassung,

2. Übernachtungskosten nach Maßgabe von § 7 Bundesreisekostengesetz in der am Tag der Sitzung geltenden Fassung,

3. sonstige Kosten nach Maßgabe von § 10 Bundesreisekostengesetz in der am Tag ihres Entstehens geltenden Fassung.

### § 4 Voraussetzung der Zahlung

Die Zahlung der Aufwandsentschädigung und der notwendigen Auslagen sind von dem anspruchsberechtigten Mitglied des Verwaltungsrates innerhalb eines Jahres nach der Sitzung beim Prüfungsamt zu beantragen. Über die entstandenen Auslagen sind dem Antrag Belege beizufügen.

### § 5 Inkrafttreten

Diese Satzung tritt am Tag nach der Verkündung in Kraft.

Das Bundesministerium der Justiz hat die vorstehende Satzung mit Schreiben vom 22. November 2010 gemäß § 2 Abs. 5 Satz 3 Notarfachprüfungsverordnung genehmigt.

Die vorstehende Satzung wird hiermit ausgefertigt und wird in der Deutschen Notar-Zeitschrift verkündet.

# H. Übersicht über das Kostenprüfungsverfahren nach den §§ 127 ff. GNotKG

| 1. Instanz: Kostenprüfungsantrag zum Landgericht | 2. Instanz: Beschwerde zum Oberlandesgericht | 3. Instanz: Rechtsbeschwerde zum BGH |
|---|---|---|
| **Einleitung des Verfahrens** | | |
| **1. Möglichkeit:** Antrag des Kostenschuldners an das LG, in dessen Bezirk der Notar seinen Amtssitz hat, auf Aufhebung oder Änderung (Ermäßigung) der Kostenberechnung (§ 127 Abs. 1 S. 1 GNotKG). Antragsberechtigt ist der Kostenschuldner. | **1. Möglichkeit:** Beschwerde gegen die Entscheidung des LG ohne Rücksicht auf den Wert des Beschwerdegegenstandes (§ 129 Abs. 1 GNotKG). Einer Zulassung durch das LG bedarf es nicht. Die Beschwerde ist beim LG als Ausgangsgericht einzulegen, das der Beschwerde abhelfen kann. Gegen die Abhilfentscheidung kann der dadurch Beschwerte seinerseits Beschwerde einlegen. Hilft das Landgericht der Beschwerde nicht ab, so legt es sie unverzüglich dem OLG zur Entscheidung vor (§ 130 Abs. 3 S. 1 GNotKG; § 68 Abs. 1 S. 1 FamFG i.V.m. § 119 Abs. 1 Nr. 2 GVG). Die Beschwerde kann auf neue Tatsachen und Beweismittel gestützt werden (§ 130 Abs. 3 S. 1 GNotKG; § 65 Abs. 3 FamFG). | **1. Möglichkeit:** Rechtsbeschwerde gegen die Entscheidung des OLG zum BGH (§ 129 Abs. 2 GNotKG; § 133 GVG). Streitig ist, ob die Sprungrechtsbeschwerde nach § 75 FamFG vom LG zum BGH unter Überspringung der Beschwerde zum OLG statthaft ist. Beim BGH findet eine reine Rechtsfehlerkontrolle statt (§ 130 Abs. 3 S. 1 GNotKG; § 72 Abs. 1 FamFG). |
| **2. Möglichkeit:** Das Kostenprüfungsverfahren ist durch den Notar einzuleiten, wenn er von seiner vorgesetzten Dienstbehörde (LG-Präsident) hierzu angewiesen wird (§ 130 Abs. 2 S. 1 GNotKG). Die hierauf ergehende Entscheidung kann auch auf eine Erhöhung der Kostenberechnung lauten (§ 130 Abs. 2 S. 2 GNotKG). **3. Möglichkeit:** Der Antrag auf Entscheidung des LG kann auch durch den Notar gestellt werden, wenn der Kostenschuldner Beanstandungen bei ihm vorgebracht hat (§ 127 Abs. 1 S. 2 GNotKG). | **2. Möglichkeit:** Die Beschwerde ist durch den Notar zu erheben, wenn er von seiner vorgesetzten Dienstbehörde (LG-Präsident) hierzu angewiesen wird (§ 130 Abs. 2 S. 1 GNotKG). Die hierauf ergehende Entscheidung kann auch auf eine Erhöhung der Kostenberechnung lauten (§ 130 Abs. 2 S. 2 GNotKG). | **2. Möglichkeit:** Die Rechtsbeschwerde ist durch den Notar zu erheben, wenn er von seiner vorgesetzten Dienstbehörde (LG-Präsident) hierzu angewiesen wird (§ 130 Abs. 2 S. 1 GNotKG). Die hierauf ergehende Entscheidung kann auch auf eine Erhöhung der Kostenberechnung lauten (§ 130 Abs. 2 S. 2 GNotKG). |

Kostenprüfungsverfahren §§ 127 ff. GNotKG

| 1. Instanz: Kostenprüfungsantrag zum Landgericht | 2. Instanz: Beschwerde zum Oberlandesgericht | 3. Instanz: Rechtsbeschwerde zum BGH |
|---|---|---|
| **Form** | | |
| Der Kostenprüfungsantrag ist schriftlich oder zu Protokoll der Geschäftsstelle des LG einzulegen (§ 130 Abs. 3 S. 1 GNotKG; § 25 Abs. 1 FamFG). | Die Beschwerde wird durch Einreichung einer Beschwerdeschrift oder zur Niederschrift der Geschäftsstelle bei dem LG eingelegt (§ 130 Abs. 3 S. 1 GNotKG; § 64 Abs. 1, 2 S. 1 FamFG). | Erforderlich ist die Einreichung einer begründeten Beschwerdeschrift beim BGH (§ 130 Abs. 3 S. 1 GNotKG; § 71 FamFG). |
| Der Verfahrensantrag soll begründet werden (§ 130 Abs. 3 S. 1 GNotKG; § 23 Abs. 1 FamFG). Zwar ist kein bestimmter Sachantrag erforderlich, dem Antragsteller soll es aber im Rahmen seiner Mitwirkungspflicht zugemutet werden, sein Rechtsschutzziel in wenigen Sätzen darzulegen. | Die Beschwerde soll begründet werden; ein bestimmter Sachantrag ist nicht erforderlich (§ 130 Abs. 3 S. 1 GNotKG; § 65 Abs. 1 FamFG). Eine fehlende Begründung führt zwar nicht zur Unzulässigkeit der Beschwerde, der Beschwerdeführer läuft aber Gefahr, dass die Beschwerde als unbegründet zurückgewiesen wird. | |
| **Frist** | | |
| Für den Kostenprüfungsantrag besteht keine Frist, lediglich ist er verwirkt, wenn er nach Ablauf des Kalenderjahres, in dem die vollstreckbare Ausfertigung der Kostenberechnung zugestellt wurde, eingelegt wird (§ 127 Abs. 2 S. 1 GNotKG). Soweit die Einwendungen gegen den Kostenanspruch auf Gründen beruhen, die nach der Zustellung der vollstreckbaren Ausfertigung entstanden sind, können sie auch nach Ablauf dieser Frist geltend gemacht werden (§ 127 Abs. 2 S. 2 GNotKG). | Die Beschwerde ist innerhalb einer Frist von einem Monat ab schriftlicher Bekanntgabe des LG-Beschlusses einzulegen (§ 130 Abs. 3 S. 1 GNotKG; § 63 Abs. 1, 3 FamFG). | Die Rechtsbeschwerde ist innerhalb einer Frist von einem Monat ab schriftlicher Bekanntgabe des OLG-Beschlusses einzulegen (§ 130 Abs. 3 S. 1 GNotKG; § 71 Abs. 1 S. 2 FamFG). |
| **Anwalt** | | |
| Es besteht kein Anwaltszwang (§ 130 Abs. 3 S. 1 GNotKG; § 10 Abs. 1 FamFG). | Es besteht kein Anwaltszwang (§ 130 Abs. 3 S. 1 GNotKG; § 10 Abs. 1 FamFG). | Anwaltszwang besteht in der Regel für den Kostenschuldner, nicht aber für den Notar (§ 130 Abs. 2 GNotKG; § 10 Abs. 4 S. 1 FamFG). |

| 1. Instanz: Kostenprüfungsantrag zum Landgericht | 2. Instanz: Beschwerde zum Oberlandesgericht | 3. Instanz: Rechtsbeschwerde zum BGH |
|---|---|---|
| **Einstweiliger Rechtsschutz** | | |
| Der Kostenprüfungsantrag hat grds. keine aufschiebende Wirkung; das LG kann jedoch auf Antrag oder von Amts wegen die aufschiebende Wirkung ganz oder teilweise anordnen; ist nicht der Einzelrichter zur Entscheidung berufen, entscheidet der Vorsitzende des Gerichts (§ 130 Abs. 1 GNotKG). | Die Beschwerde hat grds. keine aufschiebende Wirkung; das OLG kann jedoch auf Antrag oder von Amts wegen die aufschiebende Wirkung ganz oder teilweise anordnen; ist nicht der Einzelrichter zur Entscheidung berufen, entscheidet der Vorsitzende des Gerichts (§ 130 Abs. 1 GNotKG). | Die Rechtsbeschwerde hat grds. keine aufschiebende Wirkung; der BGH kann jedoch auf Antrag oder von Amts wegen durch seinen Vorsitzenden die aufschiebende Wirkung ganz oder teilweise anordnen (§ 130 Abs. 1 GNotKG). |
| **Verfahrenskosten** | | |
| Das Kostenprüfungsverfahren vor dem LG ist gebührenfrei. | Festgebühr in Höhe von 90 EUR (Nr. 19110 KV). Endet das gesamte Verfahren ohne Endentscheidung, so ermäßigt sich die Gebühr auf 60 EUR (Nr. 19111 KV). | Festgebühr in Höhe von 180 EUR (Nr. 19120 KV). Endet das gesamte Verfahren durch Zurücknahme der Rechtsbeschwerde, bevor die Schrift zur Begründung der Rechtsbeschwerde bei Gericht eingegangen ist, ermäßigt sich die Gebühr auf 60 EUR (Nr. 19121 KV). Endet das gesamte Verfahren durch Zurücknahme der Rechtsbeschwerde oder des Antrags vor Ablauf des Tages, an dem die Endentscheidung der Geschäftsstelle übermittelt wird, ermäßigt sich die Gebühr, wenn nicht Nr. 19121 KV erfüllt ist, auf 90 EUR (Nr. 19122 KV). |

Kostenprüfungsverfahren §§ 127 ff. GNotKG

| 1. Instanz: Kostenprüfungsantrag zum Landgericht | 2. Instanz: Beschwerde zum Oberlandesgericht | 3. Instanz: Rechtsbeschwerde zum BGH |
|---|---|---|
| Für den Fall, dass der Notar das Kostenprüfungsverfahren auf Anweisung seiner vorgesetzten Dienstbehörde einleiten musste, gilt folgende Besonderheit: Zum einen dürfen von dem Notar keine Gebühren und Auslagen erhoben werden (§ 130 Abs. 2 S. 3 GNotKG). Zum anderen sind außergerichtliche Kosten anderer Beteiligter, die der Notar in diesem Verfahren zu tragen hätte, der Landeskasse aufzuerlegen (§ 130 Abs. 2 S. 4 GNotKG). | Für den Fall, dass der Notar das Beschwerdeverfahren auf Anweisung seiner vorgesetzten Dienstbehörde einleiten musste, gilt folgende Besonderheit: Zum einen dürfen von dem Notar keine Gebühren und Auslagen erhoben werden (§ 130 Abs. 2 S. 3 GNotKG). Zum anderen sind außergerichtliche Kosten anderer Beteiligter, die der Notar in diesem Verfahren zu tragen hätte, der Landeskasse aufzuerlegen (§ 130 Abs. 2 S. 4 GNotKG). | Für den Fall, dass der Notar das Rechtsbeschwerdeverfahren auf Anweisung seiner vorgesetzten Dienstbehörde einleiten musste, gilt folgende Besonderheit: Zum einen dürfen von dem Notar keine Gebühren und Auslagen erhoben werden (§ 130 Abs. 2 S. 3 GNotKG). Zum anderen sind außergerichtliche Kosten anderer Beteiligter, die der Notar in diesem Verfahren zu tragen hätte, der Landeskasse aufzuerlegen (§ 130 Abs. 2 S. 4 GNotKG). |

# I. Ausführliches Muster einer Kostenberechnung nach § 19 GNotKG

Dr. Eberhard Müller, Notar

Rechnungsnummer: [*Kostenregister Nr. . . .*]

USt-IdNr.: . . .

(alternativ: Steuernummer)
[Datum/Adresse]

Paul Mustermann

Andrea Mustermann

[Adresse]

**Kostenberechnung**

**(§ 19 GNotKG)**

Beurkundung des Grundstückskaufvertrages der Eheleute Kaufmann/Eheleute Mustermann vom . . . (UR-Nr. . . .) einschließlich Vollzug und Betreuung.

Sehr geehrte Frau Mustermann,

sehr geehrter Herr Mustermann,

für meine eingangs beschriebene Amtstätigkeit berechne ich Ihnen nachfolgend meine Kosten nach dem Gerichts- und Notarkostengesetz (GNotKG). Bei den angegebenen Nummern handelt es sich um die nach der Anlage 1 zum GNotKG (sog. Kostenverzeichnis) einschlägigen Gebühren- bzw. Auslagennummerierungen; dort findet sich auch der – hier nicht angegebene – Gebührensatz. Die Gebühren sind nach der Tabelle B gem. § 34 GNotKG berechnet.

| | |
|---|---:|
| – 21100 (Beurkundungsverfahren Kaufvertrag)<br>Geschäftswert 240.000 EUR (§§ 47 S. 1, 2, 50 Nr. 4, 97 Abs. 3)<br>zusammengesetzt aus Kaufpreis von 180.000 EUR und Investitionsverpflichtung<br>von 60.000 EUR (20 % aus 300.000 EUR) | 1.070,00 EUR |
| – 22110, 22112 (Vollzugsgebühr für Einholung Negativbescheinigung<br>BauGB) Geschäftswert 240.000 EUR (§ 112 S. 1) | 50,00 EUR |
| – 22200 (Betreuungsgebühr, *Nrn. 2 und 3 der Anmerkung für Fälligkeitsmitteilung und Auflassungsüberwachung*)<br>Geschäftswert 240.000 EUR (§ 113 Abs. 1) | 267,50 EUR |
| – 32001 (Dokumentenpauschale) | 15,00 EUR |
| – 32005 (Telekommunikations- und Postpauschale) | 20,00 EUR |
| – 32011 (Grundbuchabrufgebühren) | 8,00 EUR |
| – Zwischensumme | 1.430,50 EUR |
| – 32014 Umsatzsteuer, 19 % | 271,80 EUR |
| – 32015 Verauslagte Kosten für Negativbescheinigung gemäß § 28<br>BauGB | 20,00 EUR |
| – Rechnungsbetrag | 1.722,30 EUR |

Bitte überweisen Sie den Rechnungsbetrag unter Angabe der Rechnungsnummer auf eines der angegebenen Konten.

Den Rechnungsbetrag schulden Sie gem. §§ 32 Abs. 1, 30 Abs. 1 GNotKG in voller Höhe als Gesamtschuldner; auf das zwischen Ihnen eventuell bestehende Innenverhältnis kommt es insoweit nicht an.

Aus einer Zahlungsverzögerung können Ihnen Rechtsnachteile entstehen. Ich weise Sie bereits jetzt darauf hin, dass Sie gem. § 88 GNotKG verpflichtet sind, die vorstehend genannten Gebühren und Auslagen sowie die Umsatzsteuer, insgesamt also 1.722,30 EUR, mit jährlich fünf Prozentpunkten über dem Basiszinssatz nach § 247 BGB zu verzinsen, wenn Ihnen darüber eine vollstreckbare Ausfertigung von dieser Kostenberechnung zugestellt wird; die Verzinsung beginnt einen Monat nach der Zustellung.

**Hinweis:** Diese Rechnung ist bis zum Ablauf des zweiten auf die Ausstellung der Rechnung folgenden Kalenderjahres aufzubewahren, da die abgerechnete Leistung im Zusammenhang mit einem Grundstück steht (§ 14b Abs. 1 S. 5 Umsatzsteuergesetz).

**Rechtsbehelfsbelehrung:**

Diese Kostenberechnung kann durch einen Antrag nach § 127 GNotKG beim Landgericht ... (*Anschrift des Landgerichts in dessen Bezirk der Notar seinen Amtssitz hat*) angefochten werden. Der Antrag soll begründet werden und ist schriftlich oder zu Protokoll der Geschäftsstelle des Landgerichts einzulegen. Eine bestimmte Frist ist nicht vorgesehen. Der Antrag muss aber in der Regel bis zum Ablauf des Kalenderjahres, das auf das Jahr folgt, in dem Ihnen eine vollstreckbare Ausfertigung der Kostenberechnung zugestellt ist, gestellt werden. Der Antrag kann auch bei mir zur Weitergabe an das Landgericht eingereicht werden. Schließlich ist statt der Antragstellung zu Gericht auch eine formlose Beanstandung bei mir möglich.

Mit freundlichen Grüßen

Dr. Eberhard Müller, Notar

Bankverbindung

# J. Testamentsregister-Gebührensatzung (ZTR-GebS)

Auf der Grundlage von § 78e Absatz 4 Satz 1, Absatz 1 Satz 1 und 2 Nummer 2 und Nummer 3 BNotO hat die Vertreterversammlung der Bundesnotarkammer die Gebührensatzung für das Zentrale Testamentsregister wie folgt beschlossen:

## § 1 Gebühren

(1) Die Bundesnotarkammer erhebt als Registerbehörde Gebühren für die Aufnahme von Verwahrangaben in das Zentrale Testamentsregister nach § 34a Absatz 1 Satz 1 und Satz 2 BeurkG, § 347 Absatz 1 Satz 1 FamFG und § 78b Absatz 4 Satz 1 BNotO.

(2) Je Registrierung (§ 3 Absatz 1 Satz 3 ZTRV) beträgt die Gebühr 15 EUR. Wird die Gebühr unmittelbar durch die Registerbehörde vom Kostenschuldner erhoben, beträgt sie 18 EUR je Registrierung. Keine Gebühr wird erhoben, wenn ein Verwahrdatensatz innerhalb von sieben Tagen nach der Registrierung gemäß § 5 Satz 1 Nr. 1 ZTRV gelöscht wird.

(3) Zahlt der Kostenschuldner die Gebühr nach Absatz 2 Satz 2 nicht innerhalb von zwei Monaten nach der Registrierung, erhöht die Registerbehörde die Gebühr um 8 EUR, wenn sie trotz Androhung der Erhöhung nicht innerhalb von zehn Tagen vollständig bezahlt wird.

## § 2 Kostenschuldner, Fälligkeit und Vorschuss

(1) Kostenschuldner ist der jeweilige Erblasser (§ 78e Abs. 2 Satz 1 Nr. 2 BNotO). Der Melder übermittelt mit jeder Registrierung eine ladungsfähige Anschrift des Kostenschuldners an die Registerbehörde, soweit diese nicht darauf verzichtet.

(2) Die Gebühr ist mit der Registrierung der Verwahrangaben für den jeweiligen Erblasser nach § 3 Absatz 1 Satz 3 ZTRV sofort fällig.

(3) Wird die Gebühr durch den Melder entgegengenommen (§ 78e Absatz 5 BNotO), kann er vom Kostenschuldner die Zahlung eines die Eintragungsgebühr deckenden Vorschusses verlangen.

## § 3 Art der Gebührenerhebung durch Notare

(1) Gebühren für die Registrierung von Verwahrangaben, die durch notarielle Melder übermittelt werden, nimmt der jeweilige Notar für die Registerbehörde entgegen (§ 78e Absatz 5 BNotO). Die Registerbehörde zieht die nach Satz 1 entgegenzunehmenden Gebühren vom notariellen Melder auf der Grundlage einer Sammelabrechnung frühestens am zehnten Tag des Folgemonats ein. Der Notar erteilt der Registerbehörde eine entsprechende Einzugsermächtigung für ein inländisches Bankkonto. Die Registerbehörde kann einen Melder von dem Entgegennahme- und Abrechnungsverfahren nach diesem Absatz ganz oder teilweise freistellen und die Gebühren unmittelbar vom Kostenschuldner erheben.

(2) Kann der Notar eine von der Registerbehörde abgerechnete und eingezogene Gebühr nicht erlangen, obwohl er deren Zahlung vom Kostenschuldner verlangt und mindestens einmal angemahnt hat, wird ihm diese auf Antrag zurückerstattet. Die Gebühr wird sodann nach § 1 Absatz 2 Satz 2 neu festgesetzt und unmittelbar durch die Registerbehörde vom Kostenschuldner erhoben.

## § 4 Art der Gebührenerhebung bei Gerichten und Konsulaten

(1) Einzelheiten des Entgegennahme- und Abrechnungsverfahrens bei gerichtlichen und konsularischen Meldern werden in Verwaltungsvereinbarungen mit der Registerbehörde getroffen.

(2) Nimmt ein Konsulat oder ein Gericht für die Registerbehörde Gebühren entgegen, ohne dass eine entsprechende Vereinbarung nach Absatz 1 besteht, gilt § 3 entsprechend. Die Entgegennahme ist der Registerbehörde zuvor anzuzeigen.

### § 5 Unrichtige Sachbehandlung, Ermäßigung und Absehen von der Gebührenerhebung

(1) Eine Gebühr, die bei richtiger Behandlung der Sache nicht entstanden wäre, wird nicht erhoben.

(2) Die Registerbehörde kann Gebühren ermäßigen oder von der Erhebung von Gebühren absehen, wenn ihr dies durch besondere Umstände des Einzelfalls geboten erscheint, insbesondere wenn und soweit die Gebührenerhebung eine unzumutbare Härte für den Kostenschuldner darstellen würde oder wenn der mit der Erhebung der Gebühr verbundene Verwaltungsaufwand außer Verhältnis zur Höhe der zu erhebenden Gebühr stünde.

### § 6 Inkrafttreten

Diese Satzung tritt am 1.1.2012 in Kraft.

Die Satzung wurde durch das Bundesministerium der Justiz genehmigt.

# K. Satzung über die Gebühren in Angelegenheiten des Zentralen Vorsorgeregisters (Vorsorgeregister-Gebührensatzung – VRegGebS)

vom 2. Februar 2005 (DNotZ 2005, 81), geändert durch Satzung vom 2. Dezember 2005 (DNotZ 2006, 2); gesetzliche Grundlage: § 78b BNotO.

## § 1 Gebührenverzeichnis

Für Eintragungen in das Zentrale Vorsorgeregister sowie die Änderung, Ergänzung oder Löschung von Einträgen werden Gebühren nach dem Gebührenverzeichnis der Anlage zu dieser Satzung erhoben. Auslagen werden daneben nicht erhoben.

## § 2 Gebührenschuldner

(1) Zur Zahlung der Gebühren ist verpflichtet:

1. der Antragsteller;

2. derjenige, der für die Gebührenschuld eines anderen kraft Gesetzes haftet.

(2) Mehrere Gebührenschuldner haften als Gesamtschuldner.

## § 3 Fälligkeit

Die Gebühren werden mit der Beendigung der beantragten Amtshandlung fällig.

## § 4 Registrierte Person oder Einrichtung

(1) Wird der Antrag auf Eintragung oder auf Änderung, Ergänzung oder Löschung eines Eintrags von einer bei der Bundesnotarkammer registrierten Person oder Einrichtung für den Vollmachtgeber übermittelt oder im Namen des Vollmachtgebers gestellt, werden nach Maßgabe des Gebührenverzeichnisses (Anlage zu § 1 Satz 1) ermäßigte Gebühren erhoben.

(2) Registrieren lassen können sich Personen oder Einrichtungen, zu deren beruflicher, satzungsgemäßer oder gesetzlicher Tätigkeit es gehört, entsprechende Anträge für den Vollmachtgeber zu übermitteln oder im Namen des Vollmachtgebers zu stellen. Insbesondere können sich Notare, Rechtsanwälte, Betreuungsvereine und Betreuungsbehörden registrieren lassen.

(3) Die Registrierung erfolgt durch Anmeldung bei der Bundesnotarkammer. Bei der Anmeldung hat die Person oder Einrichtung hinreichend ihre Identität und die Erfüllung der Voraussetzungen des Absatzes 2 nachzuweisen. Darüber hinaus hat die Person oder Einrichtung zu erklären, dass sie die Abwicklung des Verfahrens für die Vollmachtgeber, für die sie Anträge übermittelt oder in deren Namen sie Anträge stellt, übernimmt, insbesondere dass sie die Gebührenzahlung auf deren Rechnung besorgt.

(4) Die Registrierung erlischt, wenn die Voraussetzungen des Absatzes 2 nicht mehr vorliegen. Sie erlischt auch, wenn die registrierte Person oder Einrichtung die Abwicklung des Verfahrens für die Vollmachtgeber nicht mehr übernimmt; dies gilt nicht, wenn lediglich die Gebührenzahlung für den Vollmachtgeber nicht besorgt wird.

(5) Die Bundesnotarkammer kann die Registrierung aufheben, wenn die registrierte Person oder Einrichtung länger als sechs Monate keinen Antrag für einen Vollmachtgeber übermittelt oder im Namen eines Vollmachtgebers gestellt hat.

## § 5 Unrichtige Sachbehandlung

Gebühren, die bei richtiger Behandlung nicht entstanden wären, werden nicht erhoben.

## § 6 Ermäßigung, Absehen von Gebührenerhebung

Die Bundesnotarkammer kann Gebühren ermäßigen oder von der Erhebung von Gebühren absehen, wenn dies durch die besonderen Umstände des Einzelfalls geboten erscheint, insbesondere wenn die volle Gebührenerhebung für den Gebührenschuldner eine unzumutbare Härte darstellen würde oder wenn der mit der Erhebung der Gebühr verbundene Verwaltungsaufwand außer Verhältnis zu der Höhe der zu erhebenden Gebühr stünde.

## § 7 Übergangsregelung

Für die Eintragung von Angaben zu notariell beglaubigten oder beurkundeten Vorsorgevollmachten sowie die Änderung, Ergänzung oder Löschung solcher Eintragungen wird keine Gebühr erhoben, wenn die Eintragung, Änderung, Ergänzung oder Löschung vor dem Inkrafttreten dieser Satzung beantragt wurde.

## § 8 Inkrafttreten

Diese Satzung tritt am 1. März 2005 in Kraft.

Anlage (zu § 1 Satz 1)

# Gebührenverzeichnis

| Nr. | Gebührentatbestand | Gebührenbetrag |
|---|---|---|
| *Vorbemerkung:* <br> (1) Die Erhöhungs- und Ermäßigungstatbestände sind nebeneinander anwendbar, soweit nicht ein anderes bestimmt ist. <br> (2) Beantragt ein Bevollmächtigter innerhalb von einem Monat nach Erhalt der Benachrichtigung über eine Eintragung die Änderung oder Löschung des ihn betreffenden Eintrags, so werden für die Änderung oder Löschung des Eintrags von dem Bevollmächtigten keine Gebühren erhoben. | | |
| **1. Persönliche Übermittlung des Antrags** | | |
| 10 | Eintragung einer Vorsorgevollmacht in das Zentrale Vorsorgeregister sowie Änderung, Ergänzung oder Löschung eines Eintrags . . . . . . . . . . . . . | 18,50 EUR |
| 11 | Der Antrag wird elektronisch über eine der hierfür vorgehaltenen technischen Schnittstellen übertragen: <br> Die Gebühr 10 ermäßigt sich um . . . . . . . . . | 3,00 EUR |
| **2. Übermittlung oder Stellung des Antrags durch eine registrierte Person oder Einrichtung (§ 4)** | | |
| 20 | Eintragung einer Vorsorgevollmacht in das Zentrale Vorsorgeregister sowie Änderung, Ergänzung oder Löschung eines Eintrags . . . . . . . . . . . . . <br> Erklärt die registrierte Person oder Einrichtung, die den Antrag auf Eintragung, Änderung, Ergänzung oder Löschung übermittelt oder stellt, dass die Gebühren unmittelbar bei dem Vollmachtgeber erhoben werden sollen, so fällt an Stelle der Gebühr 20 die Gebühr 10 an; der Gebührentatbestand der Nummer 21 einschließlich der Anmerkung zu Nummer 21 finden entsprechende Anwendung. | 16,00 EUR |
| 21 | Der Antrag wird elektronisch über eine der hierfür vorgehaltenen technischen Schnittstellen übertragen: <br> Die Gebühr 20 ermäßigt sich um . . . . . . . . . <br> Die Gebühr 20 entfällt, wenn der Autrag elektronisch über eine der hierfür vorgehaltenen technischen Schnittstellen übertragen wird und nur die Änderung oder Ergänzung eines bestehenden Eintrags einer Vorsorgevollmacht betrifft. | 5,00 EUR |
| **3. Gemeinsame Erhöhungs- und Ermäßigungstatbestände** | | |
| | Die Eintragung, Änderung, Ergänzung oder Löschung betrifft mehr als einen Bevollmächtigten oder vorgeschlagenen Betreuer: | |

| Nr. | Gebührentatbestand | Gebührenbetrag |
|---|---|---|
| 31 | – Die Gebühr 10 und die Gebühr 20 erhöhen sich für jeden weiteren Bevollmächtigten oder vorgeschlagenen Betreuer um . . . . . . . . . . . | 3,00 EUR |
| 32 | – Wird der Antrag elektronisch über eine der hierfür vorgehaltenen technischen Schnittstellen automatisiert übertragen, erhöhen sich die Gebühr 10 und die Gebühr 20 in Abweichung von Gebühr 31 für jeden weiteren Bevollmächtigten oder vorgeschlagenen Betreuer um . . . . . . . . . . . | 2,50 EUR |
| 35 | Die Gebühr wird durch Lastschrifteinzug gezahlt: Die Gebühr 10 und die Gebühr 20 ermäßigen sich um . . . . . . . . . . . . . . . . . . . . . . . . . | 2,50 EUR |
| **4. Zurückweisung eines Antrags** | | |
| 40 | Zurückweisung eines Antrags auf Eintragung oder auf Änderung, Ergänzung oder Löschung eines Eintrags . . . . . . . . . . . . . . . . . . . . . . . | 18,50 EUR |

# L. Verordnung über die Grundsätze für die Ermittlung der Verkehrswerte von Grundstücken

## (Immobilienwertermittlungsverordnung – ImmoWertV, 2010)

Immobilienwertermittlungsverordnung vom 19. Mai 2010 (BGBl. I S. 639)

### Eingangsformel

Auf Grund des § 199 Absatz 1 des Baugesetzbuchs, der zuletzt durch Artikel 4 Nummer 4 Buchstabe a des Gesetzes vom 24. Dezember 2008 (BGBl. I S. 3018) geändert worden ist, verordnet die Bundesregierung:

### Abschnitt 1
### Anwendungsbereich, Begriffsbestimmungen und allgemeine Verfahrensgrundsätze

### § 1 Anwendungsbereich

(1) Bei der Ermittlung der Verkehrswerte (Marktwerte) von Grundstücken, ihrer Bestandteile sowie ihres Zubehörs und bei der Ableitung der für die Wertermittlung erforderlichen Daten einschließlich der Bodenrichtwerte ist diese Verordnung anzuwenden.

(2) Die nachfolgenden Vorschriften sind auf grundstücksgleiche Rechte, Rechte an diesen und Rechte an Grundstücken sowie auf solche Wertermittlungsobjekte, für die kein Markt besteht, entsprechend anzuwenden. In diesen Fällen kann der Wert auf der Grundlage marktkonformer Modelle unter besonderer Berücksichtigung der wirtschaftlichen Vor- und Nachteile ermittelt werden.

### § 2 Grundlagen der Wertermittlung

Der Wertermittlung sind die allgemeinen Wertverhältnisse auf dem Grundstücksmarkt am Wertermittlungsstichtag (§ 3) und der Grundstückszustand am Qualitätsstichtag (§ 4) zugrunde zu legen. Künftige Entwicklungen wie beispielsweise absehbare anderweitige Nutzungen (§ 4 Absatz 3 Nummer 1) sind zu berücksichtigen, wenn sie mit hinreichender Sicherheit auf Grund konkreter Tatsachen zu erwarten sind. In diesen Fällen ist auch die voraussichtliche Dauer bis zum Eintritt der rechtlichen und tatsächlichen Voraussetzungen für die Realisierbarkeit einer baulichen oder sonstigen Nutzung eines Grundstücks (Wartezeit) zu berücksichtigen.

### § 3 Wertermittlungsstichtag und allgemeine Wertverhältnisse

(1) Der Wertermittlungsstichtag ist der Zeitpunkt, auf den sich die Wertermittlung bezieht.

(2) Die allgemeinen Wertverhältnisse auf dem Grundstücksmarkt bestimmen sich nach der Gesamtheit der am Wertermittlungsstichtag für die Preisbildung von Grundstücken im gewöhnlichen Geschäftsverkehr (marktüblich) maßgebenden Umstände wie nach der allgemeinen Wirtschaftslage, den Verhältnissen am Kapitalmarkt sowie den wirtschaftlichen und demographischen Entwicklungen des Gebiets.

### § 4 Qualitätsstichtag und Grundstückszustand

(1) Der Qualitätsstichtag ist der Zeitpunkt, auf den sich der für die Wertermittlung maßgebliche Grundstückszustand bezieht. Er entspricht dem Wertermittlungsstichtag, es sei denn, dass aus rechtlichen oder sonstigen Gründen der Zustand des Grundstücks zu einem anderen Zeitpunkt maßgebend ist.

(2) Der Zustand eines Grundstücks bestimmt sich nach der Gesamtheit der verkehrswertbeeinflussenden rechtlichen Gegebenheiten und tatsächlichen Eigenschaften, der sonstigen Beschaffenheit und der Lage des Grundstücks (Grundstücksmerkmale). Zu den Grundstücksmerkmalen gehören insbesondere der Entwicklungszustand (§ 5), die Art und das Maß der baulichen oder sonstigen Nutzung (§ 6 Absatz 1), die wertbeeinflussenden Rechte und Belastungen (§ 6 Absatz 2), der abgabenrechtliche Zustand (§ 6 Absatz 3), die Lagemerkmale (§ 6 Absatz 4) und die weiteren Merkmale (§ 6 Absatz 5 und 6).

(3) Neben dem Entwicklungszustand (§ 5) ist bei der Wertermittlung insbesondere zu berücksichtigen, ob am Qualitätsstichtag

1. eine anderweitige Nutzung von Flächen absehbar ist,

2. Flächen auf Grund ihrer Vornutzung nur mit erheblich über dem Üblichen liegenden Aufwand einer baulichen oder sonstigen Nutzung zugeführt werden können,

3. Flächen von städtebaulichen Missständen oder erheblichen städtebaulichen Funktionsverlusten betroffen sind,

4. Flächen einer dauerhaften öffentlichen Zweckbestimmung unterliegen,

5. Flächen für bauliche Anlagen zur Erforschung, Entwicklung oder Nutzung von Erneuerbaren Energien bestimmt sind,

6. Flächen zum Ausgleich für Eingriffe in Natur und Landschaft genutzt werden oder ob sich auf Flächen gesetzlich geschützte Biotope befinden.

## § 5 Entwicklungszustand

(1) Flächen der Land- oder Forstwirtschaft sind Flächen, die, ohne Bauerwartungsland, Rohbauland oder baureifes Land zu sein, land- oder forstwirtschaftlich nutzbar sind.

(2) Bauerwartungsland sind Flächen, die nach ihren weiteren Grundstücksmerkmalen (§ 6), insbesondere dem Stand der Bauleitplanung und der sonstigen städtebaulichen Entwicklung des Gebiets, eine bauliche Nutzung auf Grund konkreter Tatsachen mit hinreichender Sicherheit erwarten lassen.

(3) Rohbauland sind Flächen, die nach den §§ 30, 33 und 34 des Baugesetzbuchs für eine bauliche Nutzung bestimmt sind, deren Erschließung aber noch nicht gesichert ist oder die nach Lage, Form oder Größe für eine bauliche Nutzung unzureichend gestaltet sind.

(4) Baureifes Land sind Flächen, die nach öffentlich-rechtlichen Vorschriften und den tatsächlichen Gegebenheiten baulich nutzbar sind.

## § 6 Weitere Grundstücksmerkmale

(1) Art und Maß der baulichen oder sonstigen Nutzung ergeben sich in der Regel aus den für die planungsrechtliche Zulässigkeit von Vorhaben maßgeblichen §§ 30, 33 und 34 des Baugesetzbuchs und den sonstigen Vorschriften, die die Nutzbarkeit betreffen. Wird vom Maß der zulässigen Nutzung in der Umgebung regelmäßig abgewichen, ist die Nutzung maßgebend, die im gewöhnlichen Geschäftsverkehr zugrunde gelegt wird.

(2) Als wertbeeinflussende Rechte und Belastungen kommen insbesondere Dienstbarkeiten, Nutzungsrechte, Baulasten sowie wohnungs- und mietrechtliche Bindungen in Betracht.

(3) Für den abgabenrechtlichen Zustand des Grundstücks ist die Pflicht zur Entrichtung von nichtsteuerlichen Abgaben maßgebend.

(4) Lagemerkmale von Grundstücken sind insbesondere die Verkehrsanbindung, die Nachbarschaft, die Wohn- und Geschäftslage sowie die Umwelteinflüsse.

(5) Weitere Merkmale sind insbesondere die tatsächliche Nutzung, die Erträge, die Grundstücksgröße, der Grundstückszuschnitt und die Bodenbeschaffenheit wie beispielsweise Bodengüte, Eignung als Baugrund oder schädliche Bodenveränderungen. Bei bebauten Grundstücken sind dies zusätzlich insbesondere die Gebäudeart, die Bauweise und Baugestaltung, die Größe, Ausstattung und Qualität, der bauliche Zustand, die energetischen Eigenschaften, das Baujahr und die Restnutzungsdauer.

(6) Die Restnutzungsdauer ist die Zahl der Jahre, in denen die baulichen Anlagen bei ordnungsgemäßer Bewirtschaftung voraussichtlich noch wirtschaftlich genutzt werden können; durchgeführte Instandsetzungen oder Modernisierungen oder unterlassene Instandhaltungen oder andere Gegebenheiten können die Restnutzungsdauer verlängern oder verkürzen. Modernisierungen sind beispielsweise Maßnahmen, die eine wesentliche Verbesserung der Wohn- oder sonstigen Nutzungsverhältnisse oder wesentliche Einsparungen von Energie oder Wasser bewirken.

### § 7 Ungewöhnliche oder persönliche Verhältnisse

Zur Wertermittlung und zur Ableitung erforderlicher Daten für die Wertermittlung sind Kaufpreise und andere Daten wie Mieten und Bewirtschaftungskosten heranzuziehen, bei denen angenommen werden kann, dass sie nicht durch ungewöhnliche oder persönliche Verhältnisse beeinflusst worden sind. Eine Beeinflussung durch ungewöhnliche oder persönliche Verhältnisse kann angenommen werden, wenn Kaufpreise und andere Daten erheblich von den Kaufpreisen und anderen Daten in vergleichbaren Fällen abweichen.

### § 8 Ermittlung des Verkehrswerts

(1) Zur Wertermittlung sind das Vergleichswertverfahren (§ 15) einschließlich des Verfahrens zur Bodenwertermittlung (§ 16), das Ertragswertverfahren (§§ 17 bis 20), das Sachwertverfahren (§§ 21 bis 23) oder mehrere dieser Verfahren heranzuziehen. Die Verfahren sind nach der Art des Wertermittlungsobjekts unter Berücksichtigung der im gewöhnlichen Geschäftsverkehr bestehenden Gepflogenheiten und der sonstigen Umstände des Einzelfalls, insbesondere der zur Verfügung stehenden Daten, zu wählen; die Wahl ist zu begründen. Der Verkehrswert ist aus dem Ergebnis des oder der herangezogenen Verfahren unter Würdigung seines oder ihrer Aussagefähigkeit zu ermitteln.

(2) In den Wertermittlungsverfahren nach Absatz 1 sind regelmäßig in folgender Reihenfolge zu berücksichtigen:

1. die allgemeinen Wertverhältnisse auf dem Grundstücksmarkt (Marktanpassung),

2. die besonderen objektspezifischen Grundstücksmerkmale des zu bewertenden Grundstücks.

(3) Besondere objektspezifische Grundstücksmerkmale wie beispielsweise eine wirtschaftliche Überalterung, ein überdurchschnittlicher Erhaltungszustand, Baumängel oder Bauschäden sowie von den marktüblich erzielbaren Erträgen erheblich abweichende Erträge können, soweit dies dem gewöhnlichen Geschäftsverkehr entspricht, durch marktgerechte Zu- oder Abschläge oder in anderer geeigneter Weise berücksichtigt werden.

### Abschnitt 2
### Bodenrichtwerte und sonstige erforderliche Daten

### § 9 Grundlagen der Ermittlung

(1) Bodenrichtwerte (§ 10) und sonstige für die Wertermittlung erforderliche Daten sind insbesondere aus der Kaufpreissammlung (§ 193 Absatz 5 Satz 1 des Baugesetzbuchs) auf der

Grundlage einer ausreichenden Zahl geeigneter Kaufpreise unter Berücksichtigung der allgemeinen Wertverhältnisse zu ermitteln. Zu den sonstigen erforderlichen Daten gehören insbesondere Indexreihen (§ 11), Umrechnungskoeffizienten (§ 12), Vergleichsfaktoren für bebaute Grundstücke (§ 13) sowie Marktanpassungsfaktoren und Liegenschaftszinssätze (§ 14).

(2) Kaufpreise solcher Grundstücke, die in ihren Grundstücksmerkmalen voneinander abweichen, sind im Sinne des Absatzes 1 Satz 1 nur geeignet, wenn die Abweichungen

1. in ihren Auswirkungen auf die Preise sich ausgleichen,

2. durch Zu- oder Abschläge oder

3. durch andere geeignete Verfahren berücksichtigt werden können.

## § 10 Bodenrichtwerte

(1) Bodenrichtwerte (§ 196 des Baugesetzbuchs) sind vorrangig im Vergleichswertverfahren (§ 15) zu ermitteln. Findet sich keine ausreichende Zahl von Vergleichspreisen, kann der Bodenrichtwert auch mit Hilfe deduktiver Verfahren oder in anderer geeigneter und nachvollziehbarer Weise ermittelt werden. Die Bodenrichtwerte sind als ein Betrag in Euro pro Quadratmeter Grundstücksfläche darzustellen.

(2) Von den wertbeeinflussenden Merkmalen des Bodenrichtwertgrundstücks sollen der Entwicklungszustand und die Art der Nutzung dargestellt werden. Zusätzlich sollen dargestellt werden:

1. bei landwirtschaftlich genutzten Flächen gegebenenfalls die Bodengüte als Acker- oder Grünlandzahl,

2. bei baureifem Land der erschließungsbeitragsrechtliche Zustand sowie je nach Wertrelevanz das Maß der baulichen Nutzung, die Grundstücksgröße, -tiefe oder -breite und

3. bei förmlich festgelegten Sanierungsgebieten (§ 142 des Baugesetzbuchs) und förmlich festgelegten Entwicklungsbereichen (§ 165 des Baugesetzbuchs) der Grundstückszustand, auf den sich der Bodenrichtwert bezieht; dabei ist entweder der Grundstückszustand vor Beginn der Maßnahme oder nach Abschluss der Maßnahme darzustellen.

Deckt der Bodenrichtwert verschiedene Nutzungsarten oder verschiedene Nutzungsmaße ab, sollen diese ebenfalls dargestellt werden.

(3) Die Bodenrichtwerte sind in automatisierter Form auf der Grundlage der amtlichen Geobasisdaten zu führen.

## § 11 Indexreihen

(1) Änderungen der allgemeinen Wertverhältnisse auf dem Grundstücksmarkt sollen mit Indexreihen erfasst werden.

(2) Indexreihen bestehen aus Indexzahlen, die sich aus dem durchschnittlichen Verhältnis der Preise eines Erhebungszeitraums zu den Preisen eines Basiszeitraums mit der Indexzahl 100 ergeben. Die Indexzahlen können auch auf bestimmte Zeitpunkte des Erhebungs- und Basiszeitraums bezogen werden.

(3) Die Indexzahlen werden für Grundstücke mit vergleichbaren Lage- und Nutzungsverhältnissen abgeleitet. Das Ergebnis eines Erhebungszeitraums kann in geeigneten Fällen durch Vergleich mit den Indexreihen anderer Bereiche und vorausgegangener Erhebungszeiträume geändert werden.

(4) Indexreihen können insbesondere abgeleitet werden für

1. Bodenpreise,

2. Preise für Eigentumswohnungen und

3. Preise für Einfamilienhäuser.

### § 12 Umrechnungskoeffizienten

Wertunterschiede von Grundstücken, die sich aus Abweichungen bestimmter Grundstücks-merkmale sonst gleichartiger Grundstücke ergeben, insbesondere aus dem unterschiedli-chen Maß der baulichen Nutzung oder der Grundstücksgröße und -tiefe, sollen mit Hilfe von Umrechnungskoeffizienten (§ 193 Absatz 5 Satz 2 Nummer 3 des Baugesetzbuchs) erfasst werden.

### § 13 Vergleichsfaktoren für bebaute Grundstücke

Vergleichsfaktoren (§ 193 Absatz 5 Satz 2 Nummer 4 des Baugesetzbuchs) sollen der Ermitt-lung von Vergleichswerten für bebaute Grundstücke dienen. Sie sind auf den marktüblich er-zielbaren jährlichen Ertrag (Ertragsfaktor) oder auf eine sonst geeignete Bezugseinheit, ins-besondere auf eine Flächen- oder Raumeinheit der baulichen Anlage (Gebäudefaktor), zu beziehen.

### § 14 Marktanpassungsfaktoren, Liegenschaftszinssätze

(1) Mit Marktanpassungsfaktoren und Liegenschaftszinssätzen sollen die allgemeinen Wert-verhältnisse auf dem Grundstücksmarkt erfasst werden, soweit diese nicht auf andere Weise zu berücksichtigen sind.

(2) Marktanpassungsfaktoren sind insbesondere

1. Faktoren zur Anpassung des Sachwerts, die aus dem Verhältnis geeigneter Kaufpreise zu entsprechenden Sachwerten abgeleitet werden (Sachwertfaktoren, § 193 Absatz 5 Satz 2 Nummer 2 des Baugesetzbuchs),

2. Faktoren zur Anpassung finanzmathematisch errechneter Werte von Erbbaurechten oder Erbbaugrundstücken, die aus dem Verhältnis geeigneter Kaufpreise zu den finanzmathe-matisch errechneten Werten von entsprechenden Erbbaurechten oder Erbbaugrundstü-cken abgeleitet werden (Erbbaurechts- oder Erbbaugrundstücksfaktoren).

(3) Die Liegenschaftszinssätze (Kapitalisierungszinssätze, § 193 Absatz 5 Satz 2 Nummer 1 des Baugesetzbuchs) sind die Zinssätze, mit denen Verkehrswerte von Grundstücken je nach Grundstücksart im Durchschnitt marktüblich verzinst werden. Sie sind auf der Grund-lage geeigneter Kaufpreise und der ihnen entsprechenden Reinerträge für gleichartig bebau-te und genutzte Grundstücke unter Berücksichtigung der Restnutzungsdauer der Gebäude nach den Grundsätzen des Ertragswertverfahrens (§§ 17 bis 20) abzuleiten.

### Abschnitt 3
### Wertermittlungsverfahren

### Unterabschnitt 1
### Vergleichswertverfahren, Bodenwertermittlung

### § 15 Ermittlung des Vergleichswerts

(1) Im Vergleichswertverfahren wird der Vergleichswert aus einer ausreichenden Zahl von Vergleichspreisen ermittelt. Für die Ableitung der Vergleichspreise sind die Kaufpreise sol-cher Grundstücke heranzuziehen, die mit dem zu bewertenden Grundstück hinreichend

übereinstimmende Grundstücksmerkmale aufweisen. Finden sich in dem Gebiet, in dem das Grundstück gelegen ist, nicht genügend Vergleichspreise, können auch Vergleichspreise aus anderen vergleichbaren Gebieten herangezogen werden. Änderungen der allgemeinen Wertverhältnisse auf dem Grundstücksmarkt oder Abweichungen einzelner Grundstücksmerkmale sind in der Regel auf der Grundlage von Indexreihen oder Umrechnungskoeffizienten zu berücksichtigen.

(2) Bei bebauten Grundstücken können neben oder anstelle von Vergleichspreisen zur Ermittlung des Vergleichswerts geeignete Vergleichsfaktoren herangezogen werden. Der Vergleichswert ergibt sich dann durch Vervielfachung des jährlichen Ertrags oder der sonstigen Bezugseinheit des zu bewertenden Grundstücks mit dem Vergleichsfaktor. Vergleichsfaktoren sind geeignet, wenn die Grundstücksmerkmale der ihnen zugrunde gelegten Grundstücke hinreichend mit denen des zu bewertenden Grundstücks übereinstimmen.

### § 16 Ermittlung des Bodenwerts

(1) Der Wert des Bodens ist vorbehaltlich der Absätze 2 bis 4 ohne Berücksichtigung der vorhandenen baulichen Anlagen auf dem Grundstück vorrangig im Vergleichswertverfahren (§ 15) zu ermitteln. Dabei kann der Bodenwert auch auf der Grundlage geeigneter Bodenrichtwerte ermittelt werden. Bodenrichtwerte sind geeignet, wenn die Merkmale des zugrunde gelegten Richtwertgrundstücks hinreichend mit den Grundstücksmerkmalen des zu bewertenden Grundstücks übereinstimmen. § 15 Absatz 1 Satz 3 und 4 ist entsprechend anzuwenden.

(2) Vorhandene bauliche Anlagen auf einem Grundstück im Außenbereich (§ 35 des Baugesetzbuchs) sind bei der Ermittlung des Bodenwerts zu berücksichtigen, wenn sie rechtlich und wirtschaftlich weiterhin nutzbar sind.

(3) Ist alsbald mit einem Abriss von baulichen Anlagen zu rechnen, ist der Bodenwert um die üblichen Freilegungskosten zu mindern, soweit sie im gewöhnlichen Geschäftsverkehr berücksichtigt werden. Von einer alsbaldigen Freilegung kann ausgegangen werden, wenn

1. die baulichen Anlagen nicht mehr nutzbar sind oder

2. der nicht abgezinste Bodenwert ohne Berücksichtigung der Freilegungskosten den im Ertragswertverfahren (§§ 17 bis 20) ermittelten Ertragswert erreicht oder übersteigt.

(4) Ein erhebliches Abweichen der tatsächlichen von der nach § 6 Absatz 1 maßgeblichen Nutzung, wie insbesondere eine erhebliche Beeinträchtigung der Nutzbarkeit durch vorhandene bauliche Anlagen auf einem Grundstück, ist bei der Ermittlung des Bodenwerts zu berücksichtigen, soweit dies dem gewöhnlichen Geschäftsverkehr entspricht.

(5) Bei der Ermittlung der sanierungs- oder entwicklungsbedingten Bodenwerterhöhung zur Bemessung von Ausgleichsbeträgen nach § 154 Absatz 1 oder § 166 Absatz 3 Satz 4 des Baugesetzbuchs sind die Anfangs- und Endwerte auf denselben Zeitpunkt zu ermitteln.

### Unterabschnitt 2
### Ertragswertverfahren

### § 17 Ermittlung des Ertragswerts

(1) Im Ertragswertverfahren wird der Ertragswert auf der Grundlage marktüblich erzielbarer Erträge ermittelt. Soweit die Ertragsverhältnisse absehbar wesentlichen Veränderungen unterliegen oder wesentlich von den marktüblich erzielbaren Erträgen abweichen, kann der Ertragswert auch auf der Grundlage periodisch unterschiedlicher Erträge ermittelt werden.

(2) Im Ertragswertverfahren auf der Grundlage marktüblich erzielbarer Erträge wird der Ertragswert ermittelt

1. aus dem nach § 16 ermittelten Bodenwert und dem um den Betrag der angemessenen Verzinsung des Bodenwerts verminderten und sodann kapitalisierten Reinertrag (§ 18 Absatz 1); der Ermittlung des Bodenwertverzinsungsbetrags ist der für die Kapitalisierung nach § 20 maßgebliche Liegenschaftszinssatz zugrunde zu legen; bei der Ermittlung des Bodenwertverzinsungsbetrags sind selbständig nutzbare Teilflächen nicht zu berücksichtigen (allgemeines Ertragswertverfahren), oder

2. aus dem nach § 20 kapitalisierten Reinertrag (§ 18 Absatz 1) und dem nach § 16 ermittelten Bodenwert, der mit Ausnahme des Werts von selbständig nutzbaren Teilflächen auf den Wertermittlungsstichtag nach § 20 abzuzinsen ist (vereinfachtes Ertragswertverfahren).

Eine selbständig nutzbare Teilfläche ist der Teil eines Grundstücks, der für die angemessene Nutzung der baulichen Anlagen nicht benötigt wird und selbständig genutzt oder verwertet werden kann.

(3) Im Ertragswertverfahren auf der Grundlage periodisch unterschiedlicher Erträge wird der Ertragswert aus den durch gesicherte Daten abgeleiteten periodisch erzielbaren Reinerträgen (§ 18 Absatz 1) innerhalb eines Betrachtungszeitraums und dem Restwert des Grundstücks am Ende des Betrachtungszeitraums ermittelt. Die periodischen Reinerträge sowie der Restwert des Grundstücks sind jeweils auf den Wertermittlungsstichtag nach § 20 abzuzinsen.

## § 18 Reinertrag, Rohertrag

(1) Der Reinertrag ergibt sich aus dem jährlichen Rohertrag abzüglich der Bewirtschaftungskosten (§ 19).

(2) Der Rohertrag ergibt sich aus den bei ordnungsgemäßer Bewirtschaftung und zulässiger Nutzung marktüblich erzielbaren Erträgen. Bei Anwendung des Ertragswertverfahrens auf der Grundlage periodisch unterschiedlicher Erträge ergibt sich der Rohertrag insbesondere aus den vertraglichen Vereinbarungen.

## § 19 Bewirtschaftungskosten

(1) Als Bewirtschaftungskosten sind die für eine ordnungsgemäße Bewirtschaftung und zulässige Nutzung marktüblich entstehenden jährlichen Aufwendungen zu berücksichtigen, die nicht durch Umlagen oder sonstige Kostenübernahmen gedeckt sind.

(2) Nach Absatz 1 berücksichtigungsfähige Bewirtschaftungskosten sind

1. die Verwaltungskosten; sie umfassen die Kosten der zur Verwaltung des Grundstücks erforderlichen Arbeitskräfte und Einrichtungen, die Kosten der Aufsicht, den Wert der vom Eigentümer persönlich geleisteten Verwaltungsarbeit sowie die Kosten der Geschäftsführung;

2. die Instandhaltungskosten; sie umfassen die Kosten, die infolge von Abnutzung oder Alterung zur Erhaltung des der Wertermittlung zugrunde gelegten Ertragsniveaus der baulichen Anlage während ihrer Restnutzungsdauer aufgewendet werden müssen;

3. das Mietausfallwagnis; es umfasst das Risiko von Ertragsminderungen, die durch uneinbringliche Rückstände von Mieten, Pachten und sonstigen Einnahmen oder durch vorübergehenden Leerstand von Raum entstehen, der zur Vermietung, Verpachtung oder sonstigen Nutzung bestimmt ist; es umfasst auch das Risiko von uneinbringlichen Kosten einer Rechtsverfolgung auf Zahlung, Aufhebung eines Mietverhältnisses oder Räumung;

4. die Betriebskosten.

Soweit sich die Bewirtschaftungskosten nicht ermitteln lassen, ist von Erfahrungssätzen auszugehen.

### § 20 Kapitalisierung und Abzinsung

Der Kapitalisierung und Abzinsung sind Barwertfaktoren zugrunde zu legen. Der jeweilige Barwertfaktor ist unter Berücksichtigung der Restnutzungsdauer (§ 6 Absatz 6 Satz 1) und des jeweiligen Liegenschaftszinssatzes (§ 14 Absatz 3) der Anlage 1 oder der Anlage 2 zu entnehmen oder nach der dort angegebenen Berechnungsvorschrift zu bestimmen.

**Unterabschnitt 3**
**Sachwertverfahren**

### § 21 Ermittlung des Sachwerts

(1) Im Sachwertverfahren wird der Sachwert des Grundstücks aus dem Sachwert der nutzbaren baulichen und sonstigen Anlagen sowie dem Bodenwert (§ 16) ermittelt; die allgemeinen Wertverhältnisse auf dem Grundstücksmarkt sind insbesondere durch die Anwendung von Sachwertfaktoren (§ 14 Absatz 2 Nummer 1) zu berücksichtigen.

(2) Der Sachwert der baulichen Anlagen (ohne Außenanlagen) ist ausgehend von den Herstellungskosten (§ 22) unter Berücksichtigung der Alterswertminderung (§ 23) zu ermitteln.

(3) Der Sachwert der baulichen Außenanlagen und der sonstigen Anlagen wird, soweit sie nicht vom Bodenwert miterfasst werden, nach Erfahrungssätzen oder nach den gewöhnlichen Herstellungskosten ermittelt. Die §§ 22 und 23 sind entsprechend anzuwenden.

### § 22 Herstellungskosten

(1) Zur Ermittlung der Herstellungskosten sind die gewöhnlichen Herstellungskosten je Flächen-, Raum- oder sonstiger Bezugseinheit (Normalherstellungskosten) mit der Anzahl der entsprechenden Bezugseinheiten der baulichen Anlagen zu vervielfachen.

(2) Normalherstellungskosten sind die Kosten, die marktüblich für die Neuerrichtung einer entsprechenden baulichen Anlage aufzuwenden wären. Mit diesen Kosten nicht erfasste einzelne Bauteile, Einrichtungen oder sonstige Vorrichtungen sind durch Zu- oder Abschläge zu berücksichtigen, soweit dies dem gewöhnlichen Geschäftsverkehr entspricht. Zu den Normalherstellungskosten gehören auch die üblicherweise entstehenden Baunebenkosten, insbesondere Kosten für Planung, Baudurchführung, behördliche Prüfungen und Genehmigungen. Ausnahmsweise können die Herstellungskosten der baulichen Anlagen nach den gewöhnlichen Herstellungskosten einzelner Bauleistungen (Einzelkosten) ermittelt werden.

(3) Normalherstellungskosten sind in der Regel mit Hilfe geeigneter Baupreisindexreihen an die Preisverhältnisse am Wertermittlungsstichtag anzupassen.

### § 23 Alterswertminderung

Die Alterswertminderung ist unter Berücksichtigung des Verhältnisses der Restnutzungsdauer (§ 6 Absatz 6 Satz 1) zur Gesamtnutzungsdauer der baulichen Anlagen zu ermitteln. Dabei ist in der Regel eine gleichmäßige Wertminderung zugrunde zu legen. Gesamtnutzungsdauer ist die bei ordnungsgemäßer Bewirtschaftung übliche wirtschaftliche Nutzungsdauer der baulichen Anlagen.

**Abschnitt 4**
**Schlussvorschrift**

### § 24 Inkrafttreten und Außerkrafttreten

Diese Verordnung tritt am 1. Juli 2010 in Kraft. Gleichzeitig tritt die Wertermittlungsverordnung vom 6. Dezember 1988 (BGBl. I S. 2209), die durch Artikel 3 des Gesetzes vom 18. August 1997 (BGBl. I S. 2081) geändert worden ist, außer Kraft.

### Schlussformel

Der Bundesrat hat zugestimmt.

## Anlage 1 (zu § 20) Barwertfaktoren für die Kapitalisierung

(Fundstelle: BGBl. I 2010, 645 – 648)

| Rest-nutzungs-dauer von ... Jahren | Zinssatz | | | | | | | | |
|---|---|---|---|---|---|---|---|---|---|
| | 1,0 % | 1,5 % | 2,0 % | 2,5 % | 3,0 % | 3,5 % | 4,0 % | 4,5 % | 5,0 % |
| 1 | 0,99 | 0,99 | 0,98 | 0,98 | 0,97 | 0,97 | 0,96 | 0,96 | 0,95 |
| 2 | 1,97 | 1,96 | 1,94 | 1,93 | 1,91 | 1,90 | 1,89 | 1,87 | 1,86 |
| 3 | 2,94 | 2,91 | 2,88 | 2,86 | 2,83 | 2,80 | 2,78 | 2,75 | 2,72 |
| 4 | 3,90 | 3,85 | 3,81 | 3,76 | 3,72 | 3,67 | 3,63 | 3,59 | 3,55 |
| 5 | 4,85 | 4,78 | 4,71 | 4,65 | 4,58 | 4,52 | 4,45 | 4,39 | 4,33 |
| 6 | 5,80 | 5,70 | 5,60 | 5,51 | 5,42 | 5,33 | 5,24 | 5,16 | 5,08 |
| 7 | 6,73 | 6,60 | 6,47 | 6,35 | 6,23 | 6,11 | 6,00 | 5,89 | 5,79 |
| 8 | 7,65 | 7,49 | 7,33 | 7,17 | 7,02 | 6,87 | 6,73 | 6,60 | 6,46 |
| 9 | 8,57 | 8,36 | 8,16 | 7,97 | 7,79 | 7,61 | 7,44 | 7,27 | 7,11 |
| 10 | 9,47 | 9,22 | 8,98 | 8,75 | 8,53 | 8,32 | 8,11 | 7,91 | 7,72 |
| 11 | 10,37 | 10,07 | 9,79 | 9,51 | 9,25 | 9,00 | 8,76 | 8,53 | 8,31 |
| 12 | 11,26 | 10,91 | 10,58 | 10,26 | 9,95 | 9,66 | 9,39 | 9,12 | 8,86 |
| 13 | 12,13 | 11,73 | 11,35 | 10,98 | 10,63 | 10,30 | 9,99 | 9,68 | 9,39 |
| 14 | 13,00 | 12,54 | 12,11 | 11,69 | 11,30 | 10,92 | 10,56 | 10,22 | 9,90 |
| 15 | 13,87 | 13,34 | 12,85 | 12,38 | 11,94 | 11,52 | 11,12 | 10,74 | 10,38 |
| 16 | 14,72 | 14,13 | 13,58 | 13,06 | 12,56 | 12,09 | 11,65 | 11,23 | 10,84 |
| 17 | 15,56 | 14,91 | 14,29 | 13,71 | 13,17 | 12,65 | 12,17 | 11,71 | 11,27 |
| 18 | 16,40 | 15,67 | 14,99 | 14,35 | 13,75 | 13,19 | 12,66 | 12,16 | 11,69 |
| 19 | 17,23 | 16,43 | 15,68 | 14,98 | 14,32 | 13,71 | 13,13 | 12,59 | 12,09 |
| 20 | 18,05 | 17,17 | 16,35 | 15,59 | 14,88 | 14,21 | 13,59 | 13,01 | 12,46 |
| 21 | 18,86 | 17,90 | 17,01 | 16,18 | 15,42 | 14,70 | 14,03 | 13,40 | 12,82 |
| 22 | 19,66 | 18,62 | 17,66 | 16,77 | 15,94 | 15,17 | 14,45 | 13,78 | 13,16 |
| 23 | 20,46 | 19,33 | 18,29 | 17,33 | 16,44 | 15,62 | 14,86 | 14,15 | 13,49 |
| 24 | 21,24 | 20,03 | 18,91 | 17,88 | 16,94 | 16,06 | 15,25 | 14,50 | 13,80 |
| 25 | 22,02 | 20,72 | 19,52 | 18,42 | 17,41 | 16,48 | 15,62 | 14,83 | 14,09 |
| 26 | 22,80 | 21,40 | 20,12 | 18,95 | 17,88 | 16,89 | 15,98 | 15,15 | 14,38 |
| 27 | 23,56 | 22,07 | 20,71 | 19,46 | 18,33 | 17,29 | 16,33 | 15,45 | 14,64 |
| 28 | 24,32 | 22,73 | 21,28 | 19,96 | 18,76 | 17,67 | 16,66 | 15,74 | 14,90 |
| 29 | 25,07 | 23,38 | 21,84 | 20,45 | 19,19 | 18,04 | 16,98 | 16,02 | 15,14 |
| 30 | 25,81 | 24,02 | 22,40 | 20,93 | 19,60 | 18,39 | 17,29 | 16,29 | 15,37 |
| 31 | 26,54 | 24,65 | 22,94 | 21,40 | 20,00 | 18,74 | 17,59 | 16,54 | 15,59 |
| 32 | 27,27 | 25,27 | 23,47 | 21,85 | 20,39 | 19,07 | 17,87 | 16,79 | 15,80 |
| 33 | 27,99 | 25,88 | 23,99 | 22,29 | 20,77 | 19,39 | 18,15 | 17,02 | 16,00 |
| 34 | 28,70 | 26,48 | 24,50 | 22,72 | 21,13 | 19,70 | 18,41 | 17,25 | 16,19 |
| 35 | 29,41 | 27,08 | 25,00 | 23,15 | 21,49 | 20,00 | 18,66 | 17,46 | 16,37 |
| 36 | 30,11 | 27,66 | 25,49 | 23,56 | 21,83 | 20,29 | 18,91 | 17,67 | 16,55 |
| 37 | 30,80 | 28,24 | 25,97 | 23,96 | 22,17 | 20,57 | 19,14 | 17,86 | 16,71 |
| 38 | 31,48 | 28,81 | 26,44 | 24,35 | 22,49 | 20,84 | 19,37 | 18,05 | 16,87 |
| 39 | 32,16 | 29,36 | 26,90 | 24,73 | 22,81 | 21,10 | 19,58 | 18,23 | 17,02 |
| 40 | 32,83 | 29,92 | 27,36 | 25,10 | 23,11 | 21,36 | 19,79 | 18,40 | 17,16 |
| 41 | 33,50 | 30,46 | 27,80 | 25,47 | 23,41 | 21,60 | 19,99 | 18,57 | 17,29 |
| 42 | 34,16 | 30,99 | 28,23 | 25,82 | 23,70 | 21,83 | 20,19 | 18,72 | 17,42 |
| 43 | 34,81 | 31,52 | 28,66 | 26,17 | 23,98 | 22,06 | 20,37 | 18,87 | 17,55 |
| 44 | 35,46 | 32,04 | 29,08 | 26,50 | 24,25 | 22,28 | 20,55 | 19,02 | 17,66 |
| 45 | 36,09 | 32,55 | 29,49 | 26,83 | 24,52 | 22,50 | 20,72 | 19,16 | 17,77 |
| 46 | 36,73 | 33,06 | 29,89 | 27,15 | 24,78 | 22,70 | 20,88 | 19,29 | 17,88 |
| 47 | 37,35 | 33,55 | 30,29 | 27,47 | 25,02 | 22,90 | 21,04 | 19,41 | 17,98 |
| 48 | 37,97 | 34,04 | 30,67 | 27,77 | 25,27 | 23,09 | 21,20 | 19,54 | 18,08 |
| 49 | 38,59 | 34,52 | 31,05 | 28,07 | 25,50 | 23,28 | 21,34 | 19,65 | 18,17 |

| Rest-nutzungs-dauer von ... Jahren | Zinssatz | | | | | | | | |
|---|---|---|---|---|---|---|---|---|---|
| | 1,0 % | 1,5 % | 2,0 % | 2,5 % | 3,0 % | 3,5 % | 4,0 % | 4,5 % | 5,0 % |
| 50 | 39,20 | 35,00 | 31,42 | 28,36 | 25,73 | 23,46 | 21,48 | 19,76 | 18,26 |
| 51 | 39,80 | 35,47 | 31,79 | 28,65 | 25,95 | 23,63 | 21,62 | 19,87 | 18,34 |
| 52 | 40,39 | 35,93 | 32,14 | 28,92 | 26,17 | 23,80 | 21,75 | 19,97 | 18,42 |
| 53 | 40,98 | 36,38 | 32,50 | 29,19 | 26,37 | 23,96 | 21,87 | 20,07 | 18,49 |
| 54 | 41,57 | 36,83 | 32,84 | 29,46 | 26,58 | 24,11 | 21,99 | 20,16 | 18,57 |
| 55 | 42,15 | 37,27 | 33,17 | 29,71 | 26,77 | 24,26 | 22,11 | 20,25 | 18,63 |
| 56 | 42,72 | 37,71 | 33,50 | 29,96 | 26,97 | 24,41 | 22,22 | 20,33 | 18,70 |
| 57 | 43,29 | 38,13 | 33,83 | 30,21 | 27,15 | 24,55 | 22,33 | 20,41 | 18,76 |
| 58 | 43,85 | 38,56 | 34,15 | 30,45 | 27,33 | 24,69 | 22,43 | 20,49 | 18,82 |
| 59 | 44,40 | 38,97 | 34,46 | 30,68 | 27,51 | 24,82 | 22,53 | 20,57 | 18,88 |
| 60 | 44,96 | 39,38 | 34,76 | 30,91 | 27,68 | 24,94 | 22,62 | 20,64 | 18,93 |
| 61 | 45,50 | 39,78 | 35,06 | 31,13 | 27,84 | 25,07 | 22,71 | 20,71 | 18,98 |
| 62 | 46,04 | 40,18 | 35,35 | 31,35 | 28,00 | 25,19 | 22,80 | 20,77 | 19,03 |
| 63 | 46,57 | 40,57 | 35,64 | 31,56 | 28,16 | 25,30 | 22,89 | 20,83 | 19,08 |
| 64 | 47,10 | 40,96 | 35,92 | 31,76 | 28,31 | 25,41 | 22,97 | 20,89 | 19,12 |
| 65 | 47,63 | 41,34 | 36,20 | 31,96 | 28,45 | 25,52 | 23,05 | 20,95 | 19,16 |
| 66 | 48,15 | 41,71 | 36,47 | 32,16 | 28,60 | 25,62 | 23,12 | 21,01 | 19,20 |
| 67 | 48,66 | 42,08 | 36,73 | 32,35 | 28,73 | 25,72 | 23,19 | 21,06 | 19,24 |
| 68 | 49,17 | 42,44 | 36,99 | 32,54 | 28,87 | 25,82 | 23,26 | 21,11 | 19,28 |
| 69 | 49,67 | 42,80 | 37,25 | 32,72 | 29,00 | 25,91 | 23,33 | 21,16 | 19,31 |
| 70 | 50,17 | 43,15 | 37,50 | 32,90 | 29,12 | 26,00 | 23,39 | 21,20 | 19,34 |
| 71 | 50,66 | 43,50 | 37,74 | 33,07 | 29,25 | 26,09 | 23,46 | 21,25 | 19,37 |
| 72 | 51,15 | 43,84 | 37,98 | 33,24 | 29,37 | 26,17 | 23,52 | 21,29 | 19,40 |
| 73 | 51,63 | 44,18 | 38,22 | 33,40 | 29,48 | 26,25 | 23,57 | 21,33 | 19,43 |
| 74 | 52,11 | 44,51 | 38,45 | 33,57 | 29,59 | 26,33 | 23,63 | 21,37 | 19,46 |
| 75 | 52,59 | 44,84 | 38,68 | 33,72 | 29,70 | 26,41 | 23,68 | 21,40 | 19,48 |
| 76 | 53,06 | 45,16 | 38,90 | 33,88 | 29,81 | 26,48 | 23,73 | 21,44 | 19,51 |
| 77 | 53,52 | 45,48 | 39,12 | 34,03 | 29,91 | 26,55 | 23,78 | 21,47 | 19,53 |
| 78 | 53,98 | 45,79 | 39,33 | 34,17 | 30,01 | 26,62 | 23,83 | 21,50 | 19,56 |
| 79 | 54,44 | 46,10 | 39,54 | 34,31 | 30,11 | 26,68 | 23,87 | 21,54 | 19,58 |
| 80 | 54,89 | 46,41 | 39,74 | 34,45 | 30,20 | 26,75 | 23,92 | 21,57 | 19,60 |
| 81 | 55,33 | 46,71 | 39,95 | 34,59 | 30,29 | 26,81 | 23,96 | 21,59 | 19,62 |
| 82 | 55,78 | 47,00 | 40,14 | 34,72 | 30,38 | 26,87 | 24,00 | 21,62 | 19,63 |
| 83 | 56,21 | 47,29 | 40,34 | 34,85 | 30,47 | 26,93 | 24,04 | 21,65 | 19,65 |
| 84 | 56,65 | 47,58 | 40,53 | 34,97 | 30,55 | 26,98 | 24,07 | 21,67 | 19,67 |
| 85 | 57,08 | 47,86 | 40,71 | 35,10 | 30,63 | 27,04 | 24,11 | 21,70 | 19,68 |
| 86 | 57,50 | 48,14 | 40,89 | 35,22 | 30,71 | 27,09 | 24,14 | 21,72 | 19,70 |
| 87 | 57,92 | 48,41 | 41,07 | 35,33 | 30,79 | 27,14 | 24,18 | 21,74 | 19,71 |
| 88 | 58,34 | 48,68 | 41,25 | 35,45 | 30,86 | 27,19 | 24,21 | 21,76 | 19,73 |
| 89 | 58,75 | 48,95 | 41,42 | 35,56 | 30,93 | 27,23 | 24,24 | 21,78 | 19,74 |
| 90 | 59,16 | 49,21 | 41,59 | 35,67 | 31,00 | 27,28 | 24,27 | 21,80 | 19,75 |
| 91 | 59,57 | 49,47 | 41,75 | 35,77 | 31,07 | 27,32 | 24,30 | 21,82 | 19,76 |
| 92 | 59,97 | 49,72 | 41,91 | 35,87 | 31,14 | 27,37 | 24,32 | 21,83 | 19,78 |
| 93 | 60,36 | 49,97 | 42,07 | 35,98 | 31,20 | 27,41 | 24,35 | 21,85 | 19,79 |
| 94 | 60,75 | 50,22 | 42,23 | 36,07 | 31,26 | 27,45 | 24,37 | 21,87 | 19,80 |
| 95 | 61,14 | 50,46 | 42,38 | 36,17 | 31,32 | 27,48 | 24,40 | 21,88 | 19,81 |
| 96 | 61,53 | 50,70 | 42,53 | 36,26 | 31,38 | 27,52 | 24,42 | 21,90 | 19,82 |
| 97 | 61,91 | 50,94 | 42,68 | 36,35 | 31,44 | 27,56 | 24,44 | 21,91 | 19,82 |
| 98 | 62,29 | 51,17 | 42,82 | 36,44 | 31,49 | 27,59 | 24,46 | 21,92 | 19,83 |
| 99 | 62,66 | 51,40 | 42,96 | 36,53 | 31,55 | 27,62 | 24,49 | 21,94 | 19,84 |
| 100 | 63,03 | 51,62 | 43,10 | 36,61 | 31,60 | 27,66 | 24,50 | 21,95 | 19,85 |

| Rest-nutzungsdauer von ... Jahren | Zinssatz | | | | | | | | | |
|---|---|---|---|---|---|---|---|---|---|---|
| | 5,5 % | 6,0 % | 6,5 % | 7,0 % | 7,5 % | 8,0 % | 8,5 % | 9,0 % | 9,5 % | 10,0 % |
| 1 | 0,95 | 0,94 | 0,94 | 0,93 | 0,93 | 0,93 | 0,92 | 0,92 | 0,91 | 0,91 |
| 2 | 1,85 | 1,83 | 1,82 | 1,81 | 1,80 | 1,78 | 1,77 | 1,76 | 1,75 | 1,74 |
| 3 | 2,70 | 2,67 | 2,65 | 2,62 | 2,60 | 2,58 | 2,55 | 2,53 | 2,51 | 2,49 |
| 4 | 3,51 | 3,47 | 3,43 | 3,39 | 3,35 | 3,31 | 3,28 | 3,24 | 3,20 | 3,17 |
| 5 | 4,27 | 4,21 | 4,16 | 4,10 | 4,05 | 3,99 | 3,94 | 3,89 | 3,84 | 3,79 |
| 6 | 5,00 | 4,92 | 4,84 | 4,77 | 4,69 | 4,62 | 4,55 | 4,49 | 4,42 | 4,36 |
| 7 | 5,68 | 5,58 | 5,48 | 5,39 | 5,30 | 5,21 | 5,12 | 5,03 | 4,95 | 4,87 |
| 8 | 6,33 | 6,21 | 6,09 | 5,97 | 5,86 | 5,75 | 5,64 | 5,53 | 5,43 | 5,33 |
| 9 | 6,95 | 6,80 | 6,66 | 6,52 | 6,38 | 6,25 | 6,12 | 6,00 | 5,88 | 5,76 |
| 10 | 7,54 | 7,36 | 7,19 | 7,02 | 6,86 | 6,71 | 6,56 | 6,42 | 6,28 | 6,14 |
| 11 | 8,09 | 7,89 | 7,69 | 7,50 | 7,32 | 7,14 | 6,97 | 6,81 | 6,65 | 6,50 |
| 12 | 8,62 | 8,38 | 8,16 | 7,94 | 7,74 | 7,54 | 7,34 | 7,16 | 6,98 | 6,81 |
| 13 | 9,12 | 8,85 | 8,60 | 8,36 | 8,13 | 7,90 | 7,69 | 7,49 | 7,29 | 7,10 |
| 14 | 9,59 | 9,29 | 9,01 | 8,75 | 8,49 | 8,24 | 8,01 | 7,79 | 7,57 | 7,37 |
| 15 | 10,04 | 9,71 | 9,40 | 9,11 | 8,83 | 8,56 | 8,30 | 8,06 | 7,83 | 7,61 |
| 16 | 10,46 | 10,11 | 9,77 | 9,45 | 9,14 | 8,85 | 8,58 | 8,31 | 8,06 | 7,82 |
| 17 | 10,86 | 10,48 | 10,11 | 9,76 | 9,43 | 9,12 | 8,83 | 8,54 | 8,28 | 8,02 |
| 18 | 11,25 | 10,83 | 10,43 | 10,06 | 9,71 | 9,37 | 9,06 | 8,76 | 8,47 | 8,20 |
| 19 | 11,61 | 11,16 | 10,73 | 10,34 | 9,96 | 9,60 | 9,27 | 8,95 | 8,65 | 8,36 |
| 20 | 11,95 | 11,47 | 11,02 | 10,59 | 10,19 | 9,82 | 9,46 | 9,13 | 8,81 | 8,51 |
| 21 | 12,28 | 11,76 | 11,28 | 10,84 | 10,41 | 10,02 | 9,64 | 9,29 | 8,96 | 8,65 |
| 22 | 12,58 | 12,04 | 11,54 | 11,06 | 10,62 | 10,20 | 9,81 | 9,44 | 9,10 | 8,77 |
| 23 | 12,88 | 12,30 | 11,77 | 11,27 | 10,81 | 10,37 | 9,96 | 9,58 | 9,22 | 8,88 |
| 24 | 13,15 | 12,55 | 11,99 | 11,47 | 10,98 | 10,53 | 10,10 | 9,71 | 9,33 | 8,98 |
| 25 | 13,41 | 12,78 | 12,20 | 11,65 | 11,15 | 10,67 | 10,23 | 9,82 | 9,44 | 9,08 |
| 26 | 13,66 | 13,00 | 12,39 | 11,83 | 11,30 | 10,81 | 10,35 | 9,93 | 9,53 | 9,16 |
| 27 | 13,90 | 13,21 | 12,57 | 11,99 | 11,44 | 10,94 | 10,46 | 10,03 | 9,62 | 9,24 |
| 28 | 14,12 | 13,41 | 12,75 | 12,14 | 11,57 | 11,05 | 10,57 | 10,12 | 9,70 | 9,31 |
| 29 | 14,33 | 13,59 | 12,91 | 12,28 | 11,70 | 11,16 | 10,66 | 10,20 | 9,77 | 9,37 |
| 30 | 14,53 | 13,76 | 13,06 | 12,41 | 11,81 | 11,26 | 10,75 | 10,27 | 9,83 | 9,43 |
| 31 | 14,72 | 13,93 | 13,20 | 12,53 | 11,92 | 11,35 | 10,83 | 10,34 | 9,89 | 9,48 |
| 32 | 14,90 | 14,08 | 13,33 | 12,65 | 12,02 | 11,43 | 10,90 | 10,41 | 9,95 | 9,53 |
| 33 | 15,08 | 14,23 | 13,46 | 12,75 | 12,11 | 11,51 | 10,97 | 10,46 | 10,00 | 9,57 |
| 34 | 15,24 | 14,37 | 13,58 | 12,85 | 12,19 | 11,59 | 11,03 | 10,52 | 10,05 | 9,61 |
| 35 | 15,39 | 14,50 | 13,69 | 12,95 | 12,27 | 11,65 | 11,09 | 10,57 | 10,09 | 9,64 |
| 36 | 15,54 | 14,62 | 13,79 | 13,04 | 12,35 | 11,72 | 11,14 | 10,61 | 10,13 | 9,68 |
| 37 | 15,67 | 14,74 | 13,89 | 13,12 | 12,42 | 11,78 | 11,19 | 10,65 | 10,16 | 9,71 |
| 38 | 15,80 | 14,85 | 13,98 | 13,19 | 12,48 | 11,83 | 11,23 | 10,69 | 10,19 | 9,73 |
| 39 | 15,93 | 14,95 | 14,06 | 13,26 | 12,54 | 11,88 | 11,28 | 10,73 | 10,22 | 9,76 |
| 40 | 16,05 | 15,05 | 14,15 | 13,33 | 12,59 | 11,92 | 11,31 | 10,76 | 10,25 | 9,78 |
| 41 | 16,16 | 15,14 | 14,22 | 13,39 | 12,65 | 11,97 | 11,35 | 10,79 | 10,27 | 9,80 |
| 42 | 16,26 | 15,22 | 14,29 | 13,45 | 12,69 | 12,01 | 11,38 | 10,81 | 10,29 | 9,82 |
| 43 | 16,36 | 15,31 | 14,36 | 13,51 | 12,74 | 12,04 | 11,41 | 10,84 | 10,31 | 9,83 |
| 44 | 16,46 | 15,38 | 14,42 | 13,56 | 12,78 | 12,08 | 11,44 | 10,86 | 10,33 | 9,85 |
| 45 | 16,55 | 15,46 | 14,48 | 13,61 | 12,82 | 12,11 | 11,47 | 10,88 | 10,35 | 9,86 |
| 46 | 16,63 | 15,52 | 14,54 | 13,65 | 12,85 | 12,14 | 11,49 | 10,90 | 10,36 | 9,88 |
| 47 | 16,71 | 15,59 | 14,59 | 13,69 | 12,89 | 12,16 | 11,51 | 10,92 | 10,38 | 9,89 |
| 48 | 16,79 | 15,65 | 14,64 | 13,73 | 12,92 | 12,19 | 11,53 | 10,93 | 10,39 | 9,90 |
| 49 | 16,86 | 15,71 | 14,68 | 13,77 | 12,95 | 12,21 | 11,55 | 10,95 | 10,40 | 9,91 |
| 50 | 16,93 | 15,76 | 14,72 | 13,80 | 12,97 | 12,23 | 11,57 | 10,96 | 10,41 | 9,91 |
| 51 | 17,00 | 15,81 | 14,76 | 13,83 | 13,00 | 12,25 | 11,58 | 10,97 | 10,42 | 9,92 |
| 52 | 17,06 | 15,86 | 14,80 | 13,86 | 13,02 | 12,27 | 11,60 | 10,99 | 10,43 | 9,93 |
| 53 | 17,12 | 15,91 | 14,84 | 13,89 | 13,04 | 12,29 | 11,61 | 11,00 | 10,44 | 9,94 |

| Rest-nutzungs-dauer von ... Jahren | Zinssatz | | | | | | | | | |
|---|---|---|---|---|---|---|---|---|---|---|
| | 5,5 % | 6,0 % | 6,5 % | 7,0 % | 7,5 % | 8,0 % | 8,5 % | 9,0 % | 9,5 % | 10,0 % |
| 54 | 17,17 | 15,95 | 14,87 | 13,92 | 13,06 | 12,30 | 11,62 | 11,01 | 10,45 | 9,94 |
| 55 | 17,23 | 15,99 | 14,90 | 13,94 | 13,08 | 12,32 | 11,63 | 11,01 | 10,45 | 9,95 |
| 56 | 17,28 | 16,03 | 14,93 | 13,96 | 13,10 | 12,33 | 11,64 | 11,02 | 10,46 | 9,95 |
| 57 | 17,32 | 16,06 | 14,96 | 13,98 | 13,12 | 12,34 | 11,65 | 11,03 | 10,47 | 9,96 |
| 58 | 17,37 | 16,10 | 14,99 | 14,00 | 13,13 | 12,36 | 11,66 | 11,04 | 10,47 | 9,96 |
| 59 | 17,41 | 16,13 | 15,01 | 14,02 | 13,15 | 12,37 | 11,67 | 11,04 | 10,48 | 9,96 |
| 60 | 17,45 | 16,16 | 15,03 | 14,04 | 13,16 | 12,38 | 11,68 | 11,05 | 10,48 | 9,97 |
| 61 | 17,49 | 16,19 | 15,05 | 14,06 | 13,17 | 12,39 | 11,68 | 11,05 | 10,48 | 9,97 |
| 62 | 17,52 | 16,22 | 15,07 | 14,07 | 13,18 | 12,39 | 11,69 | 11,06 | 10,49 | 9,97 |
| 63 | 17,56 | 16,24 | 15,09 | 14,08 | 13,19 | 12,40 | 11,70 | 11,06 | 10,49 | 9,98 |
| 64 | 17,59 | 16,27 | 15,11 | 14,10 | 13,20 | 12,41 | 11,70 | 11,07 | 10,49 | 9,98 |
| 65 | 17,62 | 16,29 | 15,13 | 14,11 | 13,21 | 12,42 | 11,71 | 11,07 | 10,50 | 9,98 |
| 66 | 17,65 | 16,31 | 15,14 | 14,12 | 13,22 | 12,42 | 11,71 | 11,07 | 10,50 | 9,98 |
| 67 | 17,68 | 16,33 | 15,16 | 14,13 | 13,23 | 12,43 | 11,71 | 11,08 | 10,50 | 9,98 |
| 68 | 17,70 | 16,35 | 15,17 | 14,14 | 13,24 | 12,43 | 11,72 | 11,08 | 10,50 | 9,98 |
| 69 | 17,73 | 16,37 | 15,19 | 14,15 | 13,24 | 12,44 | 11,72 | 11,08 | 10,51 | 9,99 |
| 70 | 17,75 | 16,38 | 15,20 | 14,16 | 13,25 | 12,44 | 11,73 | 11,08 | 10,51 | 9,99 |
| 71 | 17,78 | 16,40 | 15,21 | 14,17 | 13,25 | 12,45 | 11,73 | 11,09 | 10,51 | 9,99 |
| 72 | 17,80 | 16,42 | 15,22 | 14,18 | 13,26 | 12,45 | 11,73 | 11,09 | 10,51 | 9,99 |
| 73 | 17,82 | 16,43 | 15,23 | 14,18 | 13,27 | 12,45 | 11,73 | 11,09 | 10,51 | 9,99 |
| 74 | 17,84 | 16,44 | 15,24 | 14,19 | 13,27 | 12,46 | 11,74 | 11,09 | 10,51 | 9,99 |
| 75 | 17,85 | 16,46 | 15,25 | 14,20 | 13,27 | 12,46 | 11,74 | 11,09 | 10,51 | 9,99 |
| 76 | 17,87 | 16,47 | 15,26 | 14,20 | 13,28 | 12,46 | 11,74 | 11,10 | 10,52 | 9,99 |
| 77 | 17,89 | 16,48 | 15,26 | 14,21 | 13,28 | 12,47 | 11,74 | 11,10 | 10,52 | 9,99 |
| 78 | 17,90 | 16,49 | 15,27 | 14,21 | 13,29 | 12,47 | 11,74 | 11,10 | 10,52 | 9,99 |
| 79 | 17,92 | 16,50 | 15,28 | 14,22 | 13,29 | 12,47 | 11,75 | 11,10 | 10,52 | 9,99 |
| 80 | 17,93 | 16,51 | 15,28 | 14,22 | 13,29 | 12,47 | 11,75 | 11,10 | 10,52 | 10,00 |
| 81 | 17,94 | 16,52 | 15,29 | 14,23 | 13,30 | 12,48 | 11,75 | 11,10 | 10,52 | 10,00 |
| 82 | 17,96 | 16,53 | 15,30 | 14,23 | 13,30 | 12,48 | 11,75 | 11,10 | 10,52 | 10,00 |
| 83 | 17,97 | 16,53 | 15,30 | 14,23 | 13,30 | 12,48 | 11,75 | 11,10 | 10,52 | 10,00 |
| 84 | 17,98 | 16,54 | 15,31 | 14,24 | 13,30 | 12,48 | 11,75 | 11,10 | 10,52 | 10,00 |
| 85 | 17,99 | 16,55 | 15,31 | 14,24 | 13,30 | 12,48 | 11,75 | 11,10 | 10,52 | 10,00 |
| 86 | 18,00 | 16,56 | 15,32 | 14,24 | 13,31 | 12,48 | 11,75 | 11,10 | 10,52 | 10,00 |
| 87 | 18,01 | 16,56 | 15,32 | 14,25 | 13,31 | 12,48 | 11,75 | 11,10 | 10,52 | 10,00 |
| 88 | 18,02 | 16,57 | 15,32 | 14,25 | 13,31 | 12,49 | 11,76 | 11,11 | 10,52 | 10,00 |
| 89 | 18,03 | 16,57 | 15,33 | 14,25 | 13,31 | 12,49 | 11,76 | 11,11 | 10,52 | 10,00 |
| 90 | 18,03 | 16,58 | 15,33 | 14,25 | 13,31 | 12,49 | 11,76 | 11,11 | 10,52 | 10,00 |
| 91 | 18,04 | 16,58 | 15,33 | 14,26 | 13,31 | 12,49 | 11,76 | 11,11 | 10,52 | 10,00 |
| 92 | 18,05 | 16,59 | 15,34 | 14,26 | 13,32 | 12,49 | 11,76 | 11,11 | 10,52 | 10,00 |
| 93 | 18,06 | 16,59 | 15,34 | 14,26 | 13,32 | 12,49 | 11,76 | 11,11 | 10,52 | 10,00 |
| 94 | 18,06 | 16,60 | 15,34 | 14,26 | 13,32 | 12,49 | 11,76 | 11,11 | 10,52 | 10,00 |
| 95 | 18,07 | 16,60 | 15,35 | 14,26 | 13,32 | 12,49 | 11,76 | 11,11 | 10,52 | 10,00 |
| 96 | 18,08 | 16,60 | 15,35 | 14,26 | 13,32 | 12,49 | 11,76 | 11,11 | 10,52 | 10,00 |
| 97 | 18,08 | 16,61 | 15,35 | 14,27 | 13,32 | 12,49 | 11,76 | 11,11 | 10,52 | 10,00 |
| 98 | 18,09 | 16,61 | 15,35 | 14,27 | 13,32 | 12,49 | 11,76 | 11,11 | 10,52 | 10,00 |
| 99 | 18,09 | 16,61 | 15,35 | 14,27 | 13,32 | 12,49 | 11,76 | 11,11 | 10,52 | 10,00 |
| 100 | 18,10 | 16,62 | 15,36 | 14,27 | 13,32 | 12,49 | 11,76 | 11,11 | 10,53 | 10,00 |

Berechnungsvorschrift für die der Tabelle nicht zu entnehmenden Barwertfaktoren für die Kapitalisierung

$$\text{Kapitalisierungsfaktor} = \frac{q^n - 1}{q^n \times (q-1)} \qquad q = 1 + \frac{p}{100} \qquad \begin{array}{l} p = \text{Liegenschaftszinssatz} \\ n = \text{Restnutzungsdauer} \end{array}$$

ImmoWertV

## Anlage 2 (zu § 20) Barwertfaktoren für die Abzinsung

(Fundstelle: BGBl. I 2010, 649 – 652)

| Rest-nutzungs-dauer von ... Jahren | Zinssatz | | | | | | | | |
|---|---|---|---|---|---|---|---|---|---|
| | 1,0 % | 1,5 % | 2,0 % | 2,5 % | 3,0 % | 3,5 % | 4,0 % | 4,5 % | 5,0 % |
| 1 | 0,9901 | 0,9852 | 0,9804 | 0,9756 | 0,9709 | 0,9662 | 0,9615 | 0,9569 | 0,9524 |
| 2 | 0,9803 | 0,9707 | 0,9612 | 0,9518 | 0,9426 | 0,9335 | 0,9246 | 0,9157 | 0,9070 |
| 3 | 0,9706 | 0,9563 | 0,9423 | 0,9286 | 0,9151 | 0,9019 | 0,8890 | 0,8763 | 0,8638 |
| 4 | 0,9610 | 0,9422 | 0,9238 | 0,9060 | 0,8885 | 0,8714 | 0,8548 | 0,8386 | 0,8227 |
| 5 | 0,9515 | 0,9283 | 0,9057 | 0,8839 | 0,8626 | 0,8420 | 0,8219 | 0,8025 | 0,7835 |
| 6 | 0,9420 | 0,9145 | 0,8880 | 0,8623 | 0,8375 | 0,8135 | 0,7903 | 0,7679 | 0,7462 |
| 7 | 0,9327 | 0,9010 | 0,8706 | 0,8413 | 0,8131 | 0,7860 | 0,7599 | 0,7348 | 0,7107 |
| 8 | 0,9235 | 0,8877 | 0,8535 | 0,8207 | 0,7894 | 0,7594 | 0,7307 | 0,7032 | 0,6768 |
| 9 | 0,9143 | 0,8746 | 0,8368 | 0,8007 | 0,7664 | 0,7337 | 0,7026 | 0,6729 | 0,6446 |
| 10 | 0,9053 | 0,8617 | 0,8203 | 0,7812 | 0,7441 | 0,7089 | 0,6756 | 0,6439 | 0,6139 |
| 11 | 0,8963 | 0,8489 | 0,8043 | 0,7621 | 0,7224 | 0,6849 | 0,6496 | 0,6162 | 0,5847 |
| 12 | 0,8874 | 0,8364 | 0,7885 | 0,7436 | 0,7014 | 0,6618 | 0,6246 | 0,5897 | 0,5568 |
| 13 | 0,8787 | 0,8240 | 0,7730 | 0,7254 | 0,6810 | 0,6394 | 0,6006 | 0,5643 | 0,5303 |
| 14 | 0,8700 | 0,8118 | 0,7579 | 0,7077 | 0,6611 | 0,6178 | 0,5775 | 0,5400 | 0,5051 |
| 15 | 0,8613 | 0,7999 | 0,7430 | 0,6905 | 0,6419 | 0,5969 | 0,5553 | 0,5167 | 0,4810 |
| 16 | 0,8528 | 0,7880 | 0,7284 | 0,6736 | 0,6232 | 0,5767 | 0,5339 | 0,4945 | 0,4581 |
| 17 | 0,8444 | 0,7764 | 0,7142 | 0,6572 | 0,6050 | 0,5572 | 0,5134 | 0,4732 | 0,4363 |
| 18 | 0,8360 | 0,7649 | 0,7002 | 0,6412 | 0,5874 | 0,5384 | 0,4936 | 0,4528 | 0,4155 |
| 19 | 0,8277 | 0,7536 | 0,6864 | 0,6255 | 0,5703 | 0,5202 | 0,4746 | 0,4333 | 0,3957 |
| 20 | 0,8195 | 0,7425 | 0,6730 | 0,6103 | 0,5537 | 0,5026 | 0,4564 | 0,4146 | 0,3769 |
| 21 | 0,8114 | 0,7315 | 0,6598 | 0,5954 | 0,5375 | 0,4856 | 0,4388 | 0,3968 | 0,3589 |
| 22 | 0,8034 | 0,7207 | 0,6468 | 0,5809 | 0,5219 | 0,4692 | 0,4220 | 0,3797 | 0,3418 |
| 23 | 0,7954 | 0,7100 | 0,6342 | 0,5667 | 0,5067 | 0,4533 | 0,4057 | 0,3634 | 0,3256 |
| 24 | 0,7876 | 0,6995 | 0,6217 | 0,5529 | 0,4919 | 0,4380 | 0,3901 | 0,3477 | 0,3101 |
| 25 | 0,7798 | 0,6892 | 0,6095 | 0,5394 | 0,4776 | 0,4231 | 0,3751 | 0,3327 | 0,2953 |
| 26 | 0,7720 | 0,6790 | 0,5976 | 0,5262 | 0,4637 | 0,4088 | 0,3607 | 0,3184 | 0,2812 |
| 27 | 0,7644 | 0,6690 | 0,5859 | 0,5134 | 0,4502 | 0,3950 | 0,3468 | 0,3047 | 0,2678 |
| 28 | 0,7568 | 0,6591 | 0,5744 | 0,5009 | 0,4371 | 0,3817 | 0,3335 | 0,2916 | 0,2551 |
| 29 | 0,7493 | 0,6494 | 0,5631 | 0,4887 | 0,4243 | 0,3687 | 0,3207 | 0,2790 | 0,2429 |
| 30 | 0,7419 | 0,6398 | 0,5521 | 0,4767 | 0,4120 | 0,3563 | 0,3083 | 0,2670 | 0,2314 |
| 31 | 0,7346 | 0,6303 | 0,5412 | 0,4651 | 0,4000 | 0,3442 | 0,2965 | 0,2555 | 0,2204 |
| 32 | 0,7273 | 0,6210 | 0,5306 | 0,4538 | 0,3883 | 0,3326 | 0,2851 | 0,2445 | 0,2099 |
| 33 | 0,7201 | 0,6118 | 0,5202 | 0,4427 | 0,3770 | 0,3213 | 0,2741 | 0,2340 | 0,1999 |
| 34 | 0,7130 | 0,6028 | 0,5100 | 0,4319 | 0,3660 | 0,3105 | 0,2636 | 0,2239 | 0,1904 |
| 35 | 0,7059 | 0,5939 | 0,5000 | 0,4214 | 0,3554 | 0,3000 | 0,2534 | 0,2143 | 0,1813 |
| 36 | 0,6989 | 0,5851 | 0,4902 | 0,4111 | 0,3450 | 0,2898 | 0,2437 | 0,2050 | 0,1727 |
| 37 | 0,6920 | 0,5764 | 0,4806 | 0,4011 | 0,3350 | 0,2800 | 0,2343 | 0,1962 | 0,1644 |
| 38 | 0,6852 | 0,5679 | 0,4712 | 0,3913 | 0,3252 | 0,2706 | 0,2253 | 0,1878 | 0,1566 |
| 39 | 0,6784 | 0,5595 | 0,4619 | 0,3817 | 0,3158 | 0,2614 | 0,2166 | 0,1797 | 0,1491 |
| 40 | 0,6717 | 0,5513 | 0,4529 | 0,3724 | 0,3066 | 0,2526 | 0,2083 | 0,1719 | 0,1420 |
| 41 | 0,6650 | 0,5431 | 0,4440 | 0,3633 | 0,2976 | 0,2440 | 0,2003 | 0,1645 | 0,1353 |
| 42 | 0,6584 | 0,5351 | 0,4353 | 0,3545 | 0,2890 | 0,2358 | 0,1926 | 0,1574 | 0,1288 |
| 43 | 0,6519 | 0,5272 | 0,4268 | 0,3458 | 0,2805 | 0,2278 | 0,1852 | 0,1507 | 0,1227 |
| 44 | 0,6454 | 0,5194 | 0,4184 | 0,3374 | 0,2724 | 0,2201 | 0,1780 | 0,1442 | 0,1169 |
| 45 | 0,6391 | 0,5117 | 0,4102 | 0,3292 | 0,2644 | 0,2127 | 0,1712 | 0,1380 | 0,1113 |
| 46 | 0,6327 | 0,5042 | 0,4022 | 0,3211 | 0,2567 | 0,2055 | 0,1646 | 0,1320 | 0,1060 |
| 47 | 0,6265 | 0,4967 | 0,3943 | 0,3133 | 0,2493 | 0,1985 | 0,1583 | 0,1263 | 0,1009 |
| 48 | 0,6203 | 0,4894 | 0,3865 | 0,3057 | 0,2420 | 0,1918 | 0,1522 | 0,1209 | 0,0961 |
| 49 | 0,6141 | 0,4821 | 0,3790 | 0,2982 | 0,2350 | 0,1853 | 0,1463 | 0,1157 | 0,0916 |

| Rest-nutzungs-dauer von ... Jahren | Zinssatz | | | | | | | | |
|---|---|---|---|---|---|---|---|---|---|
| | 1,0 % | 1,5 % | 2,0 % | 2,5 % | 3,0 % | 3,5 % | 4,0 % | 4,5 % | 5,0 % |
| 50 | 0,6080 | 0,4750 | 0,3715 | 0,2909 | 0,2281 | 0,1791 | 0,1407 | 0,1107 | 0,0872 |
| 51 | 0,6020 | 0,4680 | 0,3642 | 0,2838 | 0,2215 | 0,1730 | 0,1353 | 0,1059 | 0,0831 |
| 52 | 0,5961 | 0,4611 | 0,3571 | 0,2769 | 0,2150 | 0,1671 | 0,1301 | 0,1014 | 0,0791 |
| 53 | 0,5902 | 0,4543 | 0,3501 | 0,2702 | 0,2088 | 0,1615 | 0,1251 | 0,0970 | 0,0753 |
| 54 | 0,5843 | 0,4475 | 0,3432 | 0,2636 | 0,2027 | 0,1560 | 0,1203 | 0,0928 | 0,0717 |
| 55 | 0,5785 | 0,4409 | 0,3365 | 0,2572 | 0,1968 | 0,1508 | 0,1157 | 0,0888 | 0,0683 |
| 56 | 0,5728 | 0,4344 | 0,3299 | 0,2509 | 0,1910 | 0,1457 | 0,1112 | 0,0850 | 0,0651 |
| 57 | 0,5671 | 0,4280 | 0,3234 | 0,2448 | 0,1855 | 0,1407 | 0,1069 | 0,0814 | 0,0620 |
| 58 | 0,5615 | 0,4217 | 0,3171 | 0,2388 | 0,1801 | 0,1360 | 0,1028 | 0,0778 | 0,0590 |
| 59 | 0,5560 | 0,4154 | 0,3109 | 0,2330 | 0,1748 | 0,1314 | 0,0989 | 0,0745 | 0,0562 |
| 60 | 0,5504 | 0,4093 | 0,3048 | 0,2273 | 0,1697 | 0,1269 | 0,0951 | 0,0713 | 0,0535 |
| 61 | 0,5450 | 0,4032 | 0,2988 | 0,2217 | 0,1648 | 0,1226 | 0,0914 | 0,0682 | 0,0510 |
| 62 | 0,5396 | 0,3973 | 0,2929 | 0,2163 | 0,1600 | 0,1185 | 0,0879 | 0,0653 | 0,0486 |
| 63 | 0,5343 | 0,3914 | 0,2872 | 0,2111 | 0,1553 | 0,1145 | 0,0845 | 0,0625 | 0,0462 |
| 64 | 0,5290 | 0,3856 | 0,2816 | 0,2059 | 0,1508 | 0,1106 | 0,0813 | 0,0598 | 0,0440 |
| 65 | 0,5237 | 0,3799 | 0,2761 | 0,2009 | 0,1464 | 0,1069 | 0,0781 | 0,0572 | 0,0419 |
| 66 | 0,5185 | 0,3743 | 0,2706 | 0,1960 | 0,1421 | 0,1033 | 0,0751 | 0,0547 | 0,0399 |
| 67 | 0,5134 | 0,3688 | 0,2653 | 0,1912 | 0,1380 | 0,0998 | 0,0722 | 0,0524 | 0,0380 |
| 68 | 0,5083 | 0,3633 | 0,2601 | 0,1865 | 0,1340 | 0,0964 | 0,0695 | 0,0501 | 0,0362 |
| 69 | 0,5033 | 0,3580 | 0,2550 | 0,1820 | 0,1301 | 0,0931 | 0,0668 | 0,0480 | 0,0345 |
| 70 | 0,4983 | 0,3527 | 0,2500 | 0,1776 | 0,1263 | 0,0900 | 0,0642 | 0,0459 | 0,0329 |
| 71 | 0,4934 | 0,3475 | 0,2451 | 0,1732 | 0,1226 | 0,0869 | 0,0617 | 0,0439 | 0,0313 |
| 72 | 0,4885 | 0,3423 | 0,2403 | 0,1690 | 0,1190 | 0,0840 | 0,0594 | 0,0420 | 0,0298 |
| 73 | 0,4837 | 0,3373 | 0,2356 | 0,1649 | 0,1156 | 0,0812 | 0,0571 | 0,0402 | 0,0284 |
| 74 | 0,4789 | 0,3323 | 0,2310 | 0,1609 | 0,1122 | 0,0784 | 0,0549 | 0,0385 | 0,0270 |
| 75 | 0,4741 | 0,3274 | 0,2265 | 0,1569 | 0,1089 | 0,0758 | 0,0528 | 0,0368 | 0,0258 |
| 76 | 0,4694 | 0,3225 | 0,2220 | 0,1531 | 0,1058 | 0,0732 | 0,0508 | 0,0353 | 0,0245 |
| 77 | 0,4648 | 0,3178 | 0,2177 | 0,1494 | 0,1027 | 0,0707 | 0,0488 | 0,0337 | 0,0234 |
| 78 | 0,4602 | 0,3131 | 0,2134 | 0,1457 | 0,0997 | 0,0683 | 0,0469 | 0,0323 | 0,0222 |
| 79 | 0,4556 | 0,3084 | 0,2092 | 0,1422 | 0,0968 | 0,0660 | 0,0451 | 0,0309 | 0,0212 |
| 80 | 0,4511 | 0,3039 | 0,2051 | 0,1387 | 0,0940 | 0,0638 | 0,0434 | 0,0296 | 0,0202 |
| 81 | 0,4467 | 0,2994 | 0,2011 | 0,1353 | 0,0912 | 0,0616 | 0,0417 | 0,0283 | 0,0192 |
| 82 | 0,4422 | 0,2950 | 0,1971 | 0,1320 | 0,0886 | 0,0596 | 0,0401 | 0,0271 | 0,0183 |
| 83 | 0,4379 | 0,2906 | 0,1933 | 0,1288 | 0,0860 | 0,0575 | 0,0386 | 0,0259 | 0,0174 |
| 84 | 0,4335 | 0,2863 | 0,1895 | 0,1257 | 0,0835 | 0,0556 | 0,0371 | 0,0248 | 0,0166 |
| 85 | 0,4292 | 0,2821 | 0,1858 | 0,1226 | 0,0811 | 0,0537 | 0,0357 | 0,0237 | 0,0158 |
| 86 | 0,4250 | 0,2779 | 0,1821 | 0,1196 | 0,0787 | 0,0519 | 0,0343 | 0,0227 | 0,0151 |
| 87 | 0,4208 | 0,2738 | 0,1786 | 0,1167 | 0,0764 | 0,0501 | 0,0330 | 0,0217 | 0,0143 |
| 88 | 0,4166 | 0,2698 | 0,1751 | 0,1138 | 0,0742 | 0,0484 | 0,0317 | 0,0208 | 0,0137 |
| 89 | 0,4125 | 0,2658 | 0,1716 | 0,1111 | 0,0720 | 0,0468 | 0,0305 | 0,0199 | 0,0130 |
| 90 | 0,4084 | 0,2619 | 0,1683 | 0,1084 | 0,0699 | 0,0452 | 0,0293 | 0,0190 | 0,0124 |
| 91 | 0,4043 | 0,2580 | 0,1650 | 0,1057 | 0,0679 | 0,0437 | 0,0282 | 0,0182 | 0,0118 |
| 92 | 0,4003 | 0,2542 | 0,1617 | 0,1031 | 0,0659 | 0,0422 | 0,0271 | 0,0174 | 0,0112 |
| 93 | 0,3964 | 0,2504 | 0,1586 | 0,1006 | 0,0640 | 0,0408 | 0,0261 | 0,0167 | 0,0107 |
| 94 | 0,3925 | 0,2467 | 0,1554 | 0,0982 | 0,0621 | 0,0394 | 0,0251 | 0,0160 | 0,0102 |
| 95 | 0,3886 | 0,2431 | 0,1524 | 0,0958 | 0,0603 | 0,0381 | 0,0241 | 0,0153 | 0,0097 |
| 96 | 0,3847 | 0,2395 | 0,1494 | 0,0934 | 0,0586 | 0,0368 | 0,0232 | 0,0146 | 0,0092 |
| 97 | 0,3809 | 0,2359 | 0,1465 | 0,0912 | 0,0569 | 0,0355 | 0,0223 | 0,0140 | 0,0088 |
| 98 | 0,3771 | 0,2324 | 0,1436 | 0,0889 | 0,0552 | 0,0343 | 0,0214 | 0,0134 | 0,0084 |
| 99 | 0,3734 | 0,2290 | 0,1408 | 0,0868 | 0,0536 | 0,0332 | 0,0206 | 0,0128 | 0,0080 |
| 100 | 0,3697 | 0,2256 | 0,1380 | 0,0846 | 0,0520 | 0,0321 | 0,0198 | 0,0123 | 0,0076 |

ImmoWertV

| Rest-nutzungs-dauer von ... Jahren | Zinssatz | | | | | | | | | |
|---|---|---|---|---|---|---|---|---|---|---|
| | 5,5 % | 6 % | 6,5 % | 7 % | 7,5 % | 8 % | 8,5 % | 9 % | 9,5 % | 10 % |
| 1 | 0,9479 | 0,9434 | 0,9390 | 0,9346 | 0,9302 | 0,9259 | 0,9217 | 0,9174 | 0,9132 | 0,9091 |
| 2 | 0,8985 | 0,8900 | 0,8817 | 0,8734 | 0,8653 | 0,8573 | 0,8495 | 0,8417 | 0,8340 | 0,8264 |
| 3 | 0,8516 | 0,8396 | 0,8278 | 0,8163 | 0,8050 | 0,7938 | 0,7829 | 0,7722 | 0,7617 | 0,7513 |
| 4 | 0,8072 | 0,7921 | 0,7773 | 0,7629 | 0,7488 | 0,7350 | 0,7216 | 0,7084 | 0,6956 | 0,6830 |
| 5 | 0,7651 | 0,7473 | 0,7299 | 0,7130 | 0,6966 | 0,6806 | 0,6650 | 0,6499 | 0,6352 | 0,6209 |
| 6 | 0,7252 | 0,7050 | 0,6853 | 0,6663 | 0,6480 | 0,6302 | 0,6129 | 0,5963 | 0,5801 | 0,5645 |
| 7 | 0,6874 | 0,6651 | 0,6435 | 0,6227 | 0,6028 | 0,5835 | 0,5649 | 0,5470 | 0,5298 | 0,5132 |
| 8 | 0,6516 | 0,6274 | 0,6042 | 0,5820 | 0,5607 | 0,5403 | 0,5207 | 0,5019 | 0,4838 | 0,4665 |
| 9 | 0,6176 | 0,5919 | 0,5674 | 0,5439 | 0,5216 | 0,5002 | 0,4799 | 0,4604 | 0,4418 | 0,4241 |
| 10 | 0,5854 | 0,5584 | 0,5327 | 0,5083 | 0,4852 | 0,4632 | 0,4423 | 0,4224 | 0,4035 | 0,3855 |
| 11 | 0,5549 | 0,5268 | 0,5002 | 0,4751 | 0,4513 | 0,4289 | 0,4076 | 0,3875 | 0,3685 | 0,3505 |
| 12 | 0,5260 | 0,4970 | 0,4697 | 0,4440 | 0,4199 | 0,3971 | 0,3757 | 0,3555 | 0,3365 | 0,3186 |
| 13 | 0,4986 | 0,4688 | 0,4410 | 0,4150 | 0,3906 | 0,3677 | 0,3463 | 0,3262 | 0,3073 | 0,2897 |
| 14 | 0,4726 | 0,4423 | 0,4141 | 0,3878 | 0,3633 | 0,3405 | 0,3191 | 0,2992 | 0,2807 | 0,2633 |
| 15 | 0,4479 | 0,4173 | 0,3888 | 0,3624 | 0,3380 | 0,3152 | 0,2941 | 0,2745 | 0,2563 | 0,2394 |
| 16 | 0,4246 | 0,3936 | 0,3651 | 0,3387 | 0,3144 | 0,2919 | 0,2711 | 0,2519 | 0,2341 | 0,2176 |
| 17 | 0,4024 | 0,3714 | 0,3428 | 0,3166 | 0,2925 | 0,2703 | 0,2499 | 0,2311 | 0,2138 | 0,1978 |
| 18 | 0,3815 | 0,3503 | 0,3219 | 0,2959 | 0,2720 | 0,2502 | 0,2303 | 0,2120 | 0,1952 | 0,1799 |
| 19 | 0,3616 | 0,3305 | 0,3022 | 0,2765 | 0,2531 | 0,2317 | 0,2122 | 0,1945 | 0,1783 | 0,1635 |
| 20 | 0,3427 | 0,3118 | 0,2838 | 0,2584 | 0,2354 | 0,2145 | 0,1956 | 0,1784 | 0,1628 | 0,1486 |
| 21 | 0,3249 | 0,2942 | 0,2665 | 0,2415 | 0,2190 | 0,1987 | 0,1803 | 0,1637 | 0,1487 | 0,1351 |
| 22 | 0,3079 | 0,2775 | 0,2502 | 0,2257 | 0,2037 | 0,1839 | 0,1662 | 0,1502 | 0,1358 | 0,1228 |
| 23 | 0,2919 | 0,2618 | 0,2349 | 0,2109 | 0,1895 | 0,1703 | 0,1531 | 0,1378 | 0,1240 | 0,1117 |
| 24 | 0,2767 | 0,2470 | 0,2206 | 0,1971 | 0,1763 | 0,1577 | 0,1412 | 0,1264 | 0,1133 | 0,1015 |
| 25 | 0,2622 | 0,2330 | 0,2071 | 0,1842 | 0,1640 | 0,1460 | 0,1301 | 0,1160 | 0,1034 | 0,0923 |
| 26 | 0,2486 | 0,2198 | 0,1945 | 0,1722 | 0,1525 | 0,1352 | 0,1199 | 0,1064 | 0,0945 | 0,0839 |
| 27 | 0,2356 | 0,2074 | 0,1826 | 0,1609 | 0,1419 | 0,1252 | 0,1105 | 0,0976 | 0,0863 | 0,0763 |
| 28 | 0,2233 | 0,1956 | 0,1715 | 0,1504 | 0,1320 | 0,1159 | 0,1019 | 0,0895 | 0,0788 | 0,0693 |
| 29 | 0,2117 | 0,1846 | 0,1610 | 0,1406 | 0,1228 | 0,1073 | 0,0939 | 0,0822 | 0,0719 | 0,0630 |
| 30 | 0,2006 | 0,1741 | 0,1512 | 0,1314 | 0,1142 | 0,0994 | 0,0865 | 0,0754 | 0,0657 | 0,0573 |
| 31 | 0,1902 | 0,1643 | 0,1420 | 0,1228 | 0,1063 | 0,0920 | 0,0797 | 0,0691 | 0,0600 | 0,0521 |
| 32 | 0,1803 | 0,1550 | 0,1333 | 0,1147 | 0,0988 | 0,0852 | 0,0735 | 0,0634 | 0,0548 | 0,0474 |
| 33 | 0,1709 | 0,1462 | 0,1252 | 0,1072 | 0,0919 | 0,0789 | 0,0677 | 0,0582 | 0,0500 | 0,0431 |
| 34 | 0,1620 | 0,1379 | 0,1175 | 0,1002 | 0,0855 | 0,0730 | 0,0624 | 0,0534 | 0,0457 | 0,0391 |
| 35 | 0,1535 | 0,1301 | 0,1103 | 0,0937 | 0,0796 | 0,0676 | 0,0575 | 0,0490 | 0,0417 | 0,0356 |
| 36 | 0,1455 | 0,1227 | 0,1036 | 0,0875 | 0,0740 | 0,0626 | 0,0530 | 0,0449 | 0,0381 | 0,0323 |
| 37 | 0,1379 | 0,1158 | 0,0973 | 0,0818 | 0,0688 | 0,0580 | 0,0489 | 0,0412 | 0,0348 | 0,0294 |
| 38 | 0,1307 | 0,1092 | 0,0914 | 0,0765 | 0,0640 | 0,0537 | 0,0450 | 0,0378 | 0,0318 | 0,0267 |
| 39 | 0,1239 | 0,1031 | 0,0858 | 0,0715 | 0,0596 | 0,0497 | 0,0415 | 0,0347 | 0,0290 | 0,0243 |
| 40 | 0,1175 | 0,0972 | 0,0805 | 0,0668 | 0,0554 | 0,0460 | 0,0383 | 0,0318 | 0,0265 | 0,0221 |
| 41 | 0,1113 | 0,0917 | 0,0756 | 0,0624 | 0,0516 | 0,0426 | 0,0353 | 0,0292 | 0,0242 | 0,0201 |
| 42 | 0,1055 | 0,0865 | 0,0710 | 0,0583 | 0,0480 | 0,0395 | 0,0325 | 0,0268 | 0,0221 | 0,0183 |
| 43 | 0,1000 | 0,0816 | 0,0667 | 0,0545 | 0,0446 | 0,0365 | 0,0300 | 0,0246 | 0,0202 | 0,0166 |
| 44 | 0,0948 | 0,0770 | 0,0626 | 0,0509 | 0,0415 | 0,0338 | 0,0276 | 0,0226 | 0,0184 | 0,0151 |
| 45 | 0,0899 | 0,0727 | 0,0588 | 0,0476 | 0,0386 | 0,0313 | 0,0254 | 0,0207 | 0,0168 | 0,0137 |
| 46 | 0,0852 | 0,0685 | 0,0552 | 0,0445 | 0,0359 | 0,0290 | 0,0235 | 0,0190 | 0,0154 | 0,0125 |
| 47 | 0,0807 | 0,0647 | 0,0518 | 0,0416 | 0,0334 | 0,0269 | 0,0216 | 0,0174 | 0,0140 | 0,0113 |
| 48 | 0,0765 | 0,0610 | 0,0487 | 0,0389 | 0,0311 | 0,0249 | 0,0199 | 0,0160 | 0,0128 | 0,0103 |
| 49 | 0,0725 | 0,0575 | 0,0457 | 0,0363 | 0,0289 | 0,0230 | 0,0184 | 0,0147 | 0,0117 | 0,0094 |
| 50 | 0,0688 | 0,0543 | 0,0429 | 0,0339 | 0,0269 | 0,0213 | 0,0169 | 0,0134 | 0,0107 | 0,0085 |
| 51 | 0,0652 | 0,0512 | 0,0403 | 0,0317 | 0,0250 | 0,0197 | 0,0156 | 0,0123 | 0,0098 | 0,0077 |
| 52 | 0,0618 | 0,0483 | 0,0378 | 0,0297 | 0,0233 | 0,0183 | 0,0144 | 0,0113 | 0,0089 | 0,0070 |
| 53 | 0,0586 | 0,0456 | 0,0355 | 0,0277 | 0,0216 | 0,0169 | 0,0133 | 0,0104 | 0,0081 | 0,0064 |

| Rest-nutzungs-dauer von ... Jahren | Zinssatz | | | | | | | | | |
|---|---|---|---|---|---|---|---|---|---|---|
| | 5,5 % | 6 % | 6,5 % | 7 % | 7,5 % | 8 % | 8,5 % | 9 % | 9,5 % | 10 % |
| 54 | 0,0555 | 0,0430 | 0,0334 | 0,0259 | 0,0201 | 0,0157 | 0,0122 | 0,0095 | 0,0074 | 0,0058 |
| 55 | 0,0526 | 0,0406 | 0,0313 | 0,0242 | 0,0187 | 0,0145 | 0,0113 | 0,0087 | 0,0068 | 0,0053 |
| 56 | 0,0499 | 0,0383 | 0,0294 | 0,0226 | 0,0174 | 0,0134 | 0,0104 | 0,0080 | 0,0062 | 0,0048 |
| 57 | 0,0473 | 0,0361 | 0,0276 | 0,0211 | 0,0162 | 0,0124 | 0,0096 | 0,0074 | 0,0057 | 0,0044 |
| 58 | 0,0448 | 0,0341 | 0,0259 | 0,0198 | 0,0151 | 0,0115 | 0,0088 | 0,0067 | 0,0052 | 0,0040 |
| 59 | 0,0425 | 0,0321 | 0,0243 | 0,0185 | 0,0140 | 0,0107 | 0,0081 | 0,0062 | 0,0047 | 0,0036 |
| 60 | 0,0403 | 0,0303 | 0,0229 | 0,0173 | 0,0130 | 0,0099 | 0,0075 | 0,0057 | 0,0043 | 0,0033 |
| 61 | 0,0382 | 0,0286 | 0,0215 | 0,0161 | 0,0121 | 0,0091 | 0,0069 | 0,0052 | 0,0039 | 0,0030 |
| 62 | 0,0362 | 0,0270 | 0,0202 | 0,0151 | 0,0113 | 0,0085 | 0,0064 | 0,0048 | 0,0036 | 0,0027 |
| 63 | 0,0343 | 0,0255 | 0,0189 | 0,0141 | 0,0105 | 0,0078 | 0,0059 | 0,0044 | 0,0033 | 0,0025 |
| 64 | 0,0325 | 0,0240 | 0,0178 | 0,0132 | 0,0098 | 0,0073 | 0,0054 | 0,0040 | 0,0030 | 0,0022 |
| 65 | 0,0308 | 0,0227 | 0,0167 | 0,0123 | 0,0091 | 0,0067 | 0,0050 | 0,0037 | 0,0027 | 0,0020 |
| 66 | 0,0292 | 0,0214 | 0,0157 | 0,0115 | 0,0085 | 0,0062 | 0,0046 | 0,0034 | 0,0025 | 0,0019 |
| 67 | 0,0277 | 0,0202 | 0,0147 | 0,0107 | 0,0079 | 0,0058 | 0,0042 | 0,0031 | 0,0023 | 0,0017 |
| 68 | 0,0262 | 0,0190 | 0,0138 | 0,0100 | 0,0073 | 0,0053 | 0,0039 | 0,0029 | 0,0021 | 0,0015 |
| 69 | 0,0249 | 0,0179 | 0,0130 | 0,0094 | 0,0068 | 0,0049 | 0,0036 | 0,0026 | 0,0019 | 0,0014 |
| 70 | 0,0236 | 0,0169 | 0,0122 | 0,0088 | 0,0063 | 0,0046 | 0,0033 | 0,0024 | 0,0017 | 0,0013 |
| 71 | 0,0223 | 0,0160 | 0,0114 | 0,0082 | 0,0059 | 0,0042 | 0,0031 | 0,0022 | 0,0016 | 0,0012 |
| 72 | 0,0212 | 0,0151 | 0,0107 | 0,0077 | 0,0055 | 0,0039 | 0,0028 | 0,0020 | 0,0015 | 0,0010 |
| 73 | 0,0201 | 0,0142 | 0,0101 | 0,0072 | 0,0051 | 0,0036 | 0,0026 | 0,0019 | 0,0013 | 0,0010 |
| 74 | 0,0190 | 0,0134 | 0,0095 | 0,0067 | 0,0047 | 0,0034 | 0,0024 | 0,0017 | 0,0012 | 0,0009 |
| 75 | 0,0180 | 0,0126 | 0,0089 | 0,0063 | 0,0044 | 0,0031 | 0,0022 | 0,0016 | 0,0011 | 0,0008 |
| 76 | 0,0171 | 0,0119 | 0,0083 | 0,0058 | 0,0041 | 0,0029 | 0,0020 | 0,0014 | 0,0010 | 0,0007 |
| 77 | 0,0162 | 0,0113 | 0,0078 | 0,0055 | 0,0038 | 0,0027 | 0,0019 | 0,0013 | 0,0009 | 0,0006 |
| 78 | 0,0154 | 0,0106 | 0,0074 | 0,0051 | 0,0035 | 0,0025 | 0,0017 | 0,0012 | 0,0008 | 0,0006 |
| 79 | 0,0146 | 0,0100 | 0,0069 | 0,0048 | 0,0033 | 0,0023 | 0,0016 | 0,0011 | 0,0008 | 0,0005 |
| 80 | 0,0138 | 0,0095 | 0,0065 | 0,0045 | 0,0031 | 0,0021 | 0,0015 | 0,0010 | 0,0007 | 0,0005 |
| 81 | 0,0131 | 0,0089 | 0,0061 | 0,0042 | 0,0029 | 0,0020 | 0,0013 | 0,0009 | 0,0006 | 0,0004 |
| 82 | 0,0124 | 0,0084 | 0,0057 | 0,0039 | 0,0027 | 0,0018 | 0,0012 | 0,0009 | 0,0006 | 0,0004 |
| 83 | 0,0118 | 0,0079 | 0,0054 | 0,0036 | 0,0025 | 0,0017 | 0,0011 | 0,0008 | 0,0005 | 0,0004 |
| 84 | 0,0111 | 0,0075 | 0,0050 | 0,0034 | 0,0023 | 0,0016 | 0,0011 | 0,0007 | 0,0005 | 0,0003 |
| 85 | 0,0106 | 0,0071 | 0,0047 | 0,0032 | 0,0021 | 0,0014 | 0,0010 | 0,0007 | 0,0004 | 0,0003 |
| 86 | 0,0100 | 0,0067 | 0,0044 | 0,0030 | 0,0020 | 0,0013 | 0,0009 | 0,0006 | 0,0004 | 0,0003 |
| 87 | 0,0095 | 0,0063 | 0,0042 | 0,0028 | 0,0019 | 0,0012 | 0,0008 | 0,0006 | 0,0004 | 0,0003 |
| 88 | 0,0090 | 0,0059 | 0,0039 | 0,0026 | 0,0017 | 0,0011 | 0,0008 | 0,0005 | 0,0003 | 0,0002 |
| 89 | 0,0085 | 0,0056 | 0,0037 | 0,0024 | 0,0016 | 0,0011 | 0,0007 | 0,0005 | 0,0003 | 0,0002 |
| 90 | 0,0081 | 0,0053 | 0,0035 | 0,0023 | 0,0015 | 0,0010 | 0,0006 | 0,0004 | 0,0003 | 0,0002 |
| 91 | 0,0077 | 0,0050 | 0,0032 | 0,0021 | 0,0014 | 0,0009 | 0,0006 | 0,0004 | 0,0003 | 0,0002 |
| 92 | 0,0073 | 0,0047 | 0,0030 | 0,0020 | 0,0013 | 0,0008 | 0,0006 | 0,0004 | 0,0002 | 0,0002 |
| 93 | 0,0069 | 0,0044 | 0,0029 | 0,0019 | 0,0012 | 0,0008 | 0,0005 | 0,0003 | 0,0002 | 0,0001 |
| 94 | 0,0065 | 0,0042 | 0,0027 | 0,0017 | 0,0011 | 0,0007 | 0,0005 | 0,0003 | 0,0002 | 0,0001 |
| 95 | 0,0062 | 0,0039 | 0,0025 | 0,0016 | 0,0010 | 0,0007 | 0,0004 | 0,0003 | 0,0002 | 0,0001 |
| 96 | 0,0059 | 0,0037 | 0,0024 | 0,0015 | 0,0010 | 0,0006 | 0,0004 | 0,0003 | 0,0002 | 0,0001 |
| 97 | 0,0056 | 0,0035 | 0,0022 | 0,0014 | 0,0009 | 0,0006 | 0,0004 | 0,0002 | 0,0002 | 0,0001 |
| 98 | 0,0053 | 0,0033 | 0,0021 | 0,0013 | 0,0008 | 0,0005 | 0,0003 | 0,0002 | 0,0001 | 0,0001 |
| 99 | 0,0050 | 0,0031 | 0,0020 | 0,0012 | 0,0008 | 0,0005 | 0,0003 | 0,0002 | 0,0001 | 0,0001 |
| 100 | 0,0047 | 0,0029 | 0,0018 | 0,0012 | 0,0007 | 0,0005 | 0,0003 | 0,0002 | 0,0001 | 0,0001 |

Berechnungsvorschrift für die der Tabelle nicht zu entnehmenden Barwertfaktoren für die Abzinsung

$$\text{Abzinsungsfaktor} = q^{-n} = \frac{1}{q^n} \qquad q = 1 + \frac{p}{100} \qquad \begin{array}{l} p = \text{Liegenschaftszinssatz} \\ n = \text{Restnutzungsdauer} \end{array}$$

159

# M. Gebührenhilfe

## A. Gesetzliche Grundlage

Nach § 17 Abs. 2 BNotO hat der Notar einem Beteiligten, dem nach den §§ 114 ff. ZPO Prozesskostenhilfe zu bewilligen wäre, seine Urkundstätigkeit (vgl. § 10a Abs. 2, 20–22 BNotO) in sinngemäßer Anwendung der Vorschriften der ZPO vorläufig gebührenfrei oder gegen Zahlung der Gebühren in Monatsraten zu gewähren. Bei hohen Raten ist § 115 Abs. 4 ZPO zu beachten, wonach Gebührenhilfe nicht bewilligt wird, wenn die Kosten der Urkundstätigkeit vier Monatsraten nicht übersteigen.

Gem. § 115 Abs. 2 S. 4 ZPO sind höchstens 48 Monatsraten zu zahlen.

Über den Antrag auf Gebührenhilfe entscheidet der Notar selbst.

## B. Voraussetzungen

I. Der Antrag auf Gebührenhilfe muss vor Vornahme der Urkundstätigkeit gestellt werden. Nach Abschluss der Urkundstätigkeit kann nicht mehr um vorläufige Gebührenfreiheit oder um Ratenzahlung nachgesucht werden.

II. Nach der sinngemäß anzuwendenden Vorschrift des § 114 ZPO ist Voraussetzung für die Gewährung vorläufiger Gebührenfreiheit oder von Ratenzahlung, dass der Antragsteller nach seinen persönlichen und wirtschaftlichen Verhältnissen (Familienverhältnisse, Beruf, Vermögen, Einkommen und Lasten, s. § 117 Abs. 2 ZPO) die Notargebühren nicht, nur zum Teil oder nur in Raten aufbringen kann.

## C. Einzusetzendes Vermögen

Das einzusetzende Vermögen ergibt sich aus § 115 ZPO. Von dem Einkommen sind gem. § 115 Abs. 1 S. 3 Nr. 1a) ZPO insbesondere die Steuern und die Sozialversicherungsbeiträge abzuziehen, aber auch die mit der Erzielung des Einkommens verbundenen notwendigen Auslagen. Nach § 115 Abs. 1 S. 3 Nr. 3 ZPO sind auch die Kosten der Unterkunft und Heizung, soweit sie nicht in einem auffälligen Missverhältnis zu den Lebensverhältnissen des Antragstellers stehen, abzuziehen. Zudem bestehen folgende Freibeträge:[1]

- Antragsteller: 462 EUR
- Ehegatte: 462 EUR
- Erwerbstätigenbonus: 210 EUR
- Freibetrag unterhaltsberechtigtes Kind bis 6 Jahre: 268 EUR
- Freibetrag unterhaltsberechtigtes Kind 7–14 Jahre: 306 EUR
- Freibetrag unterhaltsberechtigtes Kind 15–18 Jahre: 349 EUR
- Freibetrag unterhaltsberechtigtes erwachsenes Kind: 370 EUR

## D. Berechnung der Ratenhöhe

Die monatliche Gebührenhilfe-Rate ermittelt sich gem. § 115 Abs. 2 S. 1 ZPO wie folgt:

In einem ersten Schritt ist das einzusetzende Einkommen unter Berücksichtigung der nach § 115 Abs. 1 ZPO in Abzug zu bringenden Beträge zu ermitteln.

In einem zweiten Schritt ist das einzusetzende Einkommen zu halbieren.

1 S. § 115 Abs. 1 S. 3 ZPO i.V.m. PKHB 2015 v. 9.12.2014 (BGBl. I, 2007: ab 1.1.2015).

In einem dritten Schritt ist das halbierte einzusetzende Einkommen auf volle Euro abzurunden.

*Beispiel 1:*

Der Antragsteller hat ein monatliches Netto-Einkommen von 1.800 EUR. Er ist verheiratet, die Ehefrau hat keine eigenen Einkünfte. Die Miete beträgt 500 EUR monatlich. Es besteht eine Kreditrückzahlungsverpflichtung von monatlich 101 EUR.

**1. Schritt:** Ermittlung des Einkommens nach § 115 Abs. 1 ZPO:

Vom Einkommen des Antragstellers sind zunächst der Erwerbstätigenbonus (210 EUR) und die Einkommensfreibeträge für den Antragsteller (462 EUR) und für die Ehefrau (462 EUR) abzuziehen. Des Weiteren sind die Miete und das Darlehen abzuziehen. Danach ergibt sich ein einzusetzendes Einkommen von 65 EUR.

**2. Schritt:** Ratenberechnung nach § 115 Abs. 2 ZPO: Nach Halbierung des einzusetzenden Einkommens ergibt sich ein Betrag von 32,50 EUR.

**3. Schritt:** Der Betrag von 32,50 EUR ist auf 32 EUR abzurunden.

Die monatliche Rate beträgt somit 32 EUR.

*Beispiel 2:*

Der Antragsteller hat ein monatliches Netto-Einkommen von 2.315 EUR einschließlich Kindergeld. Er ist verheiratet und hat zwei Kinder im Alter von 4 und 12 Jahren. Die Ehefrau hat keine eigenen Einkünfte. Die Miete beträgt einschließlich der berücksichtigungsfähigen Nebenkosten 600 EUR monatlich.

**1. Schritt:** Ermittlung des Einkommens nach § 115 Abs. 1 ZPO:

Vom Einkommen des Antragstellers sind zunächst der Erwerbstätigenbonus (210 EUR) und die Einkommensfreibeträge für den Antragsteller (462 EUR), für die Ehefrau (462 EUR), für das 4-jährige Kind (268 EUR) und für das 12-jährige Kind (306 EUR) abzuziehen. Des Weiteren ist die Miete abzuziehen. Danach ergibt sich ein einzusetzendes Einkommen von 7 EUR.

**2. Schritt:** Ratenberechnung nach § 115 Abs. 2 ZPO: Nach Halbierung des einzusetzenden Einkommens ergibt sich ein Betrag von 3,50 EUR.

**3. Schritt:** Der Betrag 3,50 EUR ist auf 3 EUR abzurunden.

Danach ergäbe sich eine monatliche Rate von 3 EUR. Da dieser Betrag aber 10 EUR unterschreitet, darf gem. § 115 Abs. 2 S. 2 ZPO keine Gebührenhilfe-Rate angeordnet werden. Es ist daher ratenfreie Gebührenhilfe zu bewilligen.

*Beispiel 3:*

Der Antragsteller hat ein monatliches Netto-Einkommen von 3.004 EUR einschließlich Kindergeld. Er ist verheiratet und hat zwei Kinder im Alter von 4 und 12 Jahren. Die Ehefrau hat keine eigenen Einkünfte. Die Miete beträgt einschließlich der berücksichtigungsfähigen Nebenkosten 600 EUR monatlich.

**1. Schritt:** Ermittlung des Einkommens nach § 115 Abs. 1 ZPO:

Vom Einkommen des Antragstellers sind zunächst der Erwerbstätigenbonus (210 EUR) und die Einkommensfreibeträge für den Antragsteller (462 EUR), für die Ehefrau (462 EUR), für das 4-jährige Kind (268 EUR) und für das 12-jährige Kind (306 EUR) abzuziehen. Des Weiteren ist die Miete abzuziehen. Danach ergibt sich ein einzusetzendes Einkommen von 696 EUR.

**2. Schritt:** Ratenberechnung nach § 115 Abs. 2 ZPO: Beträgt das einzusetzende Einkommen nach Abzug der in § 115 Abs. 1 ZPO genannten Beträge mehr als 600 EUR, so beträgt die Monatsrate 300 EUR zuzüglich des Teils des einzusetzenden Einkommens, der 600 EUR übersteigt.

**3. Schritt:** Der Antragsteller hat ein Einkommen, das nach Abzug der in § 115 Abs. 1 ZPO genannten Beträge noch 696 EUR beträgt. Davon sind zunächst 600 EUR abzuziehen. Das verfügbare Einkommen übersteigt diesen Betrag also um 96 EUR. Die Monatsrate beträgt somit 396 EUR.

# N. Abrufgebühren

Die Registerabrufgebühren kann der Notar als Auslagen gem. Nr. 32011 KV GNotKG auf die Beteiligten umlegen. Auf sie sind Umsatzsteuer zu erheben.

Die Abrufgebühren bestimmen sich nach dem JVKostG vom 23.7.2013 (BGBl. I S. 2586).

**A.** Die Gerichtskosten des automatisierten Abrufverfahrens in Grundbuchangelegenheiten, in Angelegenheiten der Schiffsregister, des Schiffsbauregisters und des Registers für Pfandrechte an Luftfahrzeugen bestimmen sich wie folgt:

### ■ Nr. 1151 KV JVKostG:

Abruf von Daten aus dem Grundbuch oder Register:

für jeden Abruf aus einem Grundbuch- oder Registerblatt: 8,00 EUR

### ■ Nr. 1152 KV JV KostG:

Abruf von Dokumenten, die zu den Grund- oder Registerakten genommen wurden:

für jedes abgerufene Dokument: 1,50 EUR.

**B.** Die Gerichtskosten für den Abruf von Daten in Handels-, Partnerschafts-, Genossenschafts- und Vereinsregisterangelegenheiten bestimmen sich wie folgt:

### ■ Nr. 1140 KV JVKostG:

Abruf von Daten aus dem Register:

je Registerblatt: 4,50 EUR

### ■ Nr. 1141 KV JV KostG:

Abruf von Dokumenten, die zum Register eingereicht wurden:

für jede abgerufene Datei: 1,50 EUR.